高等学校教材

现代物流理论与实务

陈京亮 等　编著

朱晓宁　主审

中国铁道出版社

2012年·北京

内 容 简 介

本书在对现代物流基础理论介绍的基础上，紧密结合物流企业的实践，为读者提供理论联系实践、解决实际问题的方法。全书共8章，详细介绍了我国运输与物流的主要特征、小件货物快运、物流发展的情况、快捷货运组织、物流企业服务网络的建设与管理、物流企业客户服务、快运企业和物流企业信息化建设、物流企业的管理、物流解决方案的设计和实施管理等内容，并提供了许多典型物流案例的分析。

本书可供高等院校物流与运输专业师生使用，也可供从事物流行业的管理者和业务人员学习参考。

图书在版编目(CIP)数据

现代物流理论与实务/陈京亮等编著.—北京：
中国铁道出版社，2012.5
高等学校教材
ISBN 978-7-113-14513-2

Ⅰ.①现… Ⅱ.①陈… Ⅲ.①物流－高等学校－教材
Ⅳ.①F252

中国版本图书馆CIP数据核字(2012)第063697号

书　名：**现代物流理论与实务**
作　者：陈京亮　等编著

责任编辑：金　锋　　**电话**：010-51873125　　**电子邮箱**：jinfeng88428@163.com
编辑助理：悦　彩
封面设计：崔丽芳
责任校对：孙　玫
责任印制：李　佳

出版发行：中国铁道出版社（100054，北京市西城区右安门西街8号）
网　址：http://www.tdpress.com
印　刷：北京鑫正大印刷有限公司
版　次：2012年5月第1版　2012年5月第1次印刷
开　本：787 mm×960 mm　1/16　印张：13.75　字数：346千
印　数：1～3 000册
书　号：ISBN 978-7-113-14513-2
定　价：33.00元

前　言

“十一五”期间，我国物流取得了长足发展，物流需求快速增长，运行效率有所提高，基础设施不断完善，为保证国民经济平稳较快发展发挥了重要的支撑保障作用。随着我国经济的持续发展，社会对物流的需求逐渐增加，同时对物流服务质量的要求也越来越高。为了满足社会对物流发展的需求，提高我国物流企业的管理和经营水平，培养更多适合物流企业健康发展的人才，中铁快运股份有限公司（简称“中铁快运”）和北京交通大学交通运输学院合作共同开设了“物流管理理论与实务”课程。本书是此课程的配套教材。

本书比较系统地介绍了物流理论在物流实践中的应用，重点以中铁快运物流和小件货物快运业务的实际运作为基础，并结合其他物流企业的实践经验，选取具有典型全程物流特征的案例进行论述，理论与实践相结合，具有较强的可操作性和实用性。内容包括我国小件货物快运及物流发展的情况、运输与物流的主要特征、快捷货运组织和物流企业服务网络的建设与管理、物流企业客户服务、快运企业和物流企业信息化建设、物流企业的管理、物流解决方案的设计和实施管理等。

参加本教材编写的人员均具有多年在运输物流领域的实际工作经历，并具有该领域研究的积累。全书共8章，第1章陈京亮和郝欢编写，第2章陈京亮、杜五一和郝钢编写，第3章谢元勋和任正编写，第4章柴滨和高磊编写，第5章张伯驹编写，第6章陈京亮、姚宗波、王来、万云虹和王尊官编写，第7章尚尔斌和姜建华编写，第8章尚尔斌编写。

主编陈京亮负责提纲设计和书稿的汇编工作，北京交通大学交通运输学院朱晓宁教授为主审。本书在编写过程中得到中铁快运和北京交通大学交通运输学院领导的大力支持，有关同志也给予许多帮助和指教，在此一并表示感谢。

由于作者的理论水平和实践经验所限，书中定存在不足之处，敬请读者批评指正。

作　者

2011年9月

目 录

1 运输与物流

1.1 货物运输和物流的基本情况及发展趋势

“十一五”时期是我国交通运输和物流发展最快、成绩最突出的五年，对国民经济发展的支撑作用明显增强。

1.1.1 交通运输业全面快速发展

目前，我国交通运输业已进入各种运输方式相互促进、相互补充、协调发展，能力扩张与质量提高并重，全面建设现代综合交通体系的发展阶段。“十一五”期间，在大规模投资的带动下，我国交通运输的线路网络和货运量均快速增长。各种运输方式的总里程，从2005年的558.64万km增加到2010年的704.27万km，增长26.1%，年均增长4.7%；全社会主要运输方式完成货运量由186.20亿t增加到320.30亿t，增长72.0%，年均增长11.5%；货物周转量由80 258.1亿t·km增加到137 329.0亿t·km，增长71.1%，年均增长11.3%。

1. 铁路建设加快，运营管理迈进新时代

截至2010年底，全国铁路营业里程达到9.1万km，居世界第二，比2005年底增加了1.56万km，增长了20.7%。路网密度95.0 km/万km^2，比上年增加5.9 km/万km^2。其中电气化铁路里程达到4.2万km，电气化铁路比重由2005年的31.2%提高到46.6%，增加了15个百分点，电气化铁路运营里程跃居世界第二。2010年，全国铁路货运量36.43亿t，货物周转量27 644.1亿t·km。

2010年铁路行包发送量完成1 342万t，比上年增长2.7%。铁路行包周转量完成311.45亿t·km，比上年增长5.3%。铁路行包平均运输距离2 320 km，比上年增加58 km。

2010年铁路完成煤炭运量200 043万t，比上年增长14.3%；冶炼物资运量85 500万t，比上年增长10.1%。煤炭、冶炼物资、粮食、石油、化肥农药占铁路货运量的87.6%。

2010年铁路单位运输工作量综合能耗4.94 t标准煤/百万换算吨千米，比上年减少0.36 t标准煤/百万换算吨千米。

2. 公路网络进一步完善，集疏运作用更为突出

“十一五”期间，我国公路网规模不断扩大，截至2010年底，全国公路网总里程达到398.4

万 km,5 年增加 63.9 万 km,全国公路网密度由“十五”末的 34.8 km/百 km^2 提升至 40.2 km 百/km^2。高速公路里程达到 7.41 万 km,居世界第二位,比“十五”末增加了 3.31 万 km,增长 80.7%,年均增长 12.6%。高速公路骨架的基本形成,构建了城市间的公路运输通道,提高了综合运输通道能力,优化了综合运输体系结构。同时也强化了对铁路、机场和沿海港口的集疏运功能,促进了综合运输体系结构的优化。2010 年,公路运输发送货物 242.53 亿 t、货物周转量 43 005 亿 t·km。

3. 港口基础设施规模明显扩大,生产能力显著增强

“十一五”期间,沿海港口建设投资超过 3 500 亿元。截至 2010 年底,全国规模以上港口数量为 96 个,拥有生产用码头泊位 32 148 个,其中万吨级及以上泊位 1 659 个。2010 年,全国规模以上港口货物吞吐量达 80.2 亿 t。其中,沿海港口货物吞吐量 54.28 亿 t,内河港口货物吞吐量 25.9 亿 t,全国规模以上港口集装箱吞吐量 13 060 万标准箱。我国港口吞吐量已经连续 6 年保持世界第一。

4. 航空运输规模快速增长,基础保障能力大幅提高

“十一五”期间,民航基础设施 5 年投资 2 500 亿元。截至 2010 年底,运输机场达到 175 个,5 年新增 33 个,初步形成了规模适当、功能完善的机场体系;民用航空航线里程为 276.5 万 km,比 2005 年底增长 38.4%,年均增长 6.7%。

我国民航航空运输系统的业务规模已成为全球第二。截至 2010 底,民用飞机达 1 604 架,是 2005 年的 1.86 倍;2010 年发送货物 557.4 万 t,比 2005 年增长 81.7%,年均增长 12.7%;货物周转量 176.6 亿 t·km,比 2005 年增长 123.8%,年均增长 17.5%。

5. 我国货物运量逐年增长,适应了经济社会的快速发展

2005～2010 年,我国货物运输总量呈逐年稳步增长的发展趋势,同比增幅年均保持在 10%左右。2005～2010 年我国货物运量和增长百分比如图 1.1 所示。

图 1.1　2005～2010 年我国货物运量和增长百分比

公路运输完成运量所占比重最大且呈逐年增长趋势，比重从2005年的72.059％增长到2010年的75.515％；铁路运输所占比重呈逐年下降趋势，比重从2005年的14.462％下降到2010年的11.237％。2005～2010年各类运输方式货运量所占比重见表1.1。

表1.1　2005～2010年各类运输方式货运量所占比重(％)

年份	铁路	公路	水运	民航	管道
2005年	14.462	72.059	11.796	0.016	1.667
2006年	14.149	71.983	12.209	0.017	1.642
2007年	13.807	72.037	12.356	0.018	1.782
2008年	12.775	74.122	11.389	0.016	1.698
2009年	11.799	75.316	11.291	0.016	1.578
2010年	11.237	75.315	11.689	0.017	1.542

2005～2010年各种运输方式货物的平均运输距离见表1.2，其中水运包括远洋运输，民航包括国际运输。

表1.2　各种运输方式货物平均运输距离(km)

年份	总平均运距	铁路	公路	水运	民航	管道
2005年	431	770	65	2 261	2 572	350
2006年	436	762	67	2 231	2 698	464
2007年	446	757	69	2 286	2 896	460
2008年	427	760	72	1 707	2 934	443
2009年	432	757	72	1 804	2 833	453
2010年	429	759	73	1 767	3 168	448

6. 邮政业务能力进一步增强，快递运输需求量不断增长

“十一五”期间，国家安排专项资金，用于西部和农村地区邮政普遍服务网点改造，邮政网点建设取得明显成效。到2010年底，全国营业网点达到6.2万处，其中邮政局所和代办点约5万处；全国平均每一营业网点服务面积150 km^2，服务人口2万人。截至2010年底，全国邮路总条数为2.2万条，邮路总长度达到410万km，比2005年增加69万km。其中航空邮路220万km、铁路邮路25万km、汽车邮路150万km。

2010年邮政包裹完成6 595万件，比2009年下降8.1％；快递最高日业务量突破1 000万件，进入世界前三位，全国规模以上快递企业业务量累计完成23.4亿件，“十一五”期间年均增长23.3％；快递业务收入累计完成574.6亿元，“十一五”期间年均增长19.7％。

7. 小件货物运输需求旺盛，为电子商务的发展提供了有力的支撑

我国目前没有统一的小件货物定义，一般将平均单件重量不大于50 kg的货物视为小

件货物。目前我国的铁路行包、邮政包裹、邮政特快专递、航空货邮承运的货物具有小件货物的性质。我国小件货物运输重量统计及各种方式的小件货物运量比重见表 1.3 和表 1.4。

表 1.3　我国小件货物运输重量统计

<table>
<tr><th>业务项目</th><th colspan="3">2009 年</th><th colspan="3">同比增长百分数(%)</th><th colspan="3">2010 年</th><th colspan="3">同比增长百分数(%)</th></tr>
<tr><td>铁路行包(万 t)</td><td colspan="3">1 307</td><td colspan="3">−0.91</td><td colspan="3">1 342</td><td colspan="3">2.68</td></tr>
<tr><td>邮政包裹(万件)</td><td colspan="3">7 172.4</td><td colspan="3">−9.63</td><td colspan="3">6 595</td><td colspan="3">−8.05</td></tr>
<tr><td>快递(万件)</td><td colspan="3">185 784.8</td><td colspan="3">22.77</td><td colspan="3">233 892</td><td colspan="3">25.89</td></tr>
<tr><td rowspan="2">航空货运(万 t)</td><td rowspan="2">445.45</td><td>国际</td><td>126.09</td><td rowspan="2">9.28</td><td>国际</td><td>5.54</td><td rowspan="2">557.42</td><td>国际</td><td>190.5</td><td rowspan="2">25.14</td><td>国际</td><td>51.08</td></tr>
<tr><td>国内</td><td>319.36</td><td>国内</td><td>10.82</td><td>国内</td><td>366.92</td><td>国内</td><td>14.89</td></tr>
<tr><td>合计(万 t)</td><td colspan="3">2 381.52</td><td colspan="3">7.43</td><td colspan="3">2 667.05</td><td colspan="3">13.87</td></tr>
</table>

表 1.4　各种方式小件货物运量比重(%)

业务项目	2009 年	2010 年	业务项目	2009 年	2010 年
铁路行包	58.82	55.13	快递	23.58	27.09
邮政包裹	3.23	2.71	航空货运量	14.37	15.07

注:邮政包裹按每件 10 kg 换算为重量,快递按每件 3 kg 换算为重量。

“十二五”是全面建设小康社会的关键时期,是深化改革开放、加快转变经济发展方式的攻坚时期。“十二五”期间,交通运输发展仍处于重要战略机遇期,要按照适度超前原则,统筹各种运输方式发展,继续保持交通基础设施的建设速度和规模,努力扩大基础设施覆盖范围和服务能力,进一步优化结构,提高服务质量,降低消耗,保护环境,实现交通运输的又好又快发展。

1.1.2　物流业发展迅速

“十一五”时期,我国物流取得了长足发展,物流需求快速增长,运行效率有所提高,基础设施不断完善,为保证国民经济平稳较快发展发挥了重要的支撑保障作用。

1. 物流业迅速发展的总体状况

(1)社会物流需求快速增长

我国社会物流总额“十一五”时期达到了 446 万亿元,是“十五”时期的 2.8 倍,年均增长 21%,扣除价格因素实际增长 15%左右。这一速度明显快于同期 GDP 的增长水平,反映了我国物流需求仍处在较高增长期。根据测算,2005 年单位 GDP 对社会物流需求的系数为 1∶2.61,2010 年达到 1∶3.15,表明目前我国每单位 GDP 产出需要 3.15 个单位的物流总额来支持，比 2005 年提高了 23%，反映出物流需求对国民经济支撑作用进一步增强。2005～2010 年，我国物流总额和 GDP 值见表 1.5。

表 1.5 2005～2010 年我国物流总额和 GDP 值

年份	物流总额(亿元)	GDP(亿元)	弹性系数	年份	物流总额(亿元)	GDP(亿元)	弹性系数
2005 年	481 983	184 739.1	2.61	2008 年	898 953	300 670	2.99
2006 年	595 976	211 808	2.81	2009 年	966 500	335 353	2.88
2007 年	752 283	275 844	2.73	2010 年	1 254 130	397 983	3.15

社会物流总额，即一定时期内初次进入物流领域通过物流服务已经或正在送达最终用户的全部商品的价值总量。它既是一定时期内全部社会物流活动的最终结果，又是社会物流产业的总需求与总供给。因此，在物流产业统计基础十分薄弱的情况下，统计社会物流总额这一指标具有十分重要的现实意义和使用价值。

$$\begin{matrix}\text{社会物流}\\\text{总额}\end{matrix}=\begin{matrix}\text{工业品}\\\text{物流总额}\end{matrix}+\begin{matrix}\text{农产品}\\\text{物流总额}\end{matrix}+\begin{matrix}\text{进口货物}\\\text{总额}\end{matrix}+\begin{matrix}\text{再生资源}\\\text{物流总额}\end{matrix}+\begin{matrix}\text{单位与居民}\\\text{物品物流总额}\end{matrix}\tag{1.1}$$

2010 年工业品物流总额完成 1 131 031 亿元，比上年增长 14.6%，占社会物流总额的 90.18%；进口货物物流总额完成 94 305 亿元，比上年增长 22.1%，占社会物流总额的 7.52%；农产品物流总额完成 22 355 亿元，比上年增长 4.3%，占社会物流总额的 1.78%；再生资源物流总额完成 4 464 亿元，比上年增长 39.5%，占社会物流总额的 0.36%；单位与居民物品物流总额完成 1 975 亿元，比上年增长 14.7%，占社会物流总额的 0.16%。

(2)社会物流总费用逐年增长

我国社会物流总费用"十一五"时期达到了 27 万亿元，是"十五"时期的 2.1 倍，年均增长 15.6%。2005～2010 年，我国物流费用统计数据见表 1.6。

表 1.6 2005～2010 年我国物流费用统计表

年份	物流总费用(万亿元)	各项物流费用及所占比重(万亿元)					
		运输费用	占总费用比重(%)	保管费用	占总费用比重(%)	管理费用	占总费用比重(%)
2005 年	3.38	1.86	55.03	1.06	31.36	0.46	13.61
2006 年	3.84	2.10	54.69	1.23	32.03	0.51	13.28
2007 年	4.54	2.47	54.41	1.49	32.82	0.58	12.78
2008 年	5.45	2.87	52.66	1.89	34.68	0.69	12.66
2009 年	6.08	3.36	55.26	2	32.89	0.72	11.84
2010 年	7.09	3.83	54.02	2.4	33.85	0.86	12.13
占总费用平均比重(%)		54.86		32.04		13.09	

社会物流总费用是一定时期内国民经济各个部门用于物流活动的总支出,包括支付给运输、储存、装卸、搬运、包装、流通加工、配送、信息处理等各个环节的费用和应承受的货物在物流期间发生的损耗,以及物流过程中资金占用而应承担的利息支出等。社会物流总费用在一定程度上反映了社会对物流的总需求和总规模。国际上一般把社会物流总费用划分为运输费用、保管费用和管理费用三个部分。保险费用明细及各项费用所占比重数据见表1.7所示。

表1.7 我国物流费用中保管费用明细

科目	2007年		2010年第一季度	
	占保管费用比重(%)	比上年增长百分数(%)	占保管费用比重(%)	比上年增长百分数(%)
利息费用	42.20	16.60	40.40	8.60
仓储费用	25.90	19.90	23.20	8.90
流通加工费	17.60	30.00	21.70	38.30
货物损耗费用	5.50	17.40	5.50	17.50
配送费用	3.80	37.60	3.90	42.90
包装费用	3.50	38.20	3.70	37.30
保险费用	1.00	19.30	1.00	26.90
其他费用	0.50	18.80	0.60	49.80

注:1. 运输费用=铁路运输费用+道路运输费用+水上运输费用+航空运输费用+管道运输费用+装卸搬运及其他运输费用。

2. 保管费用=利息费用+仓储费用+保险费用+损耗费用+信息及相关服务费用+配送费用+流通加工费用+包装费用+其他保管费用。

3. 管理费用=管理人员的报酬+职工福利+办公费用+教育培训费用+劳动保险+车船使用费等管理费用。

我国物流公司的公路运输过路费和过桥费大约占物流运营成本的30%～40%,如果包括燃油费等在内约占50%～60%。

(3)社会物流总费用与GDP的比率稳中有降

"十一五"时期我国社会物流总费用与GDP的比率稳中有降,由2005年的18.3%下降到2010年的17.8%。每万元社会物流总额花费的社会物流总费用由2005年的703元下降到2010年的566元,表明我国物流运行质量和效率有所提高。从各分项物流费用占GDP比重看,运输费用和管理费用占GDP比重稳中有降,保管费用所占比重有所上升,由2003年的5.5%上升到2010年的6.0%。2005～2010年我国物流总费用占GDP比重见表1.8,2005～2010年我国物流总额和物流总费用见表1.9。

表 1.8 2005～2010 年我国物流总费用占 GDP 比重

年份	GDP（万亿元）	各项费用占 GDP 比重（%）			
		物流总费用比重（%）	运输费用比重（%）	保管费用比重（%）	管理费用比重（%）
2005 年	18.5	18.40	10.10	5.80	2.50
2006 年	21.2	18.10	9.90	5.80	2.40
2007 年	27.6	16.50	9.00	5.40	2.10
2008 年	30.1	18.10	9.50	6.30	2.30
2009 年	33.5	18.10	10.00	6.00	2.10
2010 年	39.8	17.80	9.60	6.00	2.20

表 1.9 2005～2010 年我国物流总额和物流总费用

年份	物流总额（亿元）	物流总费用（亿元）	每万元社会物流总额花费的社会物流总费用（元/万元）
2005 年	481 983	33 860	703
2006 年	595 976	38 414	645
2007 年	752 283	45 406	604
2008 年	898 953	54 542	607
2009 年	966 500	60 800	629
2010 年	1 254 130	70 984	566

与美国相比较，美国物流成本占 GDP 的比重在 20 世纪 90 年代大体保持在 11.4%～11.7%范围内，而进入 20 世纪最后 10 年，由 11%以上降到 10%左右，甚至达到 9.9%。美国物流费用统计数据见表 1.10。必须指出的是，物流成本的绝对数量还是一直在上升的，但是由于上升的幅度低于国民经济的增长幅度，所以占 GDP 的比例在缩小，成为经济效益提高的源泉。

表 1.10 美国物流费用统计表

年份	物流总费用（10 亿美元）	各项物流费用及所占比重					
		运输费用（10 亿美元）	占总费用比重（%）	库存费用（10 亿美元）	占总费用比重（%）	管理费用（10 亿美元）	占总费用比重（%）
2000 年	1 006	590	58.65	377	37.48	39	3.88
2007 年	1 397	848	60.70	487	34.86	62	4.44
2008 年	1 348	865	64.17	423	31.38	60	4.45
2009 年	1 096	688	62.77	357	32.57	51	4.65
占总费用平均比重（%）		61.57		34.07		4.35	

2000 年美国库存费用中利息占 25.20%，税款和保费占 54.11%，仓储费用占 20.69%。库存支出不仅仅是仓储的保管费用，更重要的是要考虑它所占有的库存资金成本，即库存占压资金的利息，只有在物流成本中包含资金周转速度的内涵，才能真正反映出物流的作用。美国物流总费用占 GDP 比重见表 1.11。

表 1.11 美国物流总费用占 GDP 比重

年份	GDP（万亿美元）	物流总费用占 GDP 比重（%）	各项费用占 GDP 比重（%）		
			运输费用	库存费用	管理费用
2000 年	9.96	10.10	5.92	3.79	0.39
2007 年	14.06	9.94	6.03	3.46	0.44
2008 年	14.37	9.38	6.02	2.94	0.42
2009 年	14.12	7.76	4.87	2.53	0.36

分析发现，美国库存费用在 GDP 中比重降低是导致美国物流总成本比例下降的最主要的原因。这一比例由过去接近 5%下降到不足 4%。由此可见，降低库存成本、加快周转速度是美国现代物流发展的突出成绩。物流利润的源泉更集中在降低库存、加速资金周转方面。

降低物流成本确实是提高效益的重要战略措施。美国每年 10 万亿美元的经济规模，降低 1%的成本，就相当多出 1 000 亿美元的效益。我国目前 39 万亿元的经济规模，降低 1%的物流成本就等于增长了 3 900 亿元的效益。

(4)物流相关行业固定资产投资加快增长，基础条件明显改善

我国物流相关行业固定资产投资完成额 2010 年为 3 万亿元左右，“十一五”时期累计达到 10 万亿元，年均增长 27%左右。随着固定资产投资加快增长，基础条件明显改善，为现代物流业健康发展提供了坚实保障。

(5)物流企业快速成长，市场更加开放

随着我国物流业不断加快对外开放和与国际市场接轨的步伐，物流企业快速成长，基本上形成了由多种所有制、不同经营规模和服务模式构成的物流企业群体。一是原有的国有物流企业加快重组改制和业务转型，由传统的运输、仓储向综合型物流企业转变；二是民营物流企业规模迅速扩大，部分企业年业务收入超过百亿元；三是部分生产或商贸企业的物流公司，以原有业务为基础向社会扩展，成为专业化的物流服务提供商；四是世界知名的跨国物流企业通过并购重组等多种方式相继进入中国，物流市场更加开放。

2. 我国物流发展中存在的主要问题

2009 年 3 月 10 日国务院印发的《物流业调整和振兴规划》中指出：“我国物流业的总体水平仍然偏低，还存在一些突出问题。一是全社会物流运行效率偏低，社会物流总费用与 GDP 的比率高出发达国家 1 倍左右；二是社会化物流需求不足和专业化物流供给能力不足

的问题同时存在，'大而全'、'小而全'的企业物流运作模式还相当普遍；三是物流基础设施能力不足，尚未建立布局合理、衔接顺畅、能力充分、高效便捷的综合交通运输体系，物流园区、物流技术装备等能力有待加强；四是地方封锁和行业垄断对资源整合和一体化运作形成障碍，物流市场还不够规范；五是物流技术、人才培养和物流标准还不能完全满足需要，物流服务的组织化和集约化程度不高"。

3. 我国物流发展规划与主要政策

一是"十二五"物流发展规划。主要是加强现代能源产业和综合运输体系建设，按照适度超前原则，统筹各种运输方式发展，构建便捷、安全、高效的综合运输体系。推进国家运输通道建设，基本建成国家快速铁路网和高速公路网，发展高速铁路，加强省际通道和国省干线公路建设，积极发展水运，完善港口和机场布局，改革空域管理体制；实施互利共赢的开放战略，进一步提高对外开放水平，提高我国物流发展的水平。

二是物流业调整和振兴规划。从我国物流发展现状与面临的形式、指导思想和原则及目标、主要任务、重点工程、政策措施、规划实施等六个方面提出了我国发展物流的具体方案。

三是加快我国流通领域现代物流发展的指导意见。具体提出了发展物流的主要工作和任务、政策措施等。

四是商贸物流发展专项规划。研究提出了我国商贸物流发展的目标、重点工作等。

4. "十二五"时期我国物流的发展

"十二五"时期，随着国民经济总量的增长、经济结构的优化和人民生活水平的提高，将在推动现代物流业规模扩张和结构调整的同时，对物流服务质量提出更高的要求。"十二五"期间，我国物流总量将继续保持较快增长，结构调整步伐加快，基础设施"瓶颈"逐渐缓解，物流布局结构不断优化，物流企业进一步做大做强。初步预计，"十二五"期间我国社会物流总额年均增长14%左右，物流业增加值年均增长13%左右，物流总费用与GDP的比率在17%左右。

1.2 运输与物流的主要特征

我国多数物流企业是由运输等服务逐渐转型成物流服务而来的，普遍存在运输服务如何向满足客户需求的物流服务模式转变的问题，对运输服务和物流服务的主要特征的正确认识，才能明确运输或物流企业的市场定位和发展战略。

1.2.1 运输业务与物流业务的关系

根据国家公布的统计数据，2005～2010年我国运输费用占物流总费用的52.7%～55.3%。因此，运输是物流的一个重要环节，运输是物流提供服务的基础，社会各种运输方式的运输企业为物流企业提供了优化客户产品流通的有利条件，是物流企业业务的载体。

物流企业为运输企业提供货源，是运输企业延长的手臂，也是促进运输企业发展的动力。运输企业和物流企业经营目标一致，相互依托，相互促进。物流企业是运输企业的客户，运输企业应提供良好的服务。

1.2.2 运输服务的主要特征

在现代社会中，一般情况下物质的生产地点与人们的消费地点是不相同的，满足人们对物质需求的地点也是不相同的，而生产企业与原材料的产地也是不同的。因此，基于生产与消费的需要，必须克服空间上的障碍，实现人和物的移动。所谓运输，就是利用运输工具为实现这种移动提供服务。运输生产并没有给人或物以质和形态的变化，只是使物品在保持原样的情况下，进行空间场所的移动。

(1)运输只是满足客户货物位移的需求，是运输企业向社会提供的一种定制化普遍服务。运输是根据市场需求和运输企业的资源，由运输企业提出的一种定制化社会普遍服务，为所有货物运输的需求人或企业提供服务，以满足客户货物位移需求为主。货物运输的需求人或企业根据需求和运输企业公布的运输方式、线路、时间自由选择运输企业。随着国家铁路、公路、航空、水运等运输方式的快速发展，不同运输方式的市场竞争更加激烈，供客户选择的余地越来越大。

(2)运输企业只是生产或销售企业原材料或产品的运输服务商，不是客户供应链管理的参与者。

(3)运输只能提高客户原材料或产品的运输数量、运输时效和降低运输成本。我国铁路、航空、水运、公路的运输价格相对透明，铁路运输价格仍由政府主管部门审批，运输企业一般采取批量优惠运价的方式增加运量，运输成本降低的空间十分有限。

(4)运输货物时已明确货物的发送地、到达地、发货人、收货人等详细的信息，运输企业根据客户提供的信息提供一票式运输服务，并向发货人收取运输费用。我国铁路、航空、邮政规定在办理发货时交纳费用，公路运输相对比较灵活，可以在发货时交一半，到达后再交余额等。

(5)运输服务的信息系统主要是满足客户货物运输动态信息跟踪服务和运输企业内部管理需求。我国各种交通运输方式由不同的政府部门管理，造成标准不规范和不统一，使综合运输信息系统的建设十分复杂。

1.2.3 物流服务的主要特征

物流是物流企业根据其市场定位为特定客户群提供的服务，是根据客户的详细需求，利用自有或社会运输工具、仓储、信息系统等设施和加工技术为客户制定满足需求的物流服务方案，并按照客户认可的物流服务方案提供具体的物流服务。

(1)物流是个性化的量体裁衣服务，是物流企业根据其市场定位为特定客户群提供的满足客户需求服务。

(2)物流作为客户供应链的一个环节，融入了客户生产和经营管理中，通过对客户产品物流运作数据的分析，向客户提出产品生产营销合理化建议，形成与客户共同的利益目标，提高客户产品市场反应速度和市场份额，降低产品流通的总成本。

(3)物流客户在产品生产后，往往不能直接告诉物流服务企业最终购买该产品的客户，根据消费者的订单再向物流企业下达物流服务的具体指令。因为商品市场销售服务质量的竞争，会出现许多消费者订购的产品从生产地到最终购买者运输的时间不能满足时效。物流企业必须根据客户产品销售的地区和频次提供仓储服务，满足消费者对订购产品时效的需求。按照物流服务的惯例，物流服务是按照物流企业送到最终产品客户的数量和合同规定物流服务价格、结款期结算物流服务费用。因此，物流企业比运输企业需要的周转资金多。费用结算的管理要求高、风险大。物流企业为客户提供运输、仓储、加工、理货、配送、咨询、信息等部分或全部服务，甚至为客户提供原材料采购或产品销售服务，涉及的发票形式、税种比运输多，财务服务和管理比运输复杂。

(4)物流服务的信息系统主要满足客户订单、调拨、运输、仓储、加工、理货、配送等动态信息跟踪服务和物流企业内部管理的需求，为客户提供货物流、单据流、资金流和供应链管理所需信息的服务。信息系统是现代物流企业的核心，信息系统的建设必须以满足客户需求为中心，比运输信息系统更加复杂，信息集成技术的要求更高。

(5)物流服务需要高素质和知识面广的人才。物流服务需要更加细致、全面地了解客户的需求，掌握客户个性化需求的特征，以满足客户需求为核心，制定物流解决方案，提供满足客户服务质量需求的物流操作服务。因此，物流企业服务方案解决团队要具备物流、财务、营销、信息、法律、商务会谈、心理等方面的技能，具有较强的沟通和协调能力，学会与生产企业不同管理人员和管理层交流的方法。

运输企业应当借鉴物流详细调研客户需求的方法，增强满足客户需求的意识，根据本企业运输资源的优势，明确运输服务的主要客户群，并根据主要客户群的需求不断完善运输服务方式，提高运输服务质量，在市场上形成本企业有竞争力的运输服务产品。

随着社会经济的发展及客户需求的多样化，运输服务和物流服务的水平也在快速提升，物流的发展不可能取代运输，运输服务水平的提高会促进物流服务的发展。因此，无论是运输服务企业还是物流服务企业，必须根据运输服务与物流服务的主要特征，明确企业发展的定位和核心客户的需求，建立具有核心竞争力的服务优势。

1.2.4 运输与物流服务中的供应链金融

供应链金融(Supply Chain Finance)是为解决产业链上下游的融资问题而衍生的增值服务。这种金融模式并不复杂，却在很大程度上同时解决了物流企业盈利、中小企业融资及银行业务低风险拓展的难题，实现了多方共赢。全球物流业和金融业巨头们早已开始深入挖掘供应链金融业务，在中国，部分大型物流企业和商业银行也对此予以高度关注。随着市场逐步发展成熟，供应链金融有着巨大的发展空间，物流渠道也将作为重要的资源被竞相争夺。

1. 供应链金融的含义

深圳发展银行认为，供应链金融指把供应链上相关企业作为一个整体，根据交易中构成的链条关系和行业特点设定融资方案，基于对供应链交易结构和交易细节的把握，借助核心企业的信用实力，并根据单笔交易的自偿程度，对供应链上单个企业或上下游多个企业提供的全面金融服务。简单地说，就是银行将核心企业和上下游企业联系在一起提供灵活运用的金融产品和服务的一种融资模式。

该模式的核心理念是银行在信贷市场上通过寻找多个参与者或者利益相关者，建立起一种特殊的机制，来共同分担中小企业贷款中的风险。银行通过借助与中小企业有业务合作关系的大企业的信用、或者以两者之间的业务合同为担保，同时依靠第三方物流企业的参与来共同分担贷款风险。改变了过去银行只针对单一企业主体进行信用评估并据此做出授信决策的融资模式，使银行从只专注于对中小企业本身信用风险的评估，转变为对整个供应链及其与核心大企业之间交易信用的风险评估。处于供应链上下游的中小企业在该模式中，可以取得在其他方式下难以取得的银行融资。简单地说，如果一家上下游企业自身的实力和规模达不到传统的信贷准入标准，而其所在供应链的核心企业实力较强，贸易背景真实稳定，这家企业就可以获得银行相应的信贷支持。实施供应链金融的关键在于，这些想要得到银行融资的中小企业必须和一家值得银行信赖的大企业发生业务往来，从而就获得了"某种资格认定"，使其达到银行认可的资信水平，即大企业利用其良好的信誉和实力及与银行稳固的信贷关系为中小企业提供了间接的信用担保，帮助中小企业获得银行贷款。

传统融资和供应链融资模式中银行与供应链成员的管理如图 1.2 所示。

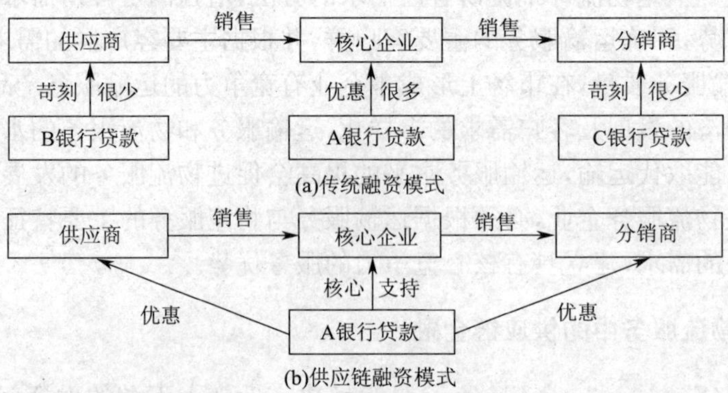

图 1.2　传统融资和供应链融资模式中银行与供应链成员的管理

2. 供应链金融在中国的发展背景

(1)中小企业融资困难

在我国，占企业总数99%的中小企业对我国GDP贡献超过了60%，税收超过了50%，提供了70%的进出口贸易和80%的城镇就业岗位。然而，中小企业由于自身规模不大，使其在整个供应链条上一般均处于弱势地位。与大型企业进行业务交易时，经常需以预付款形式购买产品或以赊销方式销售产品，造成中小型企业资金紧张，影响其扩大生产规模和发展。但“银行追着大企业跑，中小企业追着银行跑”，是我国银行业的现状，也是众多中小企业发展过程中面临的难题。

目前，中小企业主要的融资渠道是通过银行贷款，但其信用等级评级普遍较低、可抵押资产少、财务制度不健全，使银行等金融机构为控制贷款风险，几乎不对中小企业做信用贷款，仅以固定资产抵押担保方式提供贷款服务。然而，中小企业大多受经营规模所限，或是出于经营战略的需要，固定资产较少，土地房屋等抵押物不足，一般很难提供合乎银行标准的抵押品。社会公信度不理想，使他们也很难找到令银行放心的具有代偿能力的担保人。在这种形势下，一项可以解决中小企业融资抵押难的银行业务“供应链金融”便应运而生。

(2)银行等金融机构竞争激烈

在中国，银行主要是以分业经营的形式运作，存贷利差目前仍然是银行的利润主要来源。随着中国加入WTO，金融业逐步对外开放，外资银行的进驻带来了激烈的竞争。而中小企业数量多，分布范围广，资金分散但总需求量大，发展贷款业务的市场和潜力大，这将成为银行业务竞争的主要战场之一。

但在现实情况中，银行对中小型企业不敢轻易放款，贷款条件也相当严格。而且，由于中小企业间货款拖欠现象较为严重，加之其逃废银行债务的现象仍然比较突出，造成了信贷恶性循环。所以金融机构要在产品更新、风险控制各方面来推进对中小企业服务及开发新的业务，增强自己的竞争力。供应链金融服务业务是通过有效监管平台实现业务流程的可见和可控，使资金和物流运作形成闭环；通过保证金账户有效防范资金安全；通过第三方物流企业，监管完成货物运输，保管流通资产安全。基于以上原因供应链金融服务业务已经成为这几年国内银行努力开展的创新业务。

(3)第三方物流企业同质化竞争严重

当前中国第三方物流企业发展现状是物流企业低层次、同质化竞争严重。物流巨头们认为对卡车运输、货代和一般物流服务而言，激烈的竞争使利润率下降到平均只有2%左右，已没有进一步提高的可能性，而对于供应链末端的金融服务来说，由于各家企业涉足少，目前还有广大空间，于是包括UPS在内的几家大型物流商在物流服务中增加了一项金融服务，将其作为争取客户的一项重要举措。

第三方物流企业提供供应链金融服务不仅能为银行与企业间的合作架构新桥梁，帮助企业解决融资难题，而且能有效地融入企业供应链体系之中，为其提供高效的第三方物流服务。

3. 提供供应链金融服务的部分企业

供应链金融主要以存货、应收账款和预付账款作为融资担保资产。目前，已有一些商业银行对供应链金融进行了积极尝试，一些大型物流企业也凭借自身对资源的控制优势开始向该领域渗透。

深圳发展银行是国内首家倡导和开展供应链金融业务研究的商业银行，早在2001年就推出了“动产及货权质押授信”，2003年其进一步提出供应链金融的“1＋N”模式，随后又将之提升至“自偿性贸易融资”的概念，并逐步奠定了在该领域的领导地位。除了深发展之外，越来越多的商业银行开始将供应链金融作为重要的业务增长点，陆续推出相关产品，见表1.12。

表1.12　提供供应链金融服务的部分银行

银　行	产品名称	银　行	产品名称
深圳发展银行	自偿性贸易融资	华夏银行	融资共赢链
广东发展银行	物流银行	招商银行	电子供应链金融
上海浦东发展银行	企业供应链融资解决方案	民生银行	特色贸易融资
兴业银行	“金芝麻”供应链金融服务	北京银行	金融快链

物流企业中，世界排名第一的航运公司马士基、世界排名第一的快递公司UPS、中国的中国远洋运输(集团)总公司、中国外运股份有限公司、中国物资储运总公司、天津港集团等物流企业均为客户提供供应链融资业务。

另外，物流企业与商业银行的战略合作也日益广泛。凭借UPS Capital资本平台，UPS提出了宏大的“全球供应链解决方案”计划，在中国已与上海浦东发展银行、深圳发展银行和招商银行签署合作协议，共同拓展在中国内地的供应链金融业务。

中国物资储运总公司是中国仓储占地最大的专业物流企业，目前已与多家金融机构合作，动产监管业务的融资规模超过500亿元，监管客户超过1 200家。

2009年，已跻身世界五大港的天津港提出了发展相关金融业务的战略，其中一项是供应链金融。实际上，此前天津港已尝试性地开展了仓单质押、现货质押、交易融资、质押监管等多项物流金融增值服务。自2008年开展此类业务以来，已累计完成供应链金融融资额超过30亿元。除此之外，天津港还积极探索了未来货权、信用共同体、输出监管、委托监管等多项业务。

在供应链金融中，银行需要依赖与核心企业和物流企业的合作，随着市场竞争的加剧，核心企业和物流企业将成为稀缺资源。

4. 供应链金融解决案例

(1)基于应收账款的供应链融资案例

某汽车零配件生产企业(以下简称"A企业")专营汽车电子等零配件的采购、销售，主要为广东的两家著名合资汽车厂家供货，与其下游厂家合作年限较长，贸易关系稳定。在"汽车零配件—汽车生产—汽车经销商—终端用户"的国内汽车行业供应链条中，A企业处于供应链上游，与汽车行业共同发展，随着这几年我国汽车产业的快速发展，A企业业务规模也不断扩大。

由于下游车厂较为强势，A企业一般向车厂提供3～6个月账期的销售结算模式，这样一来，A企业造成大量、稳定的应收账款，余款一般维持在6 000万元左右，资金占用量越来越大，需要通过融资以缓解短期流动资金压力。

但作为一家资产规模、综合实力一般的中小型汽车零配件生产企业，A企业无法通过银行的保证担保、抵押担保贷款等传统授信渠道获得融资支持。基于客户背景、业务特点及融资需求，深圳发展银行接受A企业向深圳发展银行转让其交易过程中的应收账款，据此给予A企业4 000万元保理额度，解决了A企业因应收账款占用带来的流动资金短缺困境。以A企业与车厂的交易为例，具体操作流程如图1.3所示。

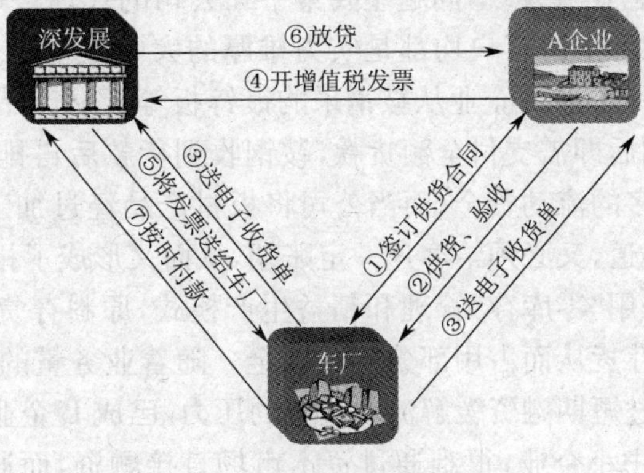

图1.3 应收账款融资操作流程

①A企业与车厂签订供货合同。

②A企业送货，车厂验收货物并在送货单上签字确认。

③车厂根据送货单明细定期生成电子收货单(Purchase Order,PO)，送至A企业和深圳发展银行。

④A企业收到PO后开出增值税发票，并交深圳发展银行申请保理授信出账(同时在增值税发票备注栏注明应收账款转让事项)。

⑤深圳发展银行根据车厂发来的PO和A企业交来的发票，确认、核实应收账款的具

体金额后，将发票送达车厂。

⑥深圳发展银行根据核实的应收账款金额放贷给 A 公司。

⑦车厂按时付款到 A 公司在深圳发展银行的付款账号，A 公司偿还保理授信。

(2)基于存货监管和预付账款的供应链融资案例

某钢铁企业(以下简称“B 企业”)专业从事涂镀板材类钢铁产品的国内销售，是一家集销售、加工剪切、配送为一体的服务经销企业，主要为家电和电脑机箱的生产企业提供板材的采购、剪切、配送服务。公司原料 80%在国内市场采购，鞍钢是其主要的供货厂家。下游客户大部分为从事家电、电脑机箱生产的企业。

2001～2004 年，恰逢中国钢铁行业的产业升级阶段，国内高级板材缺乏，需求量持续增加。B 企业抓住发展机遇，迅速与鞍钢等上游厂商建立了稳固的合作关系，同时大力开拓下游销售渠道，并采用国外先进的钢铁贸易经销模式，根据下游厂商的需求对原材料进行再加工，企业迅速成长。然而，业务量的增加同时也带来了企业流动资金周转的困难。公司流动资产从 2002 年度的 2 522 万元增加到 2003 年度 4 558 万元。其中存货数额基本持平，预付账款和应收账款却分别从 166 万元和 656 万元迅速增加至 1 225 万元和 1 770 万元，而货币资金则从 140 万元急速减少至 4 万元，公司面临严峻的现金流压力。

经分析 B 企业的经营业务发现，问题主要集中在公司的代理采购服务上。在代理采购服务中，公司的上游厂家和下游客户均都是实力雄厚的大中型企业。B 企业不得不接受对自身十分不利的交易条件。当 B 企业从鞍钢采购镀锌板等板材产品时，除下订单时支付部分定金外，签订供货合同后即需支付全额货款，鞍钢收到货款后再排产发货，导致公司在预付款环节时就占用了较多的流动资金；而当公司将板材产品经过加工剪切销售给下游的生产企业时，为维持销售渠道，又必须给客户一定账期，从而又形成了相当数量的应收账款；同时，由于下游生产商多采用“零库存”管理和精益生产模式，原料存货压力转给供应商，B 企业必须维护一定数量的存货从而占用部分流动资金。随着业务量的增加，各类非现金流动资产迅速上升。如何通过短期融资缓解流动资金的压力，已成 B 企业的燃眉之急。

但由于 B 企业属于中小企业，很难通过资本市场直接融资，而通过传统的商业银行贷款也比较困难，就算能够贷到款，贷款额度也较小，无法解决实际问题。深圳发展银行在了解了 B 企业基本情况后，提供了“未来货权质押授信”供应链融资产品。“未来货权质押授信”实质上是一种预付款融资，即银行以 B 企业向上游钢铁生产厂商支付预付账款后形成的未来提货权益为质押，向 B 企业提供短期贷款。

B 企业和深圳发展银行签订了“未来货权质押授信”协议，2004 年 10 月份起，深圳发展银行为 B 企业提供 2 100 万元的授信额度，期限为一年。期满后，由于企业发展状况良好，深圳发展银行与 B 企业又连续几年续签了贷款协议。

在该项供应链融资业务的实际操作中，采取的是“现货质押”和“未来货权质押”相结合的方式。具体操作流程如图 1.4 所示。

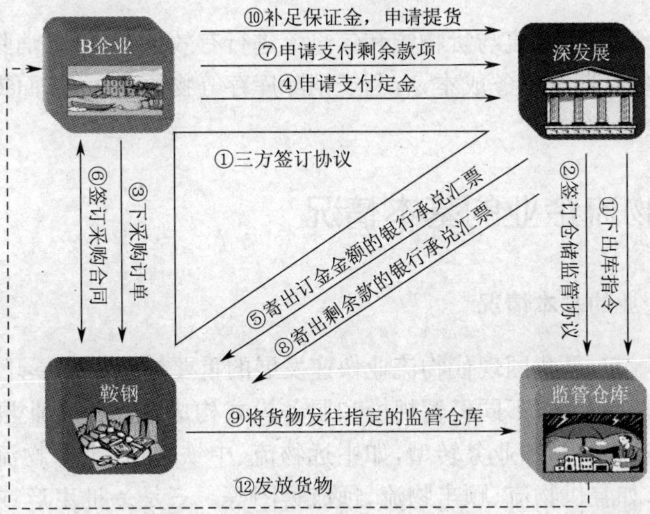

图 1.4 库存监管和预付账款融资操作流程

①B 企业、深圳发展银行和鞍钢签订“三方合作协议”与供货合同。

②深圳发展银行与监管仓库签订仓储监管协议。

③B 企业向鞍钢下采购订单。

④B 企业向深圳发展银行申请支付定金。

⑤深圳发展银行将相当于订金金额的银行承兑汇票寄给鞍钢。

⑥B 企业与鞍钢签订采购合同。

⑦B 企业向深圳发展银行申请支付剩余货款。

⑧深圳发展银行将相当于剩余货款金额的银行承兑汇票寄给鞍钢。

⑨鞍钢发货到指定的监管仓库，并进入深圳发展银行监管。

⑩B 企业补足保证金，向深圳发展银行申请提货。

⑪深圳发展银行向监管仓库下达出库指令。

⑫监管仓库发放货物。

5. 供应链金融的效用

由于交易结构上的独特优势，供应链金融可以满足特定的融资需求，在一定程度上解决了企业、银行和物流企业各自面临的难题，本质上通过对供应链的理解及核心企业和物流企业的介入，减小了企业的信贷风险。核心企业和物流企业作为关键的“中间人”，消除了中小企业与商业银行的信息不对称问题，同时通过引入担保机制，提升了供应链上贸易类中小企业的信用，解决了它们融资难的问题，使得供应链上的买方、卖方、银行、物流企业各得其所，形成多赢的局面。

同时，供应链金融使资金流与货物流和信息流进行有效整合，可以消除供应链企业信息障碍、缺乏协调、支付延期等财务成本，有利于消除库存等物流成本，从而提高整个供应链的竞争力，并降低社会总成本。

1.3 国内外物流企业的基本情况

1.3.1 我国物流企业的基本情况

物流企业迅速崛起，是我国现代物流业快速发展的重要标志。改革开放以来，我国物流市场上形成了由多种所有制、不同经营规模和服务模式构成的物流企业群体。一是原有的国有物流企业加快重组改制和业务转型，如中远物流、中铁快运、中邮物流等。二是加快发展的民营物流企业，如宝供物流、顺丰物流、远成集团等。三是一批生产或商贸企业的物流部门，以原有业务为基础向社会扩展，形成具有专业特色的物流供应商，如海尔物流、安得物流及大庆油田的物流公司等。四是世界知名的跨国物流企业相继进入，如日本日通、美国联邦快递、联合包裹、德国邮政等。2007 年，外商在我国物流领域投资项目达到 6 996 个，占外商在中国投资项目个数的 18.5%。

1. 我国工业、批发和零售企业的物流需求

(1)销售总额增幅回落，物流需求有所放缓。调查企业汇总数据显示，2009 年工业、批发和零售业企业销售总额比上年增长 8.9%，增幅同比回落 6.5 个百分点。销售总额增幅回落，一定程度上反映出企业物流需求增速放缓。

(2)货运量平稳增长，委托代理货运量比重提高。2009 年工业、批发和零售业企业货运量同比增长 9.4%。其中，委托代理货运量同比增长 12.5%，占货运总量的比重为 57.4%，同比提高 7.6 个百分点。委托代理货运量比重的提高，一定程度上表明工业、批发和零售业企业出于节约物流成本和集中精力于主要业务的考虑，更多地选择将物流业务外包，以利于自身核心竞争力的进一步提升。

(3)物流成本增速明显减缓，企业物流效率有所提高。2009 年工业、批发和零售业企业物流成本比上年增长 8.2%，增幅低于销售总额增长 0.7 个百分点，同比回落 20.1 个百分点，一定程度上表明企业物流效率有所提高。其中，运输成本同比增长 1.8%，增幅同比回落 28.9 个百分点。保管成本增长 11.9%，增幅同比回落 24 个百分点。在保管成本中，配送成本、仓储成本、货物损耗成本和利息成本分别同比增长 17.4%、7.2%、2.4%和 3.6%，增幅均有较大回落，分别为 15.4、35.8、4.6 和 55.4 个百分点。物流管理成本增长 10.7%，

增幅同比提高 2.1 个百分点。

(4)物流成本费用率水平略有下降。2009 年工业、批发和零售业企业物流成本费用率为 9.0%,同比下降 0.3 个百分点。其中,工业企业物流成本费用率为 9.8%,下降 0.1 个百分点;批发和零售业企业物流成本费用率为 8.1%,下降 0.2 个百分点。

2009 年工业行业物流成本费用率最高的橡胶制造业为 24.3%,工艺品及其他制造业、专用设备制造业等行业相对较低;批发零售行业中,物流成本费用率最高的纺织、服装及日用品专门零售行业为 23.3%,无店铺及其他零售、机械设备五金交电及电子产品批发等行业相对较低。

2. 我国物流企业的总体情况

根据国家发展改革委经济运行调节局、国家统计局贸易外经司和中国物流与采购联合会共同公布的《2010 年全国重点企业物流统计调查报告》,在此次调查的 445 家物流企业中,综合型物流企业 131 家,占 29%;运输型物流企业 244 家,占 55%;仓储型物流企业占 70 家,占 16%。在运输型物流企业中,道路运输企业和水上运输企业所占比例较高,分别为 64%和 26%。445 家全国重点物流企业基本反映了我国物流企业发展的基本情况。

(1)物流企业资产规模较快增长。2009 年我国物流企业资产规模同比增长 17.2%。其中,资产大于 10 亿元的企业占 14.2%,资产在 1 亿元到 10 亿元间的企业占 28.5%,资产在 5 000万元到 1 亿元间的企业占 12.6%,资产小于 5 000 万元的企业占 44.7%。与 2008 年相比,资产大于 10 亿元的企业比重同比提高了 1.8 个百分点,小于 5 000 万的企业所占比重同比下降 3.8 个百分点。

(2)前 50 家物流企业主营业务收入均超过 10 亿元。2009 年前 50 家物流企业主营业务收入共达 4 506 亿元,同比下降 5.3%,但降幅低于全部调查企业 8 个百分点。其中,1 家物流企业主营业务收入超过千亿元,9 家企业主营业务收入超过百亿元,同比增加 3 家;前 50 家物流企业主营业务收入均超过 10 亿元,第 50 位物流企业主营业务收入达到 12.2 亿元,同比提高 60.5%。

前 50 家物流企业中,运输型物流企业 30 家,占 60%;综合型物流企业 12 家,占 24%;仓储型物流企业 8 家,占 16%。

前 50 家物流企业中,80%分布在经济较为发达的东部地区,西部和中部地区分别占 8%和 12%。

前 50 家物流企业中,国有企业 18 家,占 36%;有限责任公司 19 家,占 38%;私营企业 4 家,占 8%;港澳台商投资企业 4 家,占 8%;外商投资企业为 2 家,占 4%。

(3)主要业务量增幅回落,主营业务收入下降。调查企业汇总数据显示,2009 年物流企业货运量同比增长 6.0%,一体化物流业务量同比增长 26.1%,配送量同比增长 13.6%,增幅同比回落 1.2、0.3 和 16.8 个百分点。与此同时,货运周转量同比下降 10.2%,货代业务量同比下降 11.9%。

2009 年运输型物流企业主营业务收入降幅最大，同比下降 13.2%；综合型物流企业主营业务收入由去年的增长 36.2%转为下降 12.9%；仓储型物流企业主营业务收入同比增长 12.3%，但增幅同比回落 19.9 个百分点。

西部地区企业主营业务收入同比增长 11%，增幅同比回落 26.6 个百分点；中部地区企业主营业务收入同比增长 8.9%，增幅同比回落 26.4 个百分点；东部地区企业主营业务收入同比下降 12.6%。由于东部地区物流企业数量和规模普遍大于中西部，成为影响总体收入下降的主要原因。

2009 年国有企业主营业务收入同比下降 16.8%，降幅最高；私营企业主营业务收入同比增长 9.8%，但增幅同比回落 30.7 个百分点；港澳台商投资企业和外商投资企业主营业务收入分别下降 3.7%和 9.6%。

(4)主营业务成本小幅下降，企业利润率水平走低。2009 年物流企业主营业务成本同比下降 3.6%。其中，运输成本下降 20.4%，货代成本下降 15.0%；一体化物流成本增长 33.3%，配送成本增长 23.0%，仓储成本增长 10.2%，但增幅同比分别回落 12.6 个、11.5 个和 13.1 个百分点。

运输型物流企业主营业务成本同比下降 3.1%；综合型物流企业主营业务成本同比下降 15.6%；仓储型物流企业主营业务成本同比增长 10.7%，增幅同比回落 18.7 个百分点。在运输型物流企业中，铁路运输企业主营业务成本同比增长 44.9%。航空运输业和水上运输业企业，一方面受需求动力不足影响，另一方面企业积极采取措施，有效减少燃油消耗，主营业务成本同比分别下降 18.9%和 12.7%。道路运输业企业受成品油价格上涨和税费改革等因素影响，主营业务成本同比增长 10.9%。

2009 年物流企业收入利润率为 5.5%，同比下降 5.6 个百分点。成本利润率为 6.0%，同比下降 7.1 个百分点，物流企业盈利水平有所下降。

2009 年物流企业收入利润率小于 3%和大于 10%的企业所占比例最高，为 38.7%和 31.0%，物流企业盈利水平呈现两极分化现象。

3. 代表性的物流企业

(1)中国速递服务公司(EMS)

中国速递服务公司成立于 1985 年，是国家邮政局所属的专业邮政速递公司，负责全国邮政特快专递业务的生产、经营和管理，开办全球邮政特快专递业务。

目前，公司与世界上 200 多个国家和地区建立了业务关系，国内近 2 000 个城市开办了业务；拥有一支两万余人的专职员工队伍及一万余部专用揽收、投递、运输机动车辆；建设了以国内 318 个城市为核心的计算机跟踪查询网络，在全国若干中心城市建设了快件进出口海关监管中心，并已累计完成业务量约 11.5 亿件，实现业务收入 410 亿元。

(2)民航快递有限责任公司(CAE)

民航快递有限责任公司成立于1996年11月8日，由民航多家航空公司和机场共同出资组建，拥有国内900多余航线和129个机场。

公司建立了全国地面网络和若干区域集散中心，已先后设立北京、上海、香港等分支机构或控股子公司41个，设立营业部142个，民航快速在全国大中城市的覆盖网点已达287个，基本形成了民航快递全国网络体系，并逐步形成了以北京、上海、广州、香港为主体的区域集散中心，建立了连接总部和分支机构的企业内部网络，建立了北京、上海、厦门、广州(香港)、珠海(澳门)、青岛、大连七个国际快递业务通道，在广州等地建立了海关快件监管中心，并开通了粤一港直通车，国际业务通达全球，几年来业务量和收入以较大幅度逐年递增，现已形成了珠江三角洲、长江三角洲及华北地区的地面运输网络中心，各省、市(区)间及相邻省、市间地面运输网络也基本形成。

(3)中国对外贸易运输(集团)公司

中国对外贸易运输(集团)公司(简称中国外运)成立于1950年。目前，中国外运在国内设有40多家子公司，国内经营实体1 000余家。在境外设有8个代表处，22家海外企业，并与境外400多家运输企业建立了业务代理关系，形成了覆盖全国，辐射全球的优质高效的运输服务网络，主要从事海、陆、空国际货运代理、船务代理、水路运输(合集装箱班轮和大宗散杂货运输)、船舶经营与管理、租船、集装箱租赁、多式联运、航空货运、航空快递、陆路运输、仓储码头、综合物流等业务。通过与DHL、UPS和OCS等国际快运服务公司结成战略伙伴关系和成立合资公司，覆盖全球200多个国家和地区，并保证限时送达。通过开通粤沪专线，全程GPS监控，厢式货车运输，可实现48 h市内送达和72 h区域内送达。

(4)顺丰速运

顺丰公司成立于1993年3月，是一家民营区域性快运企业，主要经营国际、国内快速业务及报关、报检等业务。现服务网络已经涵盖了香港及国内大部分省市，并且正在继续拓展。顺丰是国内最大的民营快运公司之一，公司总部设在深圳。顺丰速运的服务网络已经覆盖到20个省及直辖市、101个地级市，年营业额近60亿元人民币，成为中国快运行业民族品牌中的佼佼者。

(5)申通快递

申通快递公司创立于1993年，是国内最大的民营快运公司之一，业务区域以长江三角洲为主，公司总部设在上海。

申通网络完备，在国内拥有430多个网点，仅次于中国邮政，年营业额超过40亿元。此外，申通起家和背靠的长三角市场容量巨大，有数据显示，这一市场的快运业务量占到全国总量的40%左右。申通公司通过特许加盟等方式，已经在全国建立了比较完备的快运网络，在12～48 h之内提供门到门、并能代为清关的国际性快运服务，能向包括中国在内的20

多个国家和地区提供快速、可靠、及时的快运运输服务。公司在内地现拥有 430 多个投递点，员工 4 万名，上万辆专用运输车，每月完成快运业务量 480 万票(申通快递每个工作日运送的包裹超过 100 万份)。

(6)宅急送快运有限公司

宅急送快运有限公司成立于 1994 年 1 月，是国内最大的民营快运公司之一，总部设在北京。

宅急送服务网络由华北、华东、华南、华西四大区的 300 多家分公司和 330 多家加盟特许经营合作网络构成，覆盖全国 2 000 多个城镇和地区。公司总资产 3 亿元，员工 1.5 万名，车辆 2 000 余台，全国共有 33 个分公司，3 个航空基地，年货物发送量 3 200 万件，年递增率超过 65%，目前宅急送的年营业额近 12 亿元人民币，其中 80%是高附加值产品物流。

(7)中铁快运

中铁快运是铁道部直属专业运输企业，注册资本金 24.95 亿元，在全国设有 18 个分公司和 8 个控股子公司，各类从业人员 34 000 余人。

中铁快运为客户提供门到门运输，包括时限快运，快运包裹；站到站运输，包括行李、普通包裹；快捷货运，包括时速 160 km 的行邮专列，时速 120 km 的行包专列；物流，包括物流解决方案和实际运作服务；社会公益服务，包括报刊、中小学课本、救灾物资、支农产品等的运输服务。

中铁快运拥有铁路行李车运输资源，负责全国铁路行李车和行包、行邮专列经营管理。目前有铁路客车行李车约 3 000 辆，铁路货车约 4 000 辆，配属和管理城际运输和门到门配送汽车约 6 000 辆。每日定点开行 8 列特快行邮、2 列快速行包专列和 32 列行包快运专列，在 1216 列铁路旅客列车挂有行李车，形成覆盖全国主要大中城市的综合运输与配送网络。

截至 2010 年底，中铁快运经营网络遍及全国 31 个省、自治区和直辖市，在全国 680 多个城市设有 2 236 多个经营网点，门到门服务网络覆盖全国 1 150 多个城市。

中铁快运建设了覆盖全部经营网络的计算机信息网络。信息系统由核心业务系统、生产经营管理系统、对外信息服务平台和与铁道部信息中心专用传输平台组成，覆盖了生产经营、客户服务、财务和人事管理等所有领域，是全国信息化服务先进单位。

2010 年平均每天发送 160 万件，完成行包货物发送量 1 315 万 t，增长 3.2%。

中铁快运是中国交通运输协会快运分会会长单位，与国内外许多知名客户形成了长期战略合作关系。2006～2010 年中国物流百强第 2 名。

1.3.2 国外物流企业在中国的发展的情况

伴随着世界经济一体化的发展，全球各大物流企业纷纷开拓中国市场，形成中外物流企业在中国即相互竞争，又相互合作的关系，共同促进中国物流行业的发展。在中国最具有代表的国外物流企业有 UPS、FedEX、Nippon Express、TNT Express 四大公司。

1. 美国联合包裹服务公司(UPS)

美国联合包裹服务公司(UPS)是全球最大的速递机构和包裹递送公司,同时也是世界上主要的专业运输和物流服务提供商。公司总部设在美国佐治亚州亚特兰大市,服务区域覆盖全球 220 多个国家和地区,主要经营包裹业务、供应链和货运业务等。现有雇员 400 600人(美国 330 600 人,国际 70 000 人),商店 4 726 个、营业点 49 个、服务中心 1 000 个、授权服务店 16 000 个、投递箱 40 000 个,拥有 93 464 辆运输车、227 架飞机,每日航程段美国 942 个、国际 815 个,服务机场数美国 379 个、国际 815 个。

2010 年 UPS 实现营业收入 496 亿美元,同比增加 9.4%,净利润 21.5 亿美元。2010 年 UPS 共递送 39.4 亿件包裹与文件,日均递送 1 560 万件。

2001 年 UPS 与中国快递合作开办直飞中国的航班。2005 年美国与中国广州之间首次建立了直航递送服务,同年,UPS 得到其中国合资伙伴所持有的股份,业务开拓至 23 个城市。2008 年 10 月深圳亚洲转运中心破土动工,同年 12 月在上海正式启用全新国际转运中心。2010 年 1 月在中国新增 101 个现场库存点,拓展全球最大服务备件物流网络,2 月深圳机场顺利首航,5 月深圳亚太转运中心正式启用,10 月服务共享中心在合肥正式运营,2011 年 3 月推出香港至欧洲次日达服务。2010 年 UPS 在中国的货运量增长超过 40%。

在过去十几年里,UPS 在新技术上的投资已经超过 110 亿美元,并且还在以每年 10 亿美元的速度继续增加,包括信息主干网的建设、台式电脑和手提电脑、无线通信和移动数据交换系统的建设等等。

从 1993 年开始,UPS 推出了以全球物流(World Wide Logistics,WWL)为名的供应链管理服务,并于 1995 年正式成立 UPS 物流集团,来统领全公司的物流服务。物流已经成为 UPS 发展最快的部门,过去两年的年增长率达到 70%。

结合物流和信息技术,UPS 又将业务触角深入到金融领域。1998 年,UPS 资本公司(UPS Capital Corp.)成立,为客户提供包括代理收取到付货款(Cash On Delivery,COD)、抵押贷款、设备租赁、国际贸易融资等等金融服务。

UPS 的电子商务战略是将自己的物流解决方案最大限度地融合到用户的业务流程中去,用物流服务使虚拟世界中的电子交易得以在现实世界中完成。

2. 美国联邦快递(FedEX)

美国联邦快递(FedEX)是一家国际性速递集团,创建于 1971 年,总部设在美国田纳西州孟菲斯市,为遍及全球的顾客和企业提供涵盖运输、电子商务和商业运作等一系列的全面服务。公司 2010 年收入高达近 354.9 亿美元,净利润 0.98 亿美元。

联邦集团在全球扩张中占据先机,特别是像中国、印度、欧洲这样的关键市场。它于 1984 年进入中国,近 20 年来,联邦快递发展迅速,一年一个台阶,取得了骄人的业绩,创造了诸多世界之最。当初的每周两次变为现在每周有 11 个班机进出中国，是拥有直飞中国航班数目最多的国际快递公司；快递服务城市 1996 年只有 60 个，现在发展到 220 个城市，并在中国 40 多个城市开展次日晨达快递业务。1999 年，联邦快递与天津大田集团在北京成立合资企业大田－联邦快递有限公司，双方合作顺利，配合密切，进一步推动了中国快递业务的发展。2007 年，公司与杭州萧山机场签订协议，建设中国货运中转中心，该中心每小时能运转 900 件快递货物。2007 年，公司收购大田物流 50％的股份。2009 年公司在广州白云机场建立了操作基地，该基地是除在美国本土外最大的操作基地。

3. 日本通运(Nippon Express)

日本通运成立于 1937 年，是日本最大的综合物流企业，业绩居世界第五位。迅速、实干是他们的行动口号，安全、正确、快捷、低廉、环保是他们的物流宗旨。日本运通在全国有 2214 个物流据点，在世界 33 个国家设有 242 个办事处(跨国公司)。由于有成熟的现代信息技术的应用，能保证物流信息通畅无阻，加之有现代化流通设施，更是货畅其流。公路铁路运输、海上运输、航空运输及国际多式联运构成了日本运通的物流业态。

日本通运 1995 年开始进入中国内地的物流市场，1996 年投资成立了上海日通浦菱物流有限公司，主营公路整车、零担运输、仓储中转等相关业务，拥有仓库面积 4 万平方米。2004 年在武汉投资成立了日通商事(武汉)仓储有限公司。2008 年日通商事仓储广州分公司成立，目前主要为日系汽车制造企业及其零部件供应商提供物流仓储服务。2005 年以 95％的绝对控股权经营日通国际物流(中国)有限公司，投资 3.8 亿元，建立了以北京、上海、广州为中心的华北东北、华东华中、华南三个主要业务区域，由沿海到内陆、由内陆向西部逐渐延伸和发展，形成了辐射中国重要运输枢纽的战略格局。

4. TNT 快递(TNT Express)

TNT 集团是全球领先的快递邮政服务供应商，为企业和个人客户提供全方位的快递和邮政服务。总部位于荷兰的 TNT 集团，在欧洲和亚洲提供高效的递送网络，并且正通过在全球范围内扩大运营分布来最大幅度的优化网络效能。TNT 拥有 160 000 名员工，通过其在全球 200 多个国家近 2 653 个运营中心、转运枢纽及分拣中心，平均每周在全球递送 440 万个包裹、文件和货件。TNT 快递有超过 30 239 辆货车与 50 架飞机，以及欧洲最大空陆联运快递网络，可实现门到门的递送服务。TNT 快递是全球第一家获得“投资于人”全球人力资源认证的企业。2010 年，TNT 快递的销售收入达到 70.53 亿欧元，营业收入达到 1.80 亿欧元。

1988 年 TNT 与中国对外贸易运输集团成立国际快递合资公司。1999 年 TNT 与中国国家邮政签署战略结盟协议，发展中国国内的快递文件、包裹和货运市场。2001 年 TNT 同上海汽车工业销售总公司成立最大的汽车物流合资公司。2002 年 TNT 根据同中国南方航空公司的共享代码协议，推出中国同欧洲之间的航空快递业务。2003 年 TNT 将中国同欧洲之间的航班增加至每周五次。2007 年 TNT 收购华宇集团，该集团开通 338 条公路干线，进一步完善了这个国内最大的“定日达”全国骨干网络，巩固其作为国内高端定日公路快运服务提供商的领导地位。2010 年位于深圳宝安机场海关监管中心内的 TNT 深圳国际快递口岸正式落成，是 TNT 中国国际快递继北京、广州、上海及香港之后启用的第五个国际快递口岸。

目前，TNT 在中国有 34 家国际快递分公司及 5 个国际快递口岸，57 个运转枢纽，1 500 个运营网点，服务覆盖中国 600 多个城市。

复习思考题

1. 简述运输与物流的基本情况及发展趋势。
2. 简述运输服务与物流服务的关系。
3. 简述运输服务与物流服务的主要特征。
4. 具有代表性的国内外物流企业有哪些？

2　小件货物快运和快捷货运组织

2.1　小件货物快运和快捷货运的概念

小件货物快运和快捷货运是相对于某一具体运输方式或者综合条件下普通货物运输的比较结果，它强调的“快速、及时、方便、准确”，并不仅仅是指个别运输产品能以最大速度进行运送并方便送达，而是根据交通工具的技术、经济条件提出的对运输产品的要求。

2.1.1　小件货物的概念

目前，没有统一的小件货物的定义。

美国国际贸易委员会将小件货物定义为适合快速收集、运输、递送、全程跟踪并对其保持控制的文件、印刷品、包裹和其他物品。考虑到小件货物运输链的两端均需要人工搬运，美国《劳工法》又进一步将单人搬运单件货物的重量限制在 75 lb(磅 1lb＝0.453 6 kg)以下，以保障体力劳动者的合法权益及货物安全。

日本标准快递约款将小件货物定义为 30 kg 以下的个人和家庭之间的小行李及货物。

我国邮政普通包裹运输要求单件货物重量必须小于 35 kg，邮政特快专递要求货物单件重量不得超过 40 kg，单边最大长度不得超过 1.5 m。

我国铁路以行李车和行邮、行包快运专列运输小件货物。由于铁路运输的自有特点，除对货物属性、安全隐患上严格把关外，在小件货物重量体积上的运输限制相对宽泛，重量在 50 kg 以下，最长边长度小于 2.2 m 的货物均在其小件货物运输范围之内，对于超范围的货物加收超重附加费。

美国、日本和欧洲等较为成熟的快运市场均对快运产品有着明确的市场细分，其中对于小件货物的界定主要从三个方面考虑：一是保障货物及服务人员的人身安全，限制货物的重量及体积；二是便于企业在运作中实现货物分拣装卸的标准化与自动化提高运营效率，提供统一规格的货物包装；三是降低企业运营风险，对货物申报价值进行限制或根据货物声明价值采取不同的货物运作标准。

目前国内外对快运小件货物的界定标准见表 2.1。

表 2.1　国内外对快运小件货物界定标准统计表

界定条件 \ 国家或地区		美国	日本	欧盟	中国		
					航空	铁路	公路
重量(kg)	上限	34	30	30	32	50	30
体积(m^3)	下限	—	—	—	—	0.01	0.01
	上限	0.12	0.1	0.15	0.2	0.3	0.12
长度(m)	最小长度之和	—	0.6	—	—	0.6	—
	单边最大长度	1.8	1	1.5	1.02	2.2	1.5
	围长	3.3	1.2	2.5	2.5	—	—
代表性企业		UPS、FedEx	大和运输、日本通运	DHL、TNT	邮政 EMS	中铁快运	申通、顺丰

2.1.2　快运和快递的概念及差异

1. 快运和快递的概念

快运和快递均属小件货物门到门运输的范畴，运输服务的价格除与运输的历程和货物重量有关外，运输服务的时限是运价的一个关键因素，客户要求的运输时限越短运价越高。快运与快递的差别是，快递主要以信函、资料等为主，承运的货物重量和尺寸比小件货物快运小，价格比快运高的特点。快运具有批量小、品种多、运输频率、运输服务质量要求等特点。

目前世界没有统一的快运和快递的定义。快运和快递是指承运方将托运方指定在特定时间内运达目的地的物品，以最快的运输方式，运送和配送到指定的目的地或目标客户手中。快运和快递的市场基础是对于时间比较敏感的运输需求。

我国《邮政法》中快递的定义，快递是指在承诺的时限内快速完成的寄递活动。寄递是指将信件、包裹、印刷品等物品按照封装上的名址递送给特定个人或者单位的活动，包括收寄、分拣、运输、投递等环节。

国家邮政局颁布的《快递市场管理办法》(2008 年 7 月 12 日施行)关于快递的定义是，快速收寄、分发、运输、投递单独封装、具有名址的信件和包裹等物品，以及其他不需储存的物品，按照承诺时限递送到收件人或指定地点，并获得签收的寄递服务。

快递又分为普通快递和经济快递。经济快递(Economy Express)由于采用了部分陆路运输方式，虽然在时限上比全球快递慢 48～96 h，但大幅度降低了资费，并可办理“一票多件”服务，即对同一寄件人一次寄给同一收件人的两件以上的快件可作为一票交寄和计费，同样可以提供“门到门”服务。

普通快递(常简称为“快递”)采取一票一件,主要以飞机运输为主,运输时效和价格比经济快递高。

快运主要以小件货物为主,承运的货物重量和尺寸比快递大,运输时限比快递长,价格比快递低,按照运输方式分类,快运分为航空快运、公路快运、铁路快运和水运快运。随着市场需求的变化和快运、快递企业服务的拓展,实际上两者之间的概念区别日益模糊。

2.快运与快递的差异

(1)快递比快运的货物重量小、体积要小

目前世界没有统一的快运、快递货物最大重量标准,但是各国一般将快递货物的单件重量限制在 35 kg 以内,单件重量大于 35 kg 的货物必须拆分成小于 35 kg 的货物,并分件办理快递。快运货物的单件重量限制在 50 kg 以内,超过 50 kg 的称为超重快运货物,另外再收取超重货物附加运费。

我国邮政快递承运的信函单件重量一般在 3 kg 以内,货物的单件重量一般在 10 kg 以内。

中铁快运快运包裹平均每票 3.3 件,每票 47.5 kg,每件 14.3 kg;物流项目平均每票 27.0 件,每票 337.6 kg,每件 12.5 kg。

(2)快递价格高、运输时限短

北京到上海 5 kg 小件货物,我国邮政快递价是 74 元,门到门运输时限 2 d,经济快递价是 30 元,门到门运输时限 3～4 d,邮政包裹价是 14.5 元,邮局到邮局运输时限 7 d;铁路快运包裹价是 35 元,门到门运输时限 3 d,铁路普通包裹价是 13.6 元,站到站运输时限是 7 d。

快运和快递均属于门到门运输的范畴,快递的价格最高、其次是快运的价格、再其次是门到门运输的价格。美国、日本、欧洲等经济发达国家规定,只有符合快递条件的才能使用快递价格。

(3)快递主要以文件和小件货物为主

文件包括银行票据、贸易合同、贸易发票、商务信函、装船单据、货物提货单、小件资料等。小件货物包括机械小配件,贸易小样品、样衣、礼品、私人小行李等,世界许多国家将私人信函作为邮政专营,不允许其他快递企业经营私人信函。我国邮政部门建议 50 kg 以下信函归邮政专营,目前仍处于较大争议阶段。快运主要以小件货物为主。

(4)快递采取一票一件的方式

除经济快递允许一票多件外,快递采取一票一件,快运允许一票一件和一票多件,而且一票多件占的比例大。

(5)快递主要以航空运输为主

快递的主要特征是快,因此世界上大多数国家的快递以航空运输为主。

本书主要介绍小件货物快运服务。

2.1.3 快捷货运的概念

快捷货运是对快捷货物运输过程、服务等的综合描述。与小件货物快运相比，单件货物的重量和尺寸大，一批运输的货物量大，以整车运输为主，运价比小件货物快运低。

经济结构的调整，产业结构的不断升级，市场对快捷货物运输的需求不断增加。一是运输时效和运输条件要求较高的蔬菜水果等物品的运输。二是电气类、机械类、精密产品、化学产品等增长迅速。其运输特点是小批次、运输质量和运输服务标准高。三是系列产品、快速配送、快餐连锁店等产品的运输服务，具备快速、可靠、安全及门到门等高质量的运输服务特点，具有市场需求倍增的势态。铁路行包是快捷货物的重要组成部分，市场对铁路行包的需求与产业结构有很大关系。从全国铁路行包运输情况分析，我国京广线以东地区的行包发送量和到达量远高于京广线以西地区。从地区来看，西部、东北部地区以原材料和半成品输出为主，中部地区以生产、生活消费品输出为主，东部和东南地区以高附加值成品输出为主。

从运输方式上看，不同运输方式对快捷货运有其相应的定义。

铁路运输中，中铁快运为从承运次日起，国内主要城市间有直达旅客列车运送的为 3 d，3 500 km 以上为 4 d；其他城市间需中转运送的 1 000 km 以内为 3 d，超过 1 000 km 时，每增加 800 km 增加 1 d 的送达服务等。铁路快捷货运包括行李、包裹站到站运输、小件货物门到门快运、行邮专列和行包专列快速运输、“五定”班列（定点、定线、定时、定价、定车次）运输。

汽车运输的快捷标准为在公路网络覆盖范围内，运输距离在 500 km 以内的送达时间一般不超过 24 h，运输距离每增加 600 km，送达时间增加不超过 24 h，实现“门到门”服务。

航空及其他物流、快捷运输企业等也有其最快的货物运输送达时间标准等服务。

2.2 行李、包裹运输组织

2.2.1 行李和包裹的概念及范围

1. 行李

行李仅指为方便旅客的旅行生活所限定的少量物品和残疾旅客代步所用的残疾人车。超过规定范围应按包裹运输。

行李包括旅客自用的被褥、衣服、个人阅读的书籍、残疾人车和其他旅行必需品。

行李中不得夹带货币、证券、珍贵文物、金银珠宝、档案材料等贵重物品和国家禁止、限制运输物品、危险品。

2.包裹

包裹是指除行李之外的适合在旅客列车行李车内运输的小件货物。包裹的种类及内容见表2.2。

表2.2 包裹的种类及内容

类别	具体内容
一类	报纸类:自发刊日起5日以内的报纸(应有统一刊号并公开发行) 政宣品:中央、省级政府(含国务院各部委和解放军大军区)宣传用非卖品及新闻图片 课本类:中、小学生的教学课本,不含各种教学参考书及辅导读物等
二类	抢险救灾物资:凭政府机关证明办理托运 书刊:应有国家规定的统一书刊号的各种刊物、著作、工具书册及内部发行的规章等 鲜冻的食用品:含鲜或冻鱼介类、肉、蛋、奶类、果蔬类
三类	不属于一、二、四类包裹的物品
四类	特殊运输物品:一级运输包装的放射性同位素、油样箱、摩托车;国务院铁路主管部门指定的其他需要特殊运输条件的物品 轻泡物品:泡沫塑料及其制品

不能按包裹运输物品的范围如下:

(1)尸体、尸骨、骨灰、灵柩及易于污染、损坏车辆的物品。

(2)蛇、猛兽和每头超过20 kg的活动物(警犬和运输命令指定运输的动物除外)。

(3)国务院及国务院铁路主管部门颁发的有关危险品管理规定中规定的危险品、弹药及承运人不明性质的化工产品。

(4)国家禁止运输的物品和不适于装入行李车的物品。

2.2.2 行李和包裹运输组织

1. 行李和包裹运输组织的原则

(1)长途直达原则

直通列车优先装运至终到局及其以远的行包,优先满足长途中转和长途始发的需要。

(2)长短途分工原则

长途行包优先利用长途列车装运,短途行包利用短途列车装运。

(3)中转组织原则

①有直达列车的必须以直达列车装运,减少行包中转次数,减少对枢纽中转站压力。

②没有直达列车的,选择在中转次数最少、有始发列车接运的车站中转。

③途中几个中转站中转次数相同时,应优先选择在能力充裕的车站中转。

④除本方案规定的中转范围外，不得改变中转车站和增加中转次数。

(4)区域集散原则

①在局管内，对直通能力紧张的二等及以下车站，准将始发行包向有直通能力的中转站集结，增加一次中转。直通能力紧张的一等站的始发行包需进行区域集结时，由铁路局商中铁快运确定。

②对直达运能紧张的中转站，准该站将行包装至到达局管内有始发能力的车站，增加一次中转。

(5)适量装卸原则

行包装车站必须按照保证列车安全正点、先卸后装的原则，根据列车行李员提供的卸车站待卸行包件数和重量适量安排装车件数。

①装运至列车途中到站的行包件数，按卸车站站停时间每分钟不超过 15 件掌握。装运至列车终到站行包件数不受限制。

②对体积小、重量轻的行包，单件重量均在 16～20 kg 的，最大按卸车站停车时间每分卸行包总重不超过 300 kg 掌握；单件重量均在 15 kg 以下的，最大按卸车站停车时间每分卸行包总重不超过 450 kg 掌握。

③对超大包裹要相应核减装卸车件数。对超重包裹，重量每超过 15 kg 核减一件。站停时间不足 4 min 的停车站和直达特快旅客列车禁止装运超重包裹。

④特快旅客列车在停车时间不足 4 min 的车站只卸不装，在停车 4 min 及以上的车站可装运至列车终到站的行包。

(6)优先运输原则

①行包办理站应按照“先行李，后包裹；先中转，后始发；先快运，后普包”的原则组织运输。

②快运包裹不受装运区段和限装区段的限制，但到站必须是快运办理站，车站和列车行李员不得拒绝装卸和交接。

(7)限定原则

①鲜活(鲜花除外)包裹不准中转。

②同一城市有两个以上到站时，应选择有终到或经停的列车装运，严禁同城中转。

2. 旅客列车行包运输方案

旅客列车行包运输方案主要规定了旅客列车编挂的行李车准装和限装条件，是铁路行包运输组织的基础。铁道部运输局根据铁路每次调整运行图的情况组织编制，并下发跨局旅客列车行包运输方案。中铁快运和各铁路局共同研究制定各局管内旅客列车行包运输方案，并下发管内旅客列车行包运输方案。

旅客列车行包运输方案主要包括编挂行李车的旅客列车车次、运行区段、担当铁路局、担当的中铁快运分公司、经由、办理行包业务停站及停时、装运区段、限装、准装、备注，以及编挂行李车的旅客列车始发车次表，如 T17 次北京—哈尔滨，经由京哈线，办理行包业务停站为沈阳北站，停时 6 min，装运区段为各停车站，限装滨洲线。

3. 行包运输调度

铁道部运输局调度部的客运调度统一指挥全路行包运输调度工作，中铁快运建立了公司、分公司、营业部三级调度体系，负责指挥中铁快运管辖的行包办理站和旅客列车行李车的调度工作。各铁路局客运调度负责其管辖的行包办理站调度指挥工作。

4. 铁路行包装运方案

行包装运方案主要规定了每个行包办理站到其他行包办理站的装运方案。铁路现行“行包运输方案”没有某个行包办理站到其他行包办理站的具体装运方案，使得每个行包办理站每天编制各行李车日装车计划时没有可依据的基本“站到站装运图”，造成行包始发装运和中转装运混乱及不合理运输等问题，严重制约了铁路行包运输质量的提高。

(1)铁路行包装运方案编制原则

铁路行包装运方案是铁路行包运输的运行图，涵盖了各行包办理站至全路其他行包办理站的旅客列车行李车行包装运方案。因此，在编制铁路行包装运方案时应遵循以下基本原则：

①保证旅客列车行李车的行包装卸和运输安全。

②符合铁道部制定的行包运输方案。

③能够充分利用旅客列车的行李车资源。

④行包中转合理且中转次数少。

⑤杜绝不合理运输。

⑥符合规定的各类行包装运顺序。

⑦铁路行包办理站能够根据铁路行包运输的具体情况，按上级调度批准的命令指定装运。

⑧便于基层操作和易于实现计算机自动编制。

⑨方案编制所用基础数据完整和准确。

(2)铁路行包装运方案编制方法

我国铁路行包办理站装运方案编制流程如图 2.1所示。

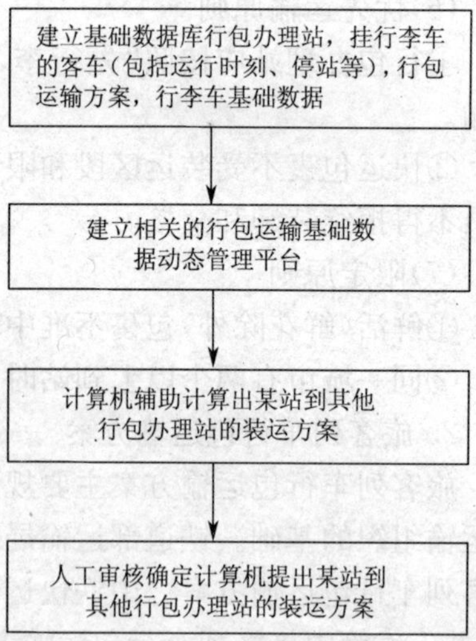

图 2.1　行包办理站装运方案编制流程图

(3)计算铁路行包运输径路的方法

①铁路行包办理站分布网格图

编制铁路行包装运方案，首先需要确定铁路行包的运输径路。铁路行包运输径路是行李车从起始站到终点站的运输通路，由加挂行李车的旅客列车及其停靠的行包办理站组成。为了准确确认行包到站与行包发展的方位，快速计算行包发站至到站间的最短运行径路，在标有铁路行包办理站的中国铁路路网图上利用计算机技术按一定的纵横间距绘制铁路行包办理站分布网格图。

②约束条件

依据铁路行包办理站分布网格图计算铁路行包运输径路，必须满足 4 个约束条件：第一，符合车次准装区段限制及行包办理站办理限制以及行包中转作业接续时间标准等；第二，行包装车直达优先；第三，中转行包选择距到达站最近的中转站装运；第四，站停时间 2 min的停车站只卸不装或只装不卸，站停时间大于 2 min 的停车站按每分行包卸装 15 件计算，站停时间不足 2 min 时不进行行包装卸作业。

③铁路行包运输径路的计算

将每个铁路行包办理站在网格图中的横坐标和纵坐标输入铁路行包办理站数据库中，计算机根据行李车始发和终到的铁路行包办理站在网格图中的坐标位置及约束条件，确定运行线路的走向及行李车途经停靠的铁路行包办理站的坐标，计算行李车从始发站至终到站之间的最短运行径路及其距离。采用此坐标法与现行算法相比，能够大量减少计算时间。直达行包运输办理站坐标示意图如图 2.2 所示。

(4)铁路行包装运方案编制算法

①基本思路

通过研究和计算机模拟运算，提出多层提篮式分级筛选的计算方法。多层提篮式算法流程如图 2.3 所示(图中连线表示行包办理站开行的挂有行李车的旅客列车)。先编制行包发站可直达到站的装运方案，然后编制行包发站 1 次中转到站的装运方案，再计算行包发站 2 次中转到站的装运方案。

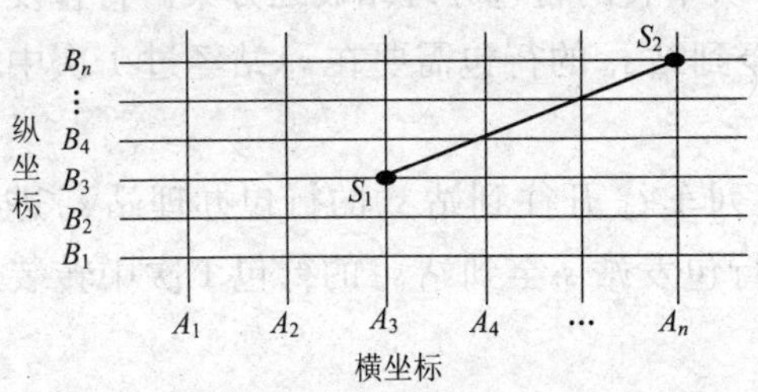

图 2.2　直达行包运输办理站坐标示意图

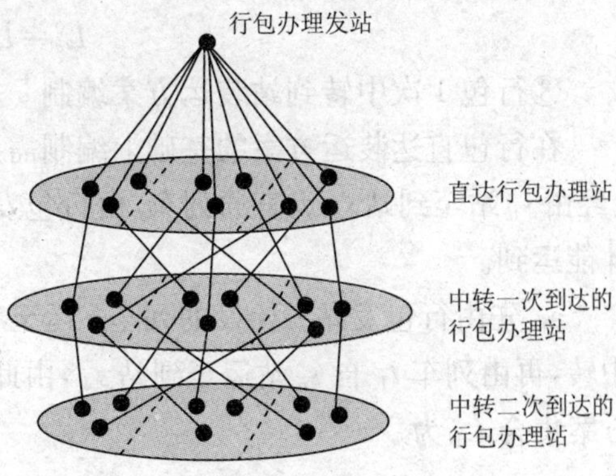

图 2.3　多层提篮式分级筛选算法流程示意图

由图 2.3 可知，办理行包的发站类似篮子的提钩，篮子的第 1 层是由行包发站可直达的行包办理站，第 2 层是由办理行包的发站需要中转 1 次才能到达的行包办理站，第 3 层是由办理行包的发站需要中转 2 次才能到达的行包办理站；办理行包的发站与各层行包办理站的连线表示开行的列车。

②行包直达装运方案编制

a. 设某办理行包的发站 s_i 有始发列车 t，其终到站为 s_{ij}，由此构成行包发站至终到站的行包直达装运方案集合 L_{1i}^{0} 为

$$L_{1i}^{0}\{(s_i,t,s_{i,j})\mid j=1,2,\cdots,i\neq j;t\in T\} \tag{2.1}$$

式中，0 表示直达；i 和 j 分别为行包发站编号和行包到站编号，$i=1,2,\cdots$ 且 $i\neq j$；T 为列车的集合。

在行包发站有 2 个及其以上始发列车至同一终到站的情况下，如果它们的运行时间相差 3 h 及以内时，选择发车时间最晚的列车装运行包，否则选择运行时间最短的列车装运行包。

b. 设由行包发站 s_i 始发的列车 t 途经停站时间在 2 min 及以上的行包办理站为 s_{iw}，则对应列车 t 的至中间行包办理站 s_{iw} 的行包直达装运方案集合 L_{2i}^{0} 为

$$L_{2i}^{0}\{(s_i,t,s_{iw})\mid w=1,2,\cdots,j=1,2,\cdots;w\neq i,j;t\in T\} \tag{2.2}$$

c. 设在行包发站 s_i 停车 2 min 及以上并开往的站的 s_{ij} 通过列车为 t_T，则对应列车 t_T 的至中间行包办理站 s_{iw}（停站时间少于 2 min 的除外）的行包直达装运方案集合 L_{3i}^{0} 为

$$L_{3i}^{0}\{(s_i,t_T,s_{iw})\mid w=1,2,\cdots,j=1,2,\cdots;w\neq i,j;t_T\in T\} \tag{2.3}$$

由式(2.1)～式(2.3)可以得到行包发站 s_i 的行包直达装运方案集合 L_i^0 为

$$L_i^0=L_{1i}^{0}\cup L_{2i}^{0}\cup L_{3i}^{0} \tag{2.4}$$

③行包 1 次中转到站装运方案编制

在行包直达装运方案的基础上编制需要经 1 次中转的行包办理站装运方案。行包发站 s_i 经由 s_{ij} 站至到站 s_{ik} 无直通列车，由行包发站 s_i 至到站 s_{ik} 的行包需要在 s_{ij} 站经过 1 次中转才能运到。

a. 先由行包发站 s_i 始发的列车 t 运至有始发列车 t_1 开往到站 s_{ik} 的行包办理站 s_{ij} 进行中转，再由列车 t_1 自 s_{ij} 站运至到站 s_{ik}，由此构成行包发站 s_i 至到站 s_{ik} 的行包 1 次中转装运方案集合 L_{1i}^{1} 为

$$L_{1i}^{1}\{(s_i,t,s_{ij},t_1,s_{ik})\mid j=1,2,\cdots,k=1,2,\cdots;k\neq i,j;t,t_1\in T\} \tag{2.5}$$

b. 设由 s_{ij} 站开往到站 s_{ik} 的始发列车 t_1 途经停站时间在 2 min 及以上的中间行包办理

站为 s_{rw}^1，则对应的行包发站 s_i 至 s_{ij} 站、再由列车 t_1 到中间行包办理站 s_{rw}^1 的行包 1 次中转装运方案集合 L_{2i}^1 为

$$L_{2i}^1\{(s_i,t,s_{ij},t_1,s_{rw}^1)\mid j=1,2,\cdots,w=1,2,\cdots;w\neq i,j;t,t_1\in T\} \tag{2.6}$$

c. 设在 s_{ij} 站停车 2 min 及以上并开往到站 s_{ik} 的通过列车为 t_T^1，则对应的行包发站 s_i 至站 s_{ij}、再由列车 t_T^1 到中间行包办理站 s_{rw}^1（停站时间少于 2 min 的除外）的行包 1 次中转装运方案集合 L_{3i}^1 为

$$L_{3i}^1\{(s_i,t,s_{ij},t_T^1,s_{rw}^1)\mid j=1,2,\cdots,w=1,2,\cdots;w\neq i,j;t,t_T^1\in T\} \tag{2.7}$$

由式(2.5)～式(2.7)可以得到行包发站的 s_i 行包 1 次中转装运方案集合 L_i^1 为

$$L_i^1=L_{1i}^1\cup L_{2i}^1\cup L_{3i}^1 \tag{2.8}$$

④行包 2 次中转到站装运方案编制

在 1 次中转行包办理站装运方案编制完成后，着手编制 2 次中转行包办理站装运方案。行包发站 s_i 经由 s_{ij} 站和 s_{ik} 至到站 s_{ip} 无直通列车，由行包发站 s_i 至到站 s_{ip} 的行包需要经过 2 次中转才能运到。

a. 先由行包发站 s_i 始发的列车 t 运至 s_{ij} 站进行 1 次中转，再由列车 t_1 自 s_{ij} 站运至 s_{ik} 站进行 2 次中转，最后由自 s_{ik} 站始发的列车 t_2 运至到站 s_{ip}，由此构成行包发站 s_i 至到站 s_{ip} 的行包 2 次中转装运方案集合 L_{1i}^2 为

$$L_{1i}^2\{(s_i,t,s_{ij},t_1,s_{ik},t_2,s_{ip})\mid j=1,2,\cdots,k=1,2,\cdots;p=1,2,\cdots;k\neq i,j;t,t_1,t_2\in T\} \tag{2.9}$$

b. 设由 s_{ik} 站开往到站 s_{ip} 的始发列车 t_2 途经停站时间在 2 min 及以上的中间行包办理站为 s_{rw}^2，则对应的行包发站 s_i 至 s_{ij} 站、然后由列车 t_1 到 s_{ik} 站、再由列车 t_2 到中间行包办理站 s_{rw}^2 的行包 2 次中转装运方案集合 L_{2i}^2 为

$$L_{2i}^2\{(s_i,t,s_{ij},t_1,s_{ik},t_2,s_{rw}^2)\mid j=1,2,\cdots,k=1,2,\cdots;w=1,2,\cdots;k\neq i,j;t,t_1,t_2\in T\} \tag{2.10}$$

c. 设在 s_{ik} 站停车 2 min 及以上并开往到站 s_{ip} 的通过列车为 t_T^2，则对应的行包发站 s_i 至 s_{ij} 站和 s_{ik} 站、再由列车 t_T^2 到中间行包办理站 s_{rw}^2（停站时间少于 2 min 的除外）的行包 2 次中转装运方案集合 L_{3i}^2 为

$$L_{3i}^2\{(s_i,t,s_{ij},t_1,s_{ik},t_T^2,s_{rw}^2)\mid j=1,2,\cdots,k=1,2,\cdots;w=1,2,\cdots;k\neq i,j;t,t_1,t_T^2\in T\} \tag{2.11}$$

由式(2.9)～式(2.11)可以得到行包发站的行包 2 次中转装运方案集合 L_i^2 为

$$L_i^2=L_{1i}^2\cup L_{2i}^2\cup L_{3i}^2 \tag{2.12}$$

当需要经过 2 次以上中转才能运至到站，以及在中转站发送行包的件数超过站停时间

规定的装车件数时，应由行包发站通过汽车将行包运至分公司辖区内其他有始发车的行包办理站装运。

按照铁路行包运输径路计算方法，从编制的每个行包办理站到全路其他行包办理站装运方案集中选择 3～5 个优化的装运方案。

(5)装运方案核定

运输部门的专业管理人员根据行包运输实际情况，对计算机编制出每个行包办理站到全路其他行包办理站 3～5 个装运方案进行比选和审核，确定每个行包办理站到全路其他行包办理站的 1 个执行装运方案，同时给行包运输各级调度确定 2～3 个备用方案，以便调度及时处理特殊情况用。

(6)装运方案验证和完善

未嵌入铁路行包运输管理信息系统装车计划的某一个行包办理站至全路其他行包办理站装运方案，没有考虑各站实际作业量，在具体执行的过程中可能会出现行包办理站中转量超过该站的正常作业量等不正常的运输情况。

鉴于铁路行包运输星期一至星期日运量不均衡的实际情况，分别在装运方案执行第一周后和一个月后进行两次验证。

将验证期的作业数量嵌入行包装运方案计算机编制系统，算出验证期所有中转站中转作业量，按中转站作业量不大于规定中转作业量的原则，修正装运方案。

(7)编制每个行包办理城市间的运输时限

根据每个行包办理站的装运方案计算出每个行包办理城市间的实际运输时间，再依据规章的相关规定，分别计算出每个行包办理城市间的快运包裹、行李、普通包裹运输时限，并安装在每台承运制票计算机上或用表格方式打印出来，便于承运人员和营销人员准确地告诉客户运到时限，提高服务质量。

5. 行包办理站日装车计划编制

将运输部门专业管理人员确定的该行包办理站到全路其他行包办理站的装运方案嵌入铁路行包运输管理信息系统的装车计划模块。各行包办理站装运计划员依据装运方案、上级调度命令、在站行包情况、装运的优先顺序等级、前方行包办理站该车次行李车装载预报编制装车备货计划。行李员依据装车备货计划组织选货物后，进行备货情况确认，计划员打印站车交接单。装车完毕后，计划员根据签认的站车交单进行装车确认，同时对本站不能装车的情况进行信息录入(特殊运输、行李车满载、行李车临时甩挂、本站无货等)。

行包办理站日装车计划编制流程如图 2.4 所示。

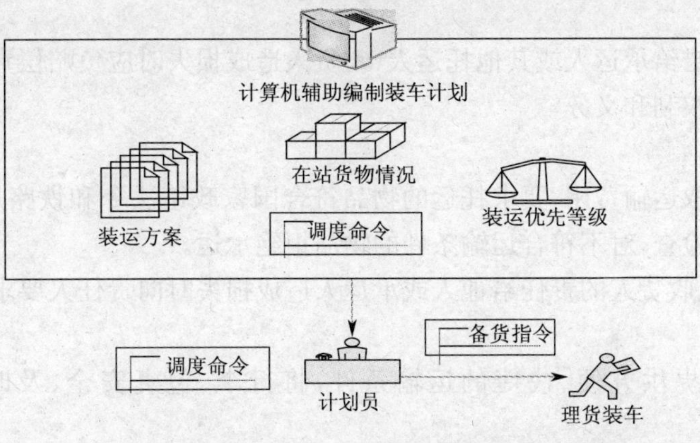

图 2.4 行包办理站日装车计划编制流程简图

2.2.3 行李和包裹运输合同

1. 铁路行李、包裹运输合同

办理行李及包裹运输，托运人和承运人之间必须签订运输合同。铁路行李包裹运输合同是指承运人与托运人、收货人之间明确行李、包裹运输权利义务关系的协议。

行李、包裹运输合同自承运人接收行李、包裹并填发行李票、包裹票时起成立，到行李、包裹运至到站交付给收货人止履行完毕。

行李、包裹运输合同的基本凭证是行李票、包裹票。行李票、包裹票主要应当载明下列内容：

①发站和到站。

②托运人、收货人的姓名、地址、联系电话、邮政编码。

③行李和包裹的品名、包装、件数、重量。

④运费。

⑤声明价格。

⑥承运日期、运到期限、承运站站名戳及经办人员名章。

2. 托运人的基本权利与义务

(1)权利

①要求承运人将行李、包裹按期、完好地运至目的地。

②行李、包裹灭失、损坏、变质、污染时要求赔偿。

(2)义务

①缴纳运输费用，完整、准确填写托运单，遵守国家有关法令及铁路规章制度，维护铁路

运输安全。

②因自身过错给承运人或其他托运人、收货人造成损失时应负赔偿责任。

3. 承运人的权利和义务

(1)权利

①按规定收取运输费用,要求托运的物品符合国家政策法令和铁路规章制度。对托运的物品进行安全检查,对不符合运输条件的物品拒绝承运。

②因托运人、收货人的责任给他人或承运人造成损失时向责任人要求赔偿。

(2)义务

①为托运人提供方便、快捷的运输条件,将行李、包裹安全、及时、准确运送到目的地。

②行李、包裹从承运后至交付前,发生灭失、损坏、变质、污染时,负赔偿责任。

2.2.4 行李和包裹的托运

1. 行李、包裹托运的规定

(1)行李托运

旅客托运行李时,必须提出有效的客票和行李托运单。时效定期客票不能托运行李,铁路乘车证不能免费托运行李。每张客票只能托运一次(残疾人用车不限次数)。

行李每件的最大重量为 50 kg。体积以适于装入行李车为限,但最小不得小于 0.01 m^3。行李应随旅客所乘列车运送或提前运送。

(2)包裹托运

托运人托运包裹时,应提出包裹托运单。

包裹每件的最大重量为 50 kg。体积以适于装入行李车为限,但最小不得小于 0.01 m^3。运输超过包裹规定重量和四类包裹中国务院铁路主管部门指定的其他需要特殊运输条件的物品时,应经调度命令或上级书面运输命令批准。

(3)限制运输物品托运

为了加强运输和物资管理、保障社会治安、贯彻运输政策,对某些物品的运输实行必要的限制。

托运下列物品时,托运人应提供规定部门签发的相应运输证明:

①托运金银珠宝、货物证券应提供中国人民银行的正式文件或当地铁路公安局(处)或公安分局(分处)的免检证明。

②托运枪支应提出运往地市(县)公安局的运输证明。

③托运警犬应提出公安部门的书面证明;国家法律保护的野生动物应提出国家林业主

管部门的运输证明。

④托运宣传用的非卖品，应提出省级以上政府机关（含国务院各部委和解放军大军区）的书面证明。

⑤托运免检物品应提出当地铁路公安局（处）、公安分局（分处）的免检证明。

⑥托运国家禁止或限制运输的物品应提供主管部门的运输证明。如精神和麻醉药品应提出国家卫生主管部门的运输证明。

⑦托运动、植物时应提出动、植物检疫证明。办理时，将检疫证明的二联附在运输报单上以便运输过程中查验。

⑧托运Ⅰ级或辐射水平 $H\leqslant 1$ mrem/h 的Ⅱ级放射性同位素时（气体放射性物质除外），应提供经铁路卫生防疫部门核查签发的《铁路运输放射性物品包装件表面污染及辐射水平检查证明书》，包装件表面放射性污染及其内容物的放射性活度均不得超过《铁路危险货物运输规则》中规定的限制。

一批或一辆行李车内装载的件数不得超过 20 件，每件重量不得超过 50 kg，并不得与感光材料及活动物配装，与食品配装需要隔开 2 m 以上的距离。

⑨托运油样箱时，必须使用铁路规定的专用油样箱并提出国务院铁路主管部门签发的油样箱使用证。到站后由收货人直接到行李车提取。

2. 行李、包裹票制票内容

行李票的车次和经由按实际径路填写。在计费重量栏，将按行李运价计费的重量填写在“规重”栏内，加倍计费重量填写在“超重”栏内。包裹票各栏应按包裹托运单详细填写。分件保价运输的行李、包裹应按顺号逐栏填写声明价格。

记事栏应注明下列事项：

①承运自行车、助力机动车、摩托车时，应注明车牌名、车牌号、车型、新或旧等车况。

②承运加冰、加水物品或喂养饲料时注明“加冰”、“加水”或“附饲料”等。

③承运经客调或部令批准的超重超大物品时，在包裹票记事栏内填记“×月×日经部令××号（客调××号命令）批准”。

④承运需提出运输证明文件的物品时，应将运输证明文件附在包裹票运输报单上以便途中和到站查验，并在包裹票记事栏内注明“附××（机关）×月×日发××号文件”。

⑤承运的包裹有人押运时，在包裹票注明“押运人×名”。

⑥承运凭书面证明免费托运的铁路砝码和衡器配件时，应在包裹票记事栏内注明“衡器检修，免费”字样，收回书面证明报铁路局。

⑦承运中国铁路文工团和中国铁道建筑总公司文工团开具的证明办理免费运送的演出

服装、道具、布景时，按上述第⑥条办法办理。

⑧其他需要记载的事项。

2.2.5 行李和包裹的保价运输

旅客或托运人托运行李、包裹分为保价运输和不保价运输两种形式。旅客或托运人可选择其中一种运输方式。

按保价运输时，可分件声明价格，也可按一批全部件数声明价格。按一批办理时，不得只保其中一部分。

按保价运输的行李、包裹核收保价费。行李保价费按声明价格的 0.5%、包裹保价费按声明价格的 1%计算。一段按行李、一段按包裹托运时，全程按行李核收保价费。

保价的行李、包裹发生运输变更时，保价费不补不退。因承运人责任造成的取消托运时，保价费全部退还。

按保价办理的行李、包裹其声明价格和重量分别填写，并对每件进行编号，在行李、包裹票和每件货签，包装上写明"总件数之几"字样。

对按保价运输的行李、包裹可以检查其声明价格与实际价格是否相符；如拒绝检查，承运人可以拒绝按保价运输承运。除应检查其声明价格与实际价格是否相符外，必要时应施封。

对单件保价千元以上的物品必须施封，施封用品费用由保价安全费列支。施封所需物品的费用列保价费支出。

2.2.6 行李和包裹的运送

1. 行李、包裹运到期限规定

行李、包裹的运到期限以运价里程计算。从承运日起，行李 600 km 以内为 3 d，超过 600 km 时，每增加 600 km 增加 1 d，不足 600 km 也按 1 d 计算。包裹 400 km 以内为 3 d，超过 400 km 时，每增加 400 km 增加 1 d，不足 400 km 也按 1 d 计算。快运包裹按承诺的运到期限计算。一段行李、一段包裹运输计价时，全程按行李计算运到期限。由于不可抗力等非承运人责任发生的停留时间加算在运到期限内。

2. 违约金计算规定

违约金按所收运费的百分比（最高额不得超过运费的 30%）计算，不足 0.1 元的尾数按四舍五入处理到 0.1 元。

(1)查《运到逾期违约金计算表》

根据该行李或包裹的实际逾期天数与运到期限，查《运到逾期违约金计算表》（表 2.3），确定违约金的比率，然后计算违约金额。

表 2.3　运到逾期违约金计算表

违约金比率(%) 逾期日数 / 运到期限	1 d	2 d	3 d	4 d	5 d	6 d	7 d	8 d	9 d	10 d以上
3 d	10	20	30							
4 d	5	15	20	30						
5 d	5	10	20	25	30					
6 d	5	10	15	20	25	30				
7 d	5	10	10	15	20	25	30			
8 d	5	5	10	15	20	20	25	30		
9 d	5	5	10	15	15	20	20	25	30	
10 d以上	5	5	10	10	15	20	20	25	25	30

(2)计算违约金额

违约金额计算公式：

$$C=F\phi \tag{2.13}$$

式中　C——运到逾期违约金额(尾数以角为单位，分值采取四舍五入处理)；

F——运费(部分逾期的为该部分的运费)；

ϕ——违约金比率，以5%为计算单位，尾数按2舍3入、7退8进处理。

违约金比率计算公式：

$$\phi=(d_{逾期}/d_{运期})\times 30\% \tag{2.14}$$

式中　$d_{逾期}$——逾期日数；

$d_{运期}$——运到期限。

3. 行李、包裹逾期处理

行李、包裹应在规定的运到期限内运至到站。如超过规定的运到期限时，到站应凭行李、包裹票向收货人支付逾期运到的违约金。

部分逾期时，到站应收回行李、包裹票，给收货人开具客运记录，作为领取部分逾期行李、包裹和要求支付违约金的依据。支付逾期违约金时，填写“退款证明书”。

行李逾期到达或逾期尚未到达，旅客需继续旅行，凭新购客票及原行李票要求铁路免费转运至新到站时，车站开具新行李票，新行李票运费栏划斜线抹消，记事栏填写“逾期到达、免费转运”字样。

行李未到，当时又未超过运到期限，旅客需继续旅行并凭新购车票办理转运新到站的手续，交付运费之后，发现行李逾期到达原到站，车站应编制客运记录，随同运输报单一并送交新到站，作为退还已收转运区间运费的凭证，保价费不退。

收货人要求支付违约金时，凭行李票、包裹票在行李包裹到达次日起 10 d 以内提出。

行李、包裹超过运到期限 30 d 以上仍未到达时，收货人可以认为行李包裹已灭失而向承运人提出赔偿。

2.2.7 行李和包裹的保管与交付

交付工作是行李、包裹运输中最后一个环节，为此，行李包裹运至到站后，车站应立即做好交付工作。

1. 包裹到达通知

包裹到达后，承运人应及时通知收货人领取。通知时间最晚不得超过包裹到达次日的12:00。承运人以明信片或电话等方式催领收货人领取。通知应以文字或录音等形式记录备查。

2. 行李包裹保管

行李从运到日起、包裹从发出催领日起，承运人免费保管 3 d，逾期到达的行李包裹免费保管 10 d。

因事故或不可抗力等原因而延长车票有效期的行李按车票延长日数增加免费保管日数。超过免费保管期限时，按日 2 元/件（超过每件规定重量的，按其超重倍数增收）核收保管费。收取保管费时，应出具保管费收据或填发“客运运价杂费收据”。遇特殊情况，车站有权减收保管费。

3. 行李包裹交付

(1)交付核对

旅客或收货人凭行李、包裹领取凭证领取行李、包裹。铁路向收货人办理交付时，应认真核对票货，确认票据号码、发站、到站、托运人、收货人、品名、件数、重量、包装无误后在运输报单上加盖“交付讫”戳予以交付，同时收回领取凭证。

(2)领取凭证丢失

如将领取凭证丢失，必须提出本人身份证、物品清单和担保人的担保书，承运人对上述单、证和担保人的担保资格认可后，由收货人签收办理交付。收货人提不出担保人时，可以出具押金自行担保。押金数额应与行李、包裹的价值相当，抵押时间由车站与收货人协商确定。车站收取押金应向收货人出具书面证明。

旅客或收货人在声明领取凭证丢失前，若行李、包裹已被冒领，承运人不承担责任。

2.3 小件货物快运组织

2.3.1 小件货物快运的发展情况

为了适应市场发展的需要，1993 年 6 月 19 日，铁道部下发了《关于试办铁路快运包裹的通知》，从 1993 年 9 月起开办小件货物快运业务。由于其提供方便、快捷、优质、安全的门到门服务和良好的声誉得到社会的广泛认可，业务量迅速增加。

世界其他国家小件货物快运以飞机和汽车为主要运输工具，唯独中国铁路小件货物快运业务以铁路旅客列车行李车、行邮专列、行包专列为主要运输工具，并得到了快速的发展，赢得了国内小件货物快运市场的一定份额，成为中国快运业主要的竞争对象。

1. 中国的地理、交通和经济格局决定了铁路在运输市场中的重要位置

我国是一个典型的大陆性国家，东西和南北跨度分别达 5 400 km 和 5 200 km，各省会城市之间平均距离达 1 500 km 左右。区域经济发展不平衡，产业布局与资源分布极不对称等特点，形成了小件货物由东向西和由南向北的流量，平均运输距离 1 250 km，决定了铁路在综合交通运输体系中处于骨干地位。就铁路发展的总体状况而言，总量偏少、运能紧张的问题仍然突出，运输生产力与全社会日益增长的运输需求不相适应的矛盾没有从根本上解决，限制型运输的状况没有从根本上改变。铁路全天候运输和定点、定线的客车化运输模式，适应了国际上快捷货运的发展趋势。中国地理和经济格局决定了铁路在运输市场中的重要位置，特别是沿海城市向西南、西北、东北地区的中长距离运输，铁路具有公路不可比的快速和安全及航空运输不可比的大批量和全天候等优势。

2. 特有的铁路旅客列车挂运行李车的运输方式

铁路旅客列车具有准时、安全和全天候运输的优势。目前世界上只有少数国家铁路在旅客列车上挂运行李车，美国、日本和欧洲铁路没有此种运输方式。

1998 年我国铁路开行了运行速度 120 km/h 的行包专列，2004 年 5 月开行了 3 对特快行邮专列（运行速度 160 km/h）和 2 对快速行邮专列（运行速度 120 km/h），开展中心城市间专列直达快速运输服务、区域接取送达服务和物流服务。

3. 铁路旅客列车的提速和夕发朝至列车的增加

由于小件货物快运基本上集中在下午 3:00 以后承运，部分城市的航班难以满足需要，铁路夕发朝至列车基本在下午 6:00 以后发车，适应了小件货物客户快速运输的需要。

4. 中国铁路、公路、航空运输发展不均衡带来的机遇

小件货物快运的特点是多批、小批量、多频次、时效高、价值高，需要采取定点、定线、及时运输的方式。2010 年我国公路有 400 多万 km，但是高等级的公路少。公路汽车运输主

要以整车货运为主，公路运输企业规模不大，只具有部分线路或区域的运输优势，并且公路汽车运输存在乱收费、超载、安全差、时效低、竞争无序等突出问题。公路零担运输在300 km范围以内具有一定的优势，但是超过500 km难以实现次日达，超过15 000 km难以实现3 d到达，不能满足小件货物快运的需求。

2010年，我国境内民用航空（颁证）机场共有175个（不含香港和澳门，下同），其中定期航班通航机场175个，定期航班通航城市172个。各机场中，年货邮吞吐量在10 000 t以上的有47个，比2009年增加2个，完成货邮吞吐量占全部机场货邮吞吐量的98.8%；北京、上海和广州三大城市机场货邮吞吐量占全部机场货邮吞吐量的56.7%。全国各地区货邮吞吐量的分布情况是：华北地区占16.6%，东北地区占3.6%，华东地区占45.5%，中南地区占22.4%，西南地区占9.0%，西北地区占2.0%，新疆地区占0.9%。

2.3.2 小件货运中的快运包裹分类

在运输过程中，对小件货物使用的包装有多种形式，其中最主要的包装是包裹。因此，按照包裹包装开展的小件货物快运称为快运包裹，与普通包裹存在区别。按照服务对象的不同，快运包裹可细分为普通快运包裹、时限快运包裹、批量快运包裹、轻小型快运包裹等（以下简称普通快运、时限快运、批量快运、轻小型快运）。

目前，对小件货运中的快运包裹并没有国家的统一标准，邮政、民用航空、铁路分别制订自己的部门规定。下面以中铁快运代表铁道部经营的快运包裹为例说明。其使用《中国铁路小件货物快运运单》（简称运单）作为运输单据及合同的基本凭证，具体规定内容如下：

1. 普通快运

普通快运是指以铁路为主要运输工具，配合航空、公路、海运开展综合运输，辅以汽车短途运输为客户提供的门到门运输服务。

(1)运到期限

快运包裹以铁路为主要运输工具，其运到期限以铁路客运运价里程计算。从承运次日起，国内主要城市间有直达旅客列车运送的快运包裹为3 d，3 500 km以上为4 d；其他城市间需中转运送的快运包裹1 000 km以内为3 d，超过1 000 km时，每增加800 km增加1 d，不足800 km按1 d计算。

一批货物内有不足100 kg的超重快运包裹增加1 d；100 kg以上的快运包裹增加2 d。按该批单件最重货物计算增加天数。

由于不可抗力等非承运人责任发生的滞留时间加算在运到期限内。

与客户另有约定的，按约定的期限计算。

(2)计价规定

快运包裹按物品（包括包装）重量计算运价，但有规定计价重量的物品按规定重量计算。

快运包裹的起码计费重量为 5 kg(轻小型快运盒除外)。

每立方米不足 167 kg 的轻泡物品,按每立方米 167 kg 计算计费重量。

每批快运包裹的起码包干费为 35 元。快运包裹的到站无快运机构的,包干费率在原基础上下浮 5%,每批起码包干费为 20 元。新开办的特殊快运服务项目的包干费标准以公司规定的价格为准,营业部应进行公示。对签订有商务合同的,以双方商定的价格为准。

2. 时限快运

时限快运是指根据顾客需求,将当日承运的快运包裹,在当日指定的车次装运,并按照向顾客承诺的交付日期(时间)交付。

(1)运到期限

根据客户不同需求,时限快运可分为 2D17、3D12 和 3D17。

2D17(次日达):自承运之日算起,在次日 17:00 前送达(交付)。

3D12(隔日达):自承运之日算起,在第三日 12:00 前送达(交付)。

3D17(隔日达):自承运之日算起,在第三日 17:00 前送达(交付)。

对另有特殊运输时限要求的顾客,发送机构需与到达机构协商,并按协商后的办法办理。

(2)办理原则

①时限快运包裹原则上应利用夕发朝至的始发、终到旅客列车行李车装运;在条件允许的情况下,也可利用航空、公路或特快行邮专列运输。发送营业部应根据各车次(含航班和公路班车,以下同)的开行时刻及货物转运、交接的所需时间确定承运当日的截止时间。

②凡有夕发朝至始发终到旅客列车的车站营业部均应开办时限快运业务。也可利用非夕发朝至列车装运,凡是当日发车、次日 15:00 前到达的始发、终到列车均可办理时限快运业务(次日或隔日 12:00 前送达的,应保证在次日或隔日的 9:00 前运至目的地)。开办前,各发送分公司应提前征求有关到达地分公司的意见,以确保此项业务顺利实施。到达地分公司对发送分公司提出的业务需求应全力以赴予以保障,不得以各种理由拒绝办理。

③时限快运包裹利用综合运输网络(公路、航空)运输时,发送分公司应事先与到达地分公司进行协商,双方同意后方可实施。

(3)收费标准

①2D17 时限快运包裹的包干费收费标准在现行快运包干费费率的基础上上浮 50%。

②3D12 和 3D17 时限快运包裹的包干费收费标准在现行快运包干费费率的基础上上浮 25%。

③每批时限快运包裹的起码包干费标准,以铁路客运运价里程为依据,两地间运输距离在 800 km 以内的为 60 元,超过 800 km 时为 90 元。轻小型快运包裹按照时限快运办理时,一律为每盒 60 元(不分型号和运输距离)。

④时限快运包裹同样执行现行的超重货物附加费收费标准。

(4)特殊规定

①单件货物重量超过 200 kg 或单件货物尺寸超过长 2.5 m、宽 1.45 m、高 1.8 m 以上时，如按时限快运办理，应在承运前征得到达营业部同意后报公司调度，经批准后方可办理承运手续。

②遇特殊原因发送营业部未能将时限快运包裹按规定车次装出时，如影响规定的交付时限，应尽量采取其他运输方式进行补救；确实无法补救时，应立即通知发货人(或收货人)，并积极协调，妥善处理。

③时限快运包裹原则上不办理运费到收业务；如遇顾客有特殊需求时，发送营业部在与顾客协商好后也可办理，但到达交付时如收货人拒付运费，则运费由发送营业部承担。

④时限快运包裹未在承诺的时限内交付时(不可抗力原因造成的除外)，退还全部运费。

3. 批量快运

批量货物是指在同一批货物中(指同一到站)，每件货物的重量均不超过 50 kg(非铁路行李车运输方式的除外)，每批货物的总重量达到 200 kg(含)及以上的快运货物。

(1)运作模式

批量快运包裹运输是指对满足“批量货物”标准、但无法承受基本快运包干费价格的客户提供包干费优惠的运输服务，其运费价格，可在现行快运包干费费率的基础上进行适当下浮。

以中铁快运为例，批量快运包裹运输是快运产品系列的组成部分，本着统一品牌、统一营销、优质服务、做大市场的原则，在不影响普通快运包裹业务的前提下，中铁快运充分利用现有的营销网络，以铁路(行李车、行邮或快运专列，以下同)运输为主，以公司干(支)线公路运输为辅，开展批量快运业务。

(2)运到期限

从承运次日起，国内主要城市间有直达旅客列车运送的为 3 d，3 500 km 以上为 4 d；其他城市间需中转运送的 1 000 km 以内为 3 d，超过 1 000 km 时，每增加 800 km 增加 1 d，不足 800 km 按 1 d 计算。

由于不可抗力等非承运人责任发生的滞留时间加算在运到期限内。采用非铁路旅客列车行李车运输方式时，亦比照上述规定计算。

(3)收费项目

批量快运包裹的收费项目包括：快运包干费、取货费、送货费、包装费、转运费、增值服务费和保价(保险)费等。

(4)特殊规定

在快运包裹免费送货区域内，每批货物的起码送货费为 70 元；一批货物的总重量超过 500 kg 时，每增加 100 kg(不足 100 kg 按 100 kg 计算)增加 10 元。超出免费送货区域时，

(经到达机构同意后)，在上述标准基础上，每 10 km(从配送点起至收货地点，不足 10 km 按 10 km 计算)另增加送货费 20 元；送货中产生的过路(桥)费另行核收。

4. 轻小型快运

轻小型快运包裹是指除《中华人民共和国邮政法》规定由国家邮政部门专营的信函外，凡适于装入中铁快运“轻小型包裹快运盒”的单据、票据、文件资料、照片、贺卡、书籍、样品、电子元器件、轻小物品等，且又不超过轻小型包裹快运盒最大重量限制的快运包裹。

(1)轻小型包裹快运盒的承载重量及规格尺寸

①轻小型快运盒分为 A、B、C 三种型号。承载重量分别如下：

A 型盒：每盒承重 2 kg(不足 2 kg 按 2 kg 计算，不续重)。

B 型盒：每盒承重 3 kg(不足 3 kg 按 3 kg 计算，不续重)。

C 型盒：每盒承重 4 kg(不足 4 kg 按 4 kg 计算，不续重)。

②轻小型快运盒的规格尺寸如下(内部尺寸)：

A 型盒：长 32 cm×宽 25 cm×高 3 cm。

B 型盒：长 32 cm×宽 25 cm×高 5 cm。

C 型盒：长 28 cm×宽 20 cm×高 12 cm。

(2)收费标准

轻小型快运盒采取一盒一票的计费方式。收费标准为基础价格：A 型盒 20 元/盒；B 型盒 25 元/盒；C 型盒 28 元/盒。

运价随里程的增加做适当调整，详见表 2.4。

表 2.4　轻小型快运包裹运价表(单位：元)

类型 \ 里程区段(km)	0～720	721～1 500	1 501～1 900	1 901～2 800	2 801～3 300	3 301～6 000
A 型	20	23	25	28	30	35
B 型	25	25	25	28	30	35
C 型	28	28	28	28	30	35

轻小型快运包裹可以按时限快运包裹办理，其运费为固定标准：每盒 60 元。

2.3.3　小件货物快运的运输组织

小件货物快运的运输组织与行李包裹运输组织是一致的，只是在运输服务的内容上更加侧重增值服务的提供。

1. 自定各个办理城市间的运输服务时效

向客户实事求是地承诺各个办理城市运输服务的承诺是小件货物运输组织的关键。根据本企业自有的运输资源和所利用的社会运输资源，科学地测算出各个办理城市间运输的时效，明确哪些办理城市可以为客户提供当日送到服务，哪些办理城市可以为客户提供次日送到服务等，明确各个办理城市的实际送达服务时效。

快运企业负责运输组织方案制订的人员，必须详细掌握铁路、公路、航空和综合货物运输的知识，具有比较丰富的运输实践经验和科学的理论基础。我国铁路、公路、航空运输的快速发展，各种运输工具的运输时刻会不断地完善或变化。例如，2011 年铁路进行了多次运行图的调整。因此规模比较大的快运企业，必须研究建立计算机辅助编制各个办理城市间运输服务时限的系统。

2. 上门取货和上门送货的组织

门到门运输服务是客户对小件货物快运的基本要求，上门取货和上门送货服务质量的高低是快运企业能否扩大市场份额的关键因素之一。

我国各个城市对货运车辆限行的政策和城市交通拥堵的不断严重，对上门取货和上门送货服务造成了很大的困难。上门取货服务的关键是如何在接到客户取货信息后怎样在最短的时间内上门取货，或能够给客户一个准确的等待取货的时间。现在客户联系发送快运货物时，往往同时与几个快运企业联系，谁先到货物就交谁承运。

上门取货和上门送货服务的组织既要考虑城市交通的情况，又要考虑合理划分各个车辆的合理服务半径。目前我国还没有适合上门取货和上门送货服务组织的理论方法。

3. 快运包裹的装运原则

快运包裹装运顺序应按照单位运价费率优先原则进行组织，单位运价费率高的先装运，单位运价费率低的后装运(包租除外)。

时限快运包裹限装行李车一位；轻小型快运包裹应集中码放在不易被挤压的位置；公司级大客户货物应单独码放；其他快运包裹应尽量单独码放，以便于卸车和优先交接。

时限快运包裹和公司级大客户货物严禁甩货；快运包裹原则上不得甩货，因特殊情况必须甩货时，送车行李员应及时与装车计划人员和库管人员进行协调，组织最近的其他列车装运，或采取其他运输方案补救；快运包裹在发站的停留时间不得超过 24 h。

对中转的快运包裹，中转站的装车计划人员和库管人员应按照行包运输方案及时组织装运，中转的快运包裹应在 24 h 内装出。

2.4 快捷货运的运输组织

2.4.1 铁路快捷货运产品

目前我国铁路开行的快捷货运班列有特快行邮专列、快速行邮专列、行包专列、快捷班列和五定班列等。其中特快行邮专列、快速行邮专列、行包专列由中铁快运负责组织、经营。快捷班列由中铁快运、中铁集装箱、中铁特货公司共同组织开行。“五定”班列由中铁集装箱、中铁特货公司和铁路局根据各自产品分别组织、经营。

1. 行邮专列

(1)定义及分类

根据铁道部铁运[2004]53号文件《铁路行邮专列运输管理暂行办法》第三条之规定，行邮专列是指使用行李车和邮政车编组，利用行包基地和货运及客运站场、设备，整列装载行李、包裹和邮件的列车。

根据铁道部铁运[2004]53号文件，行邮专列分为跨局的特快、快速、普通行邮专列和路局管内的特快、快速、普通行邮专列。目前只开行了四对跨局特快行邮专列和一对跨局快速行邮专列。

行邮专列的特点是速度较快、运量较大、运行准时。

运行速度快是指行邮专列的图定旅速较快。从《技规》规定的列车运行等级上看，列车运行顺序九个等级是：特快客车、特快行邮、快速客车、普客列车、普通行邮专列、行包专列、军运列车、货物列车和路用列车。从现行全路列车运行图看，五对行邮专列的运行速度为：北京至广州 2 299 km 图定运行时刻 21 h 48 min；北京至上海 1 424 km 图定运行时刻 11 h 20 min；北京至哈尔滨 1 295 km 图定运行时刻 11 h 21 min；上海至深圳 1 705 km 图定运行时刻 16 h 25 min；北京至乌鲁木齐 3 239 km 图定运行时刻 54 h 40 min。特快行邮平均旅速为 108 km/h。

运量大是相对客车行李车而言，在快捷货运列车中，行邮专列的车辆允许速度为 160 km/h，为现阶段货物列车最高速度，其载重量为 23 t，比客车行李车多 6 t。现行全国列车运行图中，X101～X106 和 X117/8 次行邮专列图定编组 19 辆，编组中的车辆使用 25T 型行李车，每辆载重 23 t，体积为 160 m^3，比容为 6.95 m^3/t。22 型行李车载重为 17 t，体积 114 m^3，比容为 6.7 m^3/t，两者差距明显。

运行准时是指行邮专列按照运行图定中规定的固定运行时刻运行，调度、机车工电辆均遵照图定时刻组织生产，其始发和到达时刻像客车一样相对固定。在行车作业组织中，各级调度也按较高列车等级掌握，同时准时作业还体现的装卸作业上，行邮专列的装卸作业时间标准为装车 2 h、卸车 1.5 h，这在快捷货物中是十分少有的，其运行作业各环节时间相对明确、固定。因此在快捷货运列车中，运行时刻准时率较高。

除上述特点外，还有专用 25 T 160 km/h 的车辆、固定作业基地、线路、整列编组到发、按图定技术作业时间等。

目前在快捷货运中，行邮专列是技术标准最高、等级最高、重视程度最高、考核标准最高、运行质量最高的快捷货运班列。

(2)行邮专列现状

按照铁道部铁运函[2010]1645号文件《关于实行2011年调整列车运行图的通知》，现在全路开行特快行邮专列4对、快速行邮专列1对，分别是黄村—上海西X101/2次、黄村—棠溪X103/4次、黄村—哈尔滨东X105/6次和上海西—深圳北X117/8次4对特快行邮专列和黄村—乌鲁木齐东X183/4次1对快速行邮专列。

行邮专列的开行改变了物流供应链，同时也将逐步改变铁路快捷货运的运输模式，主要表现为以下几方面：

一是行邮专列产品运输销售链条已经形成。如广州至北京的皮鞋供应链由汽车—仓储—零售店变更为行邮专列—零售店；又如北京至上海、广州、乌鲁木齐等地的邮件由经由档口—分拨中心—干线汽车或飞机—分拨中心—短拨配送变更为档口—行邮专列—分拨中心—短拨配送等，环节的减少、作业的减少和成本的压缩十分明显。由行邮专列产品带动改变供应方式、改变作业方式，从而生产对行邮专列的依附性，其影响深刻。

二是附着在行邮专列的层级运输供货商链条已经形成。仅以北京至乌鲁木齐列车为例，一般一节车厢的货物，至少要经过五层级的揽货代理商提供货物，形成一个自成体系的物流运输链条，而非一个承租商设档口收货的运输模式。

三是综合运输成本大大节约，且环保。以邮政为例，仅北京至上海、广州、哈尔滨间行邮专列开行替代其汽车运输就为邮政节约运输成本达数亿元。铁路运输企业绿色、节约、经济的优势十分显现。根据有关资料显示，就环保而言，火车、汽车、飞机对空气的污染比例为1∶7∶11。行邮专列在快捷货运中的环保产品特点尤其突显。

四是拉动了地方经济和就业。行邮专列中每一辆车运输货物需要8～14辆汽车完成到发短拨作业，需要20～30人完成装卸、搬运、理货等作业，并带动周围的汽车维修、生活服务等。

五是弥补了铁路行李车运力不足。特别是大量客运专线的开通后，部分客车将调整和停运，客车行李车运能将越来越不能适应行包运输的市场要求要，在此情况下，行邮专列不可替代的优势将更加显现。同时"行包"运输作为旅客运输的附属运输的现状也将逐步改变，"行包"运输方式必将有一个较大改观，"行包"运输主要附着客运列车的历史必将改写。

2. 行包专列

(1)定义及分类

根据铁道部铁运[2006]33号文件《铁路行包快运专列管理办法》第二条，行包专列是指按照旅客列车运输方式组织、使用专用货车编组、利用行包基地和客、货运站场、设备，整列装载包裹等小件货物的列车。

行包专列分为跨铁路局和局管内的行包专列。

从运行组织角度讲，行包专列的特点有运距较长(平均2 319 km)、运行速度快(一般在

100 km/h 左右)、编组相对固定且灵活、整车交接、固定作业场所等。

从经营管理角度讲,行包专列特点有公开招标、主承租商承租、自己组织货源和由供货商供货、实行自装自卸的装卸组织形式等。

(2)行包专列现状

根据铁道部铁运函[2010]1645 号文件《关于实行 2011 年调整列车运行图的通知》,全路现开行的行包专列有 18 对,其中:

南北走向 8 对,它们是杏林—滨江 X204/1/4/1、X202/3/2/3 次,大朗—包头东 X210/11、X212/09 次、棠溪—沈阳东 X218/5、X216/7 次,柯桥(艮山门)—丰台 X234/1/4、X233/2/3 次,艮山门—哈尔滨 X238/5、X236/7 次,大朗—胶州 X251/4/1/4、X253/2/3/2 次,东孚—丰台 X258/5/8、X257/6/7 次和大朗—南仓 X278/7 次。

东西走向的 6 对,它们是艮山门—乌鲁木齐 X208/5、X206/7 次,柯桥(艮山门)—成都东 X226/7、X228/5 次,艮山门—昆明东 X243/4 次,三眼桥—昆明南 X247/6/7、X248/5/8 次,棠溪—北郊(南翔)X271/4/5、X276/3/2 次,东孚—成都东 X318/5/8、X317/6/7 次。

其他走向的 4 对,它们是大朗—成都东 X268/5/8、X267/6/7 次,大朗—乌鲁木齐 X296/7、X298/5 次,黄村—成都东 X287/8 次,棠溪—拉萨西 X308/5、X306/7 次。

3.“五定”班列及快捷班列

(1)定义与分类

铁道部《铁路货运“五定”班列运输管理办法》规定,“五定”班列是指定点、定线、定时、定价、定车次,按公布开行方案组织开行的货物列车。

“五定”班列分为跨局“五定”班列和局管内“五定”班列;班列按是否一站直达,分为快运班列和普通班列,一站整列装和一站整列卸的班列为快运班列。

从运输组织角度讲,“五定”班列分为单独铺画运行线和选线运行两种运行方式,单独铺画运行线的正点率较高。其运行速度高于一般货物列车、编组辆数比行邮专列、行包专列多,一般在 45～60 辆之间,编组辆数相对固定且灵活、整车交接、作业场所相对固定等特点。

从经营管理角度讲,“五定”班列基本上均经过公开招标、确定承租主体、承租企业组织货源或由供货商供货、实行机械化装卸组织形式等。

快捷班列是“五定”班列的一种,但其组织方式又有别于“五定”班列:一是快捷班列在集装箱中心站间开行;二是快捷班列由中铁快运、中铁集装箱、中铁特货公司共同组织开行;三是快捷班列车辆使用三个专业公司专用车辆;四是三个专业公司执行各自运价政策。

(2)“五定”班列及快捷班列开行现状

2011 年 1 月 11 日起执行的新的全国列车运行图中,图定开行“五定”班列 88 条线,其中 10 条线为快捷班列线,分别为胶州—圃田间往返、胶州—新筑往返、圃田—吴家山往返、吴家山—大朗间往返、圃田—团结村间往返 10 条运行线。这十条运行线均为单独铺画线。

2.4.2 既有行包、行邮专列作业站及营运(分拨配送)中心

1. 现有行包、行邮专列作业站点分布及作业量

2009 年,我国铁路行包(邮)专列发送量 1 072 万 t。作业站点分布及作业量见表 2.5。

表 2.5 2009 年我国铁路专列作业站点分布及作业量

序号	地区	所属装卸作业点	发送量(万 t)
1	上海	上海西、北郊、常州、嘉兴、艮山门、临平、柯桥、义乌西、温州	168
2	北京	石家庄、南仓、大红门西货场、黄村基地	148
3	西安	西安东	13
4	成都	成都东、团结村基地、贵阳西、贵阳北、遵义南	140
5	兰州	兰州、兰州东、兰州北	20
6	沈阳	沈阳东、海城、扶余、新九、龙潭山、长春	67
7	郑州	圃田基地	23
8	青藏	拉萨西、格尔木、西宁西	15
9	呼和浩特	呼和浩特、包头东	7
10	乌鲁木齐	乌东、乌鲁木齐货场	92
11	广州	深圳北、大朗、石围塘、棠溪、株洲北、长沙东、怀化	198
12	武汉	汉阳、汉阳行邮作业点	13
13	南昌	杏林、白礁、漳州东	51
14	哈尔滨	哈尔滨、卧里屯、滨江、哈尔滨东基地	46
15	昆明	昆明东、昆明南	70
总　计			1 072

2. 现有行包、行邮营运(分拨配送)中心分布

我国铁路现有哈尔滨、沈阳、长春、北京、天津、石家庄、太原、呼和浩特、郑州、武汉、西安、济南、上海、南京、杭州、合肥、无锡、南昌、福州、厦门、广州、深圳、长沙、成都、贵阳、兰州、乌鲁木齐等 27 个行包行邮营运(分拨配送)中心,库房面积 68 114 m^2,年办理件 2 421 万件。

2.4.3 行包、行邮专列装载要求

铁道部《铁路行包快运专列管理办法》第四十二条规定,行包专列由承租人自装卸时,中铁快运应与其签订装卸车安全协议,并按不低于“三车一人”的标准配足监装卸人员。监装

卸人员须切实履行职责，加强货物检查，严格按装车方案组织装车，对装卸车作业实施全过程监控，并填记监装卸工作登记簿，按车次装订成册，保留 90 d。

按照铁道部的要求，针对行包行邮专列日常工作中常见查危、超载、偏载、使用过期车等重点问题，共同探讨行包、行邮专列现场管理，以期全面提升行包、行邮专列相关人员的作业和管理水平，确保行包、行邮专列的安全运行。

1. 收取运输物品清单，编写装车物品清单

托运人在托运货物时需要填写《铁路货物运输规程》格式三(见表 2.6)中的物品清单，由承租人提交给铁路运输部门，称作“运输物品清单”；在装车过程中，监装卸人员需要根据“运输物品清单”编写“装车物品清单”。

表 2.6 物品清单

发站　　　　　　　　　　　　　　　　　　　　　　　　　　货票第＿＿＿＿号

货件编号	包装	详细内容			件数或尺寸	重量	价格
		物品名称	材质	新旧程度			

托运人盖章或签字　年　月　日

托运人盖章或签字　年　月　日

行包专列装车前，监装单位要向承租人收取“运输物品清单”，保留 180 d。“运输物品清单”内容包括：货件编号、包装、详细内容(物品名称、材质、新旧程度)、件数或尺寸、重量、价格。

“装车物品清单”是列车运输中发生异常情况时(特别是发生火灾时)，施救措施的主要依据，必须真实可靠，严禁编造。因此产生的法律责任由监装卸岗位人承担。

“装车物品清单”中必须有品名、件数、重量或体积、包装。

编写“装车物品清单”时，“品名栏”必须填写货物的实际品名。如同一批货物中，货物品名较多时，可按照相关规定的品名归类填写相应的品类名称；“件数栏”按照自然状态件数填写；“重量栏”填写实际重量或标准件货物的标准重量，如托运人提供的是体积时，可填写体积但必须标明立方数。

“运输物品清单”是托运人提供的装运行包(邮)专列所运输货物的物品清单。该货物的物品清单是确保专列运输安全的重要基础，是编写“装车物品清单”的依据，因此要求托运人必须做到：

(1)托运人提供的“运输物品清单”必须有品名、件数、重量或体积，不提供运输物品清单

的不得装车。

(2)托运人提供的“运输物品清单”中的品名不得有“杂货”、“搬家货”、“混杂货”等模糊概念，在“品名栏”填写“杂货”、“搬家货”、“混杂货”的，视为不易判明的货物，不得装运。

(3)托运人的“运输物品清单”必须在始发装车作业封门前 2 h 提供。邮件、公司大通道运输的货物及特殊情况下提前提供品名的货物最晚要在封门作业前 1 h 提供。

(4)托运人的“运输物品清单”应装入票据封套中随“装车物品清单”运输，因作业困难，不能随票据封套运输的，必须与始发存留的“装车物品清单”一起存放。

2. 对货物进行安全检查

对货物安全检查主要是检查禁止运输的货物和限制运输的货物。

(1)危险品的认定及不易判明性质的物品

行包专列、行邮专列查获的常见危险品有电池类(即汽车用蓄电池、成箱的手机电池)、低毒农药、储藏过气体或液体的钢瓶、涂料、打火机等。

随着社会的发展，产生了许多新的货物品名和品类，实际工作中，现场监装卸人员和许多承租商的货运员，经常遇见不易判明是否为危险品的货物。表 2.7 列举一些不易判明的货物品名，供参考。

表 2.7　不易判明的货物列表

<table>
<tr><th>货物品名</th><th>是否办理运输</th><th>重点说明</th></tr>
<tr><td>墨水</td><td rowspan="3">单件不能运输，和产品配套的可以运输</td><td rowspan="3">有检测报告</td></tr>
<tr><td>碳粉:有检测报告</td></tr>
<tr><td>墨粉、墨盒、硒鼓</td></tr>
<tr><td>汽车液晶显示器配套 12 V 电池</td><td rowspan="3">电瓶电压≥12 V 不能运输</td><td rowspan="3">必须有产品说明书(原件)</td></tr>
<tr><td>汽车用电瓶 12 V(未加电解液)</td></tr>
<tr><td>汽车防盗器配套电池</td></tr>
<tr><td>汽车蜡</td><td>不能运输</td><td></td></tr>
<tr><td>手表电池</td><td rowspan="8">是锂电池的均不能运输；干电池单件的不能运输；与产品配套的小于 5 000 mA·h电池的可以办理，但要详细查明产品说明书并对照产品</td><td rowspan="8">对能运输的必须有正规产品说明书并与产品相对照。留发货人身份证号和联系方式</td></tr>
<tr><td>电子产品、遥控器附带电池</td></tr>
<tr><td>计算器</td></tr>
<tr><td>对讲机</td></tr>
<tr><td>话筒、电话机内附干电池</td></tr>
<tr><td>玩具、电器类有配套电池</td></tr>
<tr><td>VCB 导电器带电池</td></tr>
</table>

续上表

货物品名	是否办理运输	重点说明
产品宣传光盘	必须有准运证才可办理	文化管理部门运输证明
驱动程序软件光盘		
空白光盘		
含有电池的原装配套新手机	不能办理	电池为锂电
医用药水	一般不办理，主要是根据说明书，检查其是否具有危险性	重点看说明书
化妆品	要分具体品名，洗面奶、指甲油等列入客运危险物品的均不能运输	一定要有具体品名和产品说明书
防水涂料	不能运输	
食用油	一般可以运输，主要是检查其包装是否符合安全要求	特殊包装不能办理
润滑油	必须是出厂的专用包装才能运输	原厂包装
含酒精的饮料	一般不能运输	
机械类物品	油箱有残留液体不能运输，必须清洗干净	必须实际确认货物
旧发动机		一般不办理
指甲刀具	一般可以运输	特殊情况要证明
冻品	行包专列一般不能运输	不具备条件
医药品	带有毒标识的和产品说明有毒的不能运输	看标识和产品说明书
没有注明属性或没有中文标识的液体、粉末状货物	不能运输	不明发生反应的货物不能运输

(2)查危的方式方法

①设备查危：使用大、中、小型安全检查仪，手持式金属、液体、炸药探测仪。

②人工查危：由专门安全员查危和现场作业人员查危。

③授信安全检查：对信誉高的承租商，直接采信其安全检查结论。

④承租商揽货点安全检查：即安全检查“关口”前移，在承租客户档口收货时进行安全检查，在行包基地或行包作业点进行安全抽查，实质上是另一种安全授信检查方式。

⑤装车前的物品清单检查。

3. 防止车辆超偏载

根据铁道部《铁路货车超偏载检测装置运用管理办法》规定，货车超偏载分为严重、一般两级，具体分级标准见表2.8。

表2.8 偏载分级

项目＼分级	严重	一般
超载	大于货车容许载重重量10 t	大于货车容许载重重量5 t
偏载	货物总重心投影距车辆纵中心线距离大于150 mm	货物总重心投影距车辆纵中心线距离大于100 mm
偏重	货车两转向架承受重量之差大于15 t	货车两转向架承受重量之差大于10 t

(1)发生超载偏载的原因分析

通常情况下，行包、行邮专列发生超载偏载主要应从如下几个方面的原因：

①车辆方面的原因。通常情况下，车辆超载是指装载货物的车辆自重加所载货物的重量之和大于车辆允许总重即为车辆超载，俗称为“硬超重”。而现实中还有一种情况叫“软超重”，是指车辆自重加所载货物重量之和等于或小于车辆允许总重，因车辆出厂时车辆自重标准或日后运用中车辆维修标准等方面的原因，造成车辆自重小于车辆标记载明的自重，致使所载货物重量大于车辆标记载重的情况，这种情况对安全生产、事故定责等造成非常严重后果。其次是车辆生产质量的原因。因车辆的生产工厂不同而车辆的技术状况有异，日常运输生产中主要是车辆减振设备等原因引起。

②货物方面的原因。我国铁路小件货物运输的货物分为四十大类，行包、行邮专列涉及其中二十六类。所载货物发生超载现象一般发生在杂品货物、重质货物、新客户货物、物流公司或货贷公司的货物等范围，具体类别方向为服装、配件、重金属、杂货和不规则货物。

③客户方面的原因。对物流企业来说，按货物来源分为直接客户和间接客户，企业客户和物流客户，大客户和零散客户等，我们在里所说的客户是指单接客户、物流客户或零散客户。一般情况下，主承租商与铁路物流企业有安全协议，从主观上讲，他们对铁路安全的重视程度较高。在运输实务中，从事故的原因调查情况看，发生恶意超载大多是供货商或间接客户。因此，在日常工作中更深入地了解客户供货群，特别是供货结构对安全生产更为重要。

除上述方面外，还有基础设备、监测设备等方面因素。

(2)防止超载、偏载的措施

防止超载偏载的措施一般分为制度保障措施、设备保障措施和人员保障措施等。

防止超载偏载，现场有以下五个层面的措施：

①提供汽车过衡单或客户的装车作业清单。一般客户提供的大多是装车作业通知单或

装车货物汇总表,而不是真正的装车清单,装车清单各地有各地的特点。有条件的最好是客户每辆汽车的过衡单。汽车过衡单或装车作业清单起码应有各批次货物的品名或品类,对应的重量、件数、立方数。在单上获得货物的这些准确信息,可以方便地制定装载方案,有效防止超载偏载的发生。

②设置站台电子秤。站台电子秤主要分为一吨和三吨两种类型,用于单件或批量货物的称重抽查。所谓批量货物是指五件及其以上同品名同规格生产制造厂家的原包装、简易包装、无包装货物,不足五件原包装货物视为批量货物。抽查的目的是为了检测货物的实际重量与单据上记录的重量是否一致,获得货物的准确重量信息,也是防止超载偏载的措施之一。

③施行客户授信检查协议书。铁路运输企业(中铁快运)对常运批量货物实行授信检查,即对租用行包行邮专列车辆的信誉较高的客户,签订授信检查协议书,对其授权进行货物的检查。这些信誉较高的客户检查货物,也能保证重量、件数、立方等信息的准确,可以根据这些信息制定合理的装载方案。

④站台测量货物立方数。一般客户市场收货时,使用重量或立方数计价收费。但对于某些轻泡或不规则货物,无法方便地称重,只能测量货物的立方数,根据以往的经验数据,换算成较准确的重量值,以保证制定装载方案时不出现超载偏载。现阶段的货物规律为重质货物大约 3~4 m^3 换算为 1 t;相对较轻的货物一般在 5~6 m^3 换算为 1 t。

⑤使用轨道衡。轨道衡的作用是车辆装载完成后,利用轨道衡,大致检测装车的重量是否在规定的范围内(检测值,非精确值),以确保准确装车,没有出现装车错误。这是行包行邮专列安全运行的最后关口,也是防止超载偏载的重要措施之一。

上述措施都是前置性措施,要确保行包、行邮专列不超载不偏载运行,就必须更多地使用前置性措施。

4. 提高始发装车质量

(1)货物装载质量,制订并落实装车方案,监控装车过程中货物的动态情况,特别是对重质货、液态货、圆柱形货、百货类货物、化妆品类货物、杂货等动态情况的监控。

(2)车辆使用质量,避免叉车撞击车门、车内壁板、车内灯(行邮),避免损坏车内底板,保持车内清洁,落实车门处底部货件距离车门口在 100 mm 以上的要求。

提高始发装车质量的措施有落实装车方案,加强重点货物监管强化车辆使用前的检查。

2.4.4 铁路快捷货运的要点分析

1. 铁路快捷货运运输品类办理限制

铁路快捷货运对于国家限制运输的物品,托运人应提供规定部门签发的相应运输证明。

另外,对于超过规定限量携带的烟草,托运时必须出具烟草专卖行政主管部门或烟草行政主管部门授权机构签发的准运证。

上述各种证明必须是原件,复印件无效。

行包专列禁止运输的物品是指妨碍公共卫生和安全的物品、国家政策法令规定禁止运输的物品、活动物(特别是猛禽和蛇、蝎子、蜈蚣、蜂等及大动物)。

下列物品为不得装运行包专列、行邮专列运输的物品。

(1)尸体、尸骨、骨灰、灵柩及易于污染、损坏车辆的物品。

(2)蛇、猛兽和活动物(运输命令指定运输的动物除外)。

(3)理化性质不明的化工产品。

(4)国务院及国务院铁路主管部门颁发的有关危险品管理规定中规定的危险品、弹药。

行包专列、行邮专列均不办理有押运人的货物运输,包括活动物运输等。

2.快捷货运单件重量检查及单车装载重量的核查

重点检查重量、长度、宽度、形状四个方面。行包专列、行邮专列现场作业场所应建立超大件货物确认登记制度。行包专列的超大件货物是指单件重量接近 500 kg、长度 5 m、体积 4 m^3 的货物。行邮专列的超大件货物是指单件重量 300 kg,托盘及集约货物接近 600 kg,长度为 5 m,体积为 4 m^3 的货物。

上述中的 5 m 和 4 m^3 是根据车厢长宽尺寸、车门高宽尺寸等,并借鉴了铁路零担货物(长度 9 m,3 m^3,2 t 的要求,但卸车能力允许除外)的有关数据等得出的经验数据,严格意义上是一个比照数据,没有文件规定或法定部门认可,仅为工作中掌握的一个尺度。

3.车辆的技术检查

(1)车辆载重

装到车内的货物总重量不得超过车辆标记载重量。

(2)车辆定检时间

检修过期车辆不得使用。

①定检到期的确认

段修标准:12 个月(一年)厂修标准 6 年。取消辅修后,按月计算。如 2005 年 4 月做的段修,到 2006 年 4 月到期;2000 年 4 月做的厂修,到 2006 年 4 月到期。

②定检过期车的确认

段修标准:12 个月(一年)厂修标准 6 年。取消辅修后按检修月份的最后一天计算。如 2005 年 4 月做的段修,到 2006 年 5 月 1 日过期;2000 年 4 月做的厂修,到 2006 年 5 月 1 日过期。

③定检过期车延后做段修标记的确认

车辆部门对超过定检时间进行段修的车辆,为了与厂修时间要求相符合,其标记时间常与检修时间不一致。因此,需要确认检修的标记时间。如 3502592 号车,段修标记确认的处理是:“2005 年 7 月到 2006 年 4 月段修,到期应为 2005 年 4 月,实际 7 月做的段修,到期和过期时间均按2006年4月计算”(按检修月份的最后一天确认)。

(3)车辆门、窗检查

车门损坏不能关闭、不能施封的车辆不能使用。车窗损坏的,采取保证安全的措施后方可使用,并向车辆检车提出整修建议。

(4)车体检查

进门透光检查车辆顶部是否漏雨、车体四壁是否有钉子等容易刮坏货物的突出物。遇有钢质车底板车辆时,装载货物要采取防滑加固措施。车内有恶臭异味时,不得装运食品、茶叶等物品。车内必须清扫干净。

4. 车内装载的要求

货物重量应均衡、合理地分布在车底板上,货物总重量不超过车辆标记载重量,货物重量不偏载于车辆的一侧或一端(25T型车每个转向架上方载荷不得超过10 t),货物重量不超过车底板支重面容许载重量(25T型车车底板均布载荷每延米不得超过2.5 t)。

货物要按批紧密码放,做到大不压小、重不压轻、方不压圆、重货不上高,对液体货物要封口向上,隔离码放,防止泄漏污染其他货物。

货物装载高度原则上不得超过车辆内侧板限高线。车门处装载的货物距离车门不得小于100 mm,且呈梯形压缝码放,防止货物倒塌挤开车门。

货物装载加固要能够承受正常的调车作业和列车运行所产生的各种力的作用,确保货物在运输全过程中不倒塌、不移动、不滚动、不倾覆。

当所装货物总体积与车辆容积相等时,应做到均衡装载、紧密码放、重货打底、轻浮货上高、长大货件不堵门。

当所装货物总体积小于车辆容积时,车辆两端向内呈梯形码放与车辆中部梯形码放相结合,以防货物倾覆。

当所装货物件数和重量较少且铺不满钢质车底板时,应将货物码放在木制托盘之上,紧密装于车辆两端。

遇有使用钢质地板车装运金属包装或硬塑料包装等易滑动的货物时,应将货物装于木制托盘之上或车底铺垫稻草垫防滑。稻草垫要求编织密实,厚度不小于30 mm,货物压实后不小于10 mm。其面积须大于货物边缘20 mm,防滑稻草垫不得重复使用。

遇有货物高度超过1.5 m等易倾覆货物时,单件应用其他货物挤紧;多件时,应用8号4股铁线整体捆绑2道,防止货物倒塌。

遇有圆形货物时,应轴心向上垂直码放。如垂直码放确有困难或垂直码放易倾覆时可卧装。为防止滚动造成偏重,应加三角木掩挡并固定。遇有钢质底板车辆时,应下铺木制托盘,在托盘上加三角木钉固,防止货物滚动。三角木高度不小于圆形货物直径的15%,宽度为高度的1.5倍。

2.4.5 行包、行邮专列装载技术及技巧

行包、行邮专列如何装载，如何装车才能确保一路安全，是装载方案必须解决的问题。

装载方案是行包、行邮专列安全运输的根本，行包、行邮专列装载方案一般应包括货物品名、规格、重量、包装以及装载高度、装载位置等，它与铁路运输中特殊货物装载方案不同，一般不需要特别计算，但要细化、规范装载，才能确保安全。下面介绍三种装载方法及相应的指导技术方案。

1. 方法1

重质货物均衡地装在货车底部，轻质货物稳定地装在上部。货车容积不能装满时，应自货车两端至车门处梯形码放，防止货物移动、滚动、倾覆、倒塌或坠落。

货物轻重配装指导技术方案有两种：

(1)重质货物均衡地铺满车地板，轻质货物稳定地装在上部，满载满容，如图2.5所示。

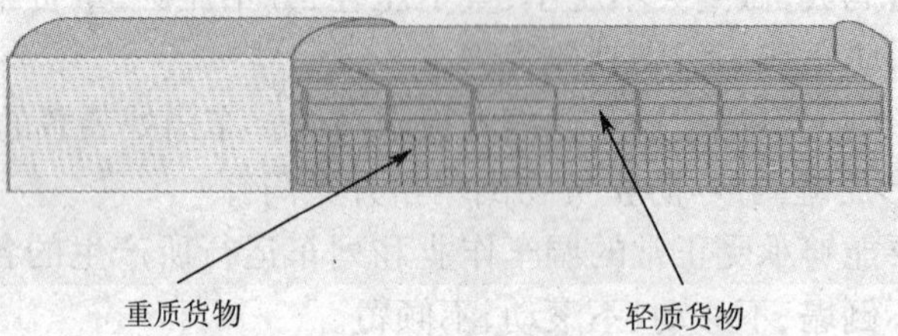

图2.5 货物装载指导技术方案(1)

此方案中，轻质货物码放在重质货物的上部或自行码放，码放的货物与货物之间要紧密、稳定。此方案最大限度利用了车辆的载重和容积，是轻重配装货物的首选方案。

(2)重质货物均衡地装在货车两端的中梁两侧，轻质货物紧密码放。车容不满时，由货车两端向中部梯形码放，如图2.6所示。

均衡的含义就是装在车地板两端及两侧位置的货物重量应大体相等，严禁将重质货物全部装在车辆的一端或一侧。

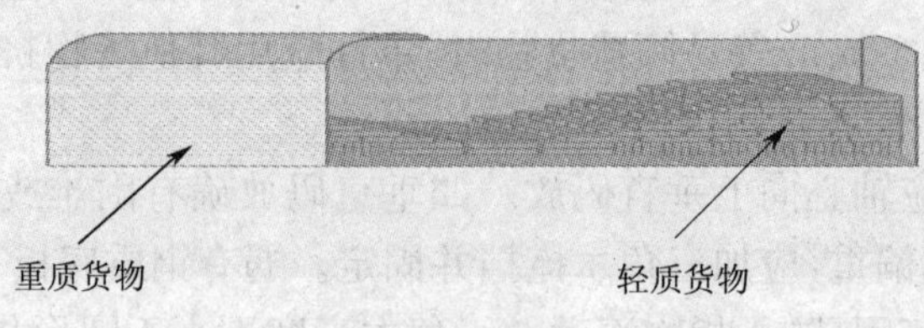

图2.6 货物装载指导技术方案(2)

此方案是当遇到重质货物较少，实际作业中不可能把单件货物摆满车体时，应将重质货物分装于货车两端"打底"。"打底"的重质货物应沿货车中梁向两侧摆放，做到均衡，车容不满时，由货车两端向中部梯形码放。

方法1规定了货物轻重配装的原则，也是铁路和客户最理想的货物装载方法。

2. 方法2

重质货物沿货车中梁或中梁两侧由货车两端向中部均衡装载，货车两侧不得偏载，货车两端不得偏重。

重质货物装载指导技术方案有两种：

(1)重质货物沿货车中梁由两端向中部呈一字形装载，货垛间挤紧，有多余货物时，分装在货车两端一字两侧，货物较少时，一字中部降低装载高度，使用钢质地板车时，货物下需要铺稻草垫防滑，如图2.7所示。

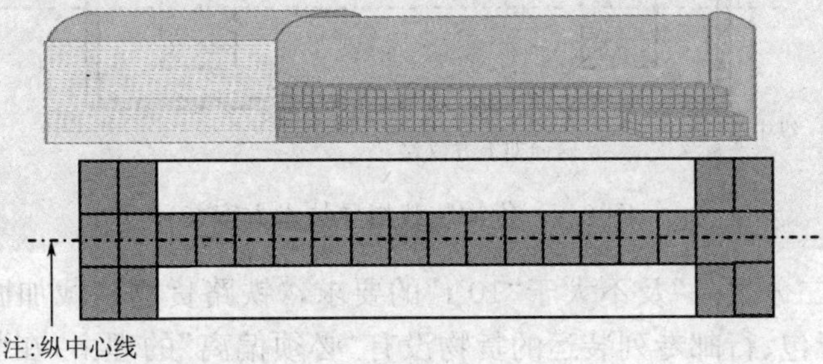

图2.7 货物装载指导技术方案(3)

(2)重质货沿货车中梁两侧平行由两端向中部装载，货垛间挤紧，有多余货件时，分装在货车两端货物的两侧，装不满时，货车中部单行挤紧。使用钢质地板车时，货物下需要铺稻草垫防滑，如图2.8所示。

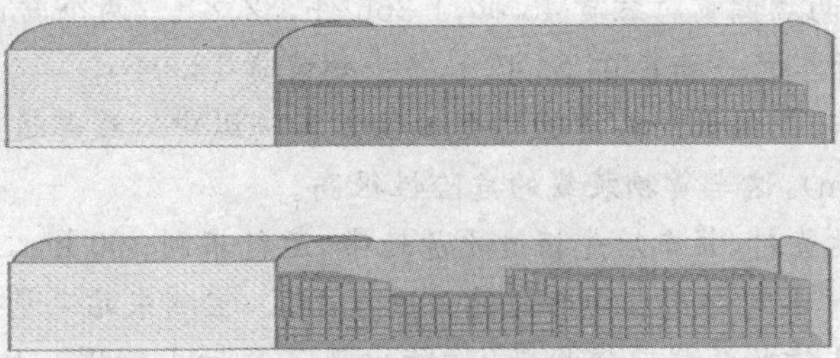

图2.8 货物装载指导技术方案(4)

方法 2 是预防货车偏载的装载方法。

沿货车中梁或转向架上方装载,符合货车构造的原理和货车承载重量的传导原理。重质货物沿货车中梁或中梁两侧均衡装载,最容易防止货车的左右偏载问题,是装载重质货物的首选方案。按照方法 2 装载,就会有效地预防货车偏载。

3. 方法 3

笨重货物应分装在货车两个转向架的上方,轻重货物应平衡地分布在货车上,装车后货物总重心的水平投影纵向偏离时,每个车辆转向架所承受的货物重量不得超过货车载重量的二分之一,且两转向架承受重量之差不得大于 10 t。

笨重货物分装在货车两个转向架的上方,其装载指导技术方案如图 2.9 所示。

方法 3 规定的是预防货车偏重的装载方法。

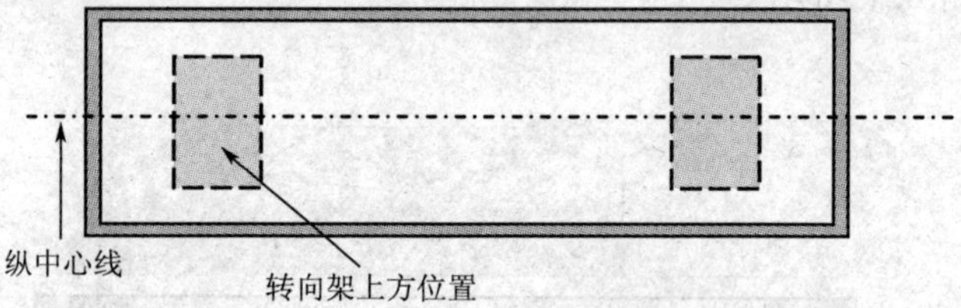

图 2.9　货物装载指导技术方案(5)

上述不超过“二分之一”及不大于“10 t”的要求,《铁路货物装载加固规则》中规定是在“必须偏离时”。行包、行邮专列装运的货物没有“必须偏离”的理由,在装车时,只要做到了均衡装载,就不会触犯规定的“红线”。

【例 2.1】 黄村至成都东 X287 次行包专列,组中编挂有黄村装至成都行包车一辆,经过宝鸡东站时,因该车偏载甩车,超偏载仪检测,该车横向偏载 205 mm,纵向偏重致使两个转向架承受重量之差大于 10.38 t。

这车货物的装载在多个方面违反规定。

首先,货车前后两端偏重。装货 45 批,1 266 件,32.8 t。两个转向架承受重量之差大于 10.38 t,相当于货车的一端装货 22.42 t,另一端装货 12.04 t。

其次,货车左右两侧偏载。其货物总重心偏离车辆纵中心线超过了规定 100 mm 的一倍还多(偏离 205 mm),这车货物装载的危险性很高。

该车始发装车站黄村,装车后先经过平原地带,运行不到 300 km,石家庄站检测仪测量横向偏离 105 mm;货车到郑州后向西过潼关进入山区,宝鸡东站测量仪测量横向偏离扩大到 205 mm,说明车内货物装载比较松散,货物出现了移动或倒塌。如果货车不加整理,过宝鸡站就要翻越秦岭,山高路陡,全是盘山道,列车运行产生的横向惯性力加大,由于货车偏载可能导致列车翻车,后果不堪设想。

复习思考题

1. 什么是小件货物快运？与快递有何区别？
2. 简述快捷货物运输的特点和标准。快捷货物运输与小件货物快运有何区别？
3. 简述行李、包裹的概念和范围。两者有何区别？
4. 行李、包裹托运时，对限制运输物品的托运有怎样的规定？
5. 快运包裹分为哪几类？分别指什么？
6. 怎样做好铁路行包和小件货物快运的运输组织？

3 物流企业的网络规划

3.1 物流企业的服务网络

3.1.1 服务网络的概念与基本特征

1.服务网络的概念

服务网络是指在物质流通过程中，相互联系的组织与设施的集合，由各种不同运输方式的运输线路和物流节点共同组成。服务网络包含了信息网络、经营网络、运输网络、配送网络等子网络，同时又是企业整体运作所依赖的重要组成部分。服务网络实现了空间维度、时间维度、信息维度、资金维度、劳动力维度和产品增值维度等的链接和沟通。

2.服务网络的基本特征

(1)服务性

服务网络归根结底是为了更好地服务于需求者而存在的，其运作的目的在于通过整个网络的统一协调满足各类客户的个性化需求。

(2)规模性

服务网络建立在开放的网络基础之上，服务网络将各个物流节点连接成一个有机的整体，在保证每个节点具备独立运作能力的基础上，规模性的联合作业提高了工作效率，降低了物流成本，同时由于开放网络决定了整个服务网络具有无限的开放性与拓展能力，单个节点的变动并不会以影响其他节点的独立性，因此也降低了网络对单个节点的依赖，提高了经营活动抵抗风险的能力。

(3)层次性

服务网络的层次性就是服务网络本身可以分解为多个子网络，子网络的各个组成元素又可进一步分解为功能更少的子网络或范围更小的下级网络，而服务网络本身也可作为企业整体运作的子网络存在。对服务网络层次性的理解可以帮助我们更好地划分和管理服务网络，在实现服务网络规划目标的过程中可依据网络的层次性将目标一一分解，以便能够更好地实现服务网络功能。

(4)整体性

由于网络的层次性，我们知道服务网络由诸多的子网络组成，在进行单一子网络设计时，不能从单一网络的需求出发，应优先考虑服务网络的整体目的，从而保证服务网络整体的合理化，而不是子网络的最优化。

3.1.2　服务网络规划的意义

1. 有利于规模经济效益的实现

这里所谓的规模经济效益指的就是在生产经营活动中，利用网络规模性的特点，将物流需求进行集约化处理和整体调配，从而使得整体成本下降、工作效率提高。可以看出，规模经济效益的实现主要包含了两个方面的层面。

一是运营投入的节约。多数情况下流通过程中大规模运输组织的成本要低于小规模运输组织的成本，而大规模的运输组织在一定程度上依赖于一个良好的服务网络。

二是运作时间的节约。在流通过程中，涉及仓储、配送、运输、保管、流通加工、信息传递等服务，这些服务的规模化运作可以在一定程度上提高工作的效率，减少流通过程中的时间耗费，而服务的规模化、集约化运作依托的依然是一个良好的服务网络。

2. 有利于实现高质量、高柔性、高性价比的物流服务

当前，我国国内的物流模式正处在由传统运输模式向现代物流模式逐步转型的阶段，在这一阶段中，单一的运输组织模式逐渐弱化，取而代之的是越来越多的企业产生了各种各样的个性化需求，这种个性化需求就需要物流企业提供高质量、高柔性、高性价比的物流服务来满足客户的需求。所谓高柔性的服务是指物流企业提供的服务需具有一定的灵活性，针对不同的客户需求，设计并实施满足这种需求的物流解决方案。

对物流企业而言，如何能够更好、更多地满足不同客户群体的个性化需求是一个亟待解决的问题。满足客户个性化需求的方式是多种多样的，包括设计合理的物流解决方案、提供额外增值服务等。但不容忽略的是，一个设计合理的服务网络是实现这些方式的重要基础与保障。

3. 有利于保证整体网络布局的最优

网络的整体性决定了服务网络中各个子网络及子网络中的各个节点、要素不是简单的堆积，而是要有机地组成一个整体。各个基本元素的建立、合并、撤销活动的目标都是保证整体最优，也只有遵循这一目标才能使这些活动的总体效果形成网络的有机活动，才能使网络的整体功能大于各个元素或子网络功能的简单叠加。因此整体网络布局的最优凸显的是“大局观”，强调的是“1＋1＞2”的理念。

3.1.3　物流企业服务网络的特点

服务网络的规划方式是物流企业战略的一种表现形式，换言之，企业的战略目标在很大程度上决定了服务网络的规划策略。不同的企业，由于战略目标的不同，其建设服务网络的构成、功能和运营方式也会有很大差别。

1.一般物流企业服务网络的特点

物流企业的经营战略通常是以生产制造业供应链式服务为基础的，因此物流企业往往是以某一个或几个企业为主要服务对象，并不是向市场中所有需求客户开放的，客户结构相对稳定，可变性较小，因此其战略目标是以其数量有限的目标客户需求制定的，在一般情况下不会将整体市场的情况作为考虑的重点。其主要特点如下：

(1)服务对象可变性小

物流企业与客户之间通常建立一种长久的合作关系，相互依赖程度较高，相互的合作建立在长久适应与调整的基础上，其服务对象具有很强的固定性，因此服务对象的可变性相对较小。

(2)客户个性化需求满足度较高

由于服务对象有限，目标客户需求的特点也相对凸显，因此物流企业服务网络的建设具有很强的针对性，通过服务网络的合理规划可以极大的满足客户个性化的需求，这也是物流企业与快运企业在服务网络建设上最本质的区别。

(3)服务网络建设依靠目标客户需求的推动

物流企业的服务网络在建设之初或做出调整之前，目标客户及其需求都是已知并可以量化的，物流企业建设或调整服务网络的目的是由于固定客户需求的产生或变化，因此物流企业服务网络的规划是以目标客户的战略需求为指导，是一个需求推动网络发展的过程。

2.快运快运企业服务网络的特点

快运物流企业的服务对象是面向整个市场的，与物流企业的客户结构不同，快运物流企业的客户群体中包含了大量的零散客户，因此其战略目标的制定，往往是从宏观市场角度出发的，而不是为一个或几个企业量身订制的。其主要特点如下：

(1)服务对象可变性较大

物流企业与客户之间建立的是一对一或一对多的长久合作关系，而快运物流企业在长久的市场竞争环境下与客户建立的是多对多的关系，一个快运物流企业与现有的客户的合作关系是长期竞争环境形成的结果。与一般物流企业不同，快运物流企业对客户的服务通常不会贯穿整个供应链，相互的合作并没有达到绝对依赖的程度，市场竞争环境的多变决定了快运物流企业服务对象的可变较大。

(2)市场适应性较强

与一般物流企业不同，快运物流企业的服务对象具有多样性，因此快运物流企业的服务网络通常分布广泛，网点之间衔接以多种运输相结合的方式经营，因此可以更好地适应各类客户不同的需求，同时有利于潜在客户的开发。

(3)服务网络的建设对客户需求具有拉动作用

快运物流企业的服务网络规划时，依据的是地区经济的发展，即客户的潜在需求。换言之,客户需求是在服务网络建设或调整时是难以精确量化的。快运物流企业服务网络的建设依据地区经济的发展和网络建设本身对客户潜在需求的挖掘,是一种网络拉动需求的过程。

(4)服务网络建设的实现方式

服务网络的建设必须服从于企业的战略目标,不同企业由于战略目标的不同,建设方案也不尽相同,但从性质上服务网络的建设方式大体可分为自营建设和外包建设两种方式。企业应根据实际情况在不同城市选择合理的服务网络建设方式,以增加总体经济效益。

3.1.4 经营模式

对大多数网络服务型企业而言,完全依靠自身的力量建立一个高质量、高密度的服务网络都是一个长期的过程,在这过程中,为了更好地满足客户与市场的需求,一般需要与其他企业进行一定程度的合作,从而支撑其高质量的服务产品。这就意味着快运物流企业要采用多种经营模式进行相互合作,从总体上可以将经营模式分为自营与外包两种。

1. 自营模式

自营模式是指物流企业经营业务的各个环节由自身筹建并组织管理。采用这种模式时,它的优势在于没有其他企业与之分享利用,但是其不足之处表现在企业将为建立服务网络大大增加的投资规模。一般来说,在配送量大的城市可采用这种模式,以增加企业的效益。

2. 外包模式

外包模式是指物流企业把自己的一部分或全部业务以某种契约或合同的形式外包给从事配送业务的企业。它的优势在于由于企业自身减少服务网络建设的投资规模,降低配送中心的运营成本。但是物流企业本身也会把一部分利润分配给了其他企业。

采用这种方式有利有弊,所以企业应该充分权衡利弊之后,再决策是否采用这种方式。一般来说,在业务量不大的地方建议采用这种方式,虽然把一部分利润分配给了其他企业,但由于产生的效益小于拓展自营配送网络的投资,并且有利于企业将有限的资金和资源集中化利用,因此这种方式在一些情况下对企业而言可以成为优先选择。如中铁快运,在一些配送量较低的地区采用这种模式,把一些偏远城市的配送业务外包给当地其他从事配送业务的企业,虽然把一些利润与其他企业分享,但是总的来说还是增加了经济效益。

3.2 经营网络的规划与建设

3.2.1 经营网络的概念

经营网络是物流网络化的一种表现形式,是服务网络的重要组成部分,其由多个具有业务承办能力的经营网点组成,构建了整个服务网络中服务起始环节的重要节点。同时这些经营网点之间又兼备了协同作业的功能,是整体网络布局最优化的重要保障。

3.2.2 物流企业经营网络的特点

1. 一般物流企业经营网络

由于一般物流企业服务的客户数量有限,导致其货源货流相对固定,其经营网络的规划是为了一个或几个客户量身订制的,目标客户的集中度较高。在生产经营过程中,通常是以物流中心作为经营网点。如图 3.11 所示,处于同一地区的 A、B、C 三家工厂是生产企业 M 的上游供货商,物流企业在进行经营网点 L 选址时,只针对这三家工厂的供货量,综合考虑服务质量、运输成本、设施建设成本等因素进行选址方案的制订。

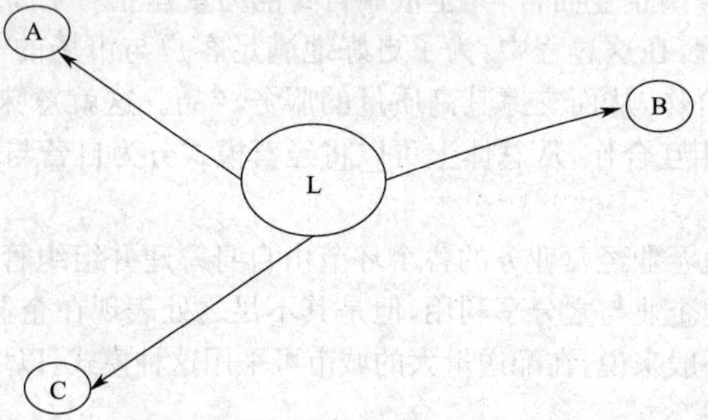

图 3.1 物流企业经营机构选址示意图

由于物流企业客户群体的特性,客户需求通常相对稳定,一般情况下,客户需求是可以提前预知的,同时在供应链管理中通过合理的库存管理在一定程度上降低了由于运输延迟给企业带来的风险,由此物流企业在向目标客户提供服务时往往计划性较强,通过合理的计划力求实现"JIT(Just In Time,准时生产)"的服务模式,强调提供服务的稳定性。

由于上述原因,物流企业在对经营网络进行规划时需要遵循以下几项基本原则:

(1)物流成本最小

由于物流企业的目标客户可变性较小,客户需求相对固定,客户的物流需求由其产品的销售需求主导,经营网络根据客户需求的变化进行调整,而不会对客户的物流需求产生根本的改变。因此物流企业在进行经营网络规划时通常把物流成本作为一项重要考虑因素进行规划方案的制定,力求通过合理的经营网络规划,降低物流成本,提高目标客户的市场竞争力,同时增加自身利润。

(2)最大化满足客户个性化需求

由于不同的生产企业在经营活动中原料采购、流通加工、批发零售等各个环节呈现多样性与特有性，其物流需求的个性化程度较高。物流企业所服务的这类客户通常需要定制化物流服务来配合其生产经营活动的进行，这也是生产企业选择物流企业作为供应链服务者的主要原因。因此最大化满足目标客户的个性化需求是物流企业在进行经营网络规划时应考虑的主要目标。

(3)保证服务稳定性

生产企业生产经营活动的进行需要各个环节紧密衔接作为保障，单一环节的衔接出现问题就会对企业的整体生产经营环节产生不利的影响，因此在经营网络规划时要充分考虑规划方案是否能够保证物流企业提供服务的稳定性。通过经营网络合理的规划，可以在一定程度上降低客户企业与自身生产经营的风险。

2. 快运物流企业经营网络

与一般物流企业不同，快运物流企业的目标客户构成中，通常拥有数量庞大、分布区域较为广泛的零散客户，这类客户往往需求规模较小，分布较为分散，因此快运物流企业在经营网络规划时，多数情况下的目标客户是以区域为单位的，而不像一般物流企业是以点为单位的。通常快运物流企业会在建立物流中心的基础上建立多个更小规模营业网点，以便更好地贴近市场、更好地满足客户需求。如图 3.2 所示，快运物流企业 K 的目标客户分布于某城市的 A、B、C、D 四个地区，其中 A 地区规模较大，快运物流企业 K 在进行经营网络规划时需要充分考虑这四个区域内客户的整体需求情况，并依据客户要求的响应时限、网点服务能力等影响因素进行经营网点布局的规划。

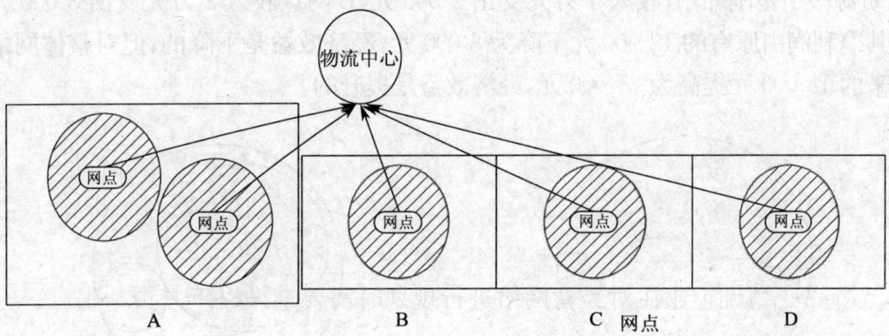

图 3.2　快运物流企业经营网点分布示意图

(1)保证快速响应

快运物流企业的客户群体具有多样性与可变性的特征，客户需求具有一定的随机性。因此快运物流企业通常无法像一般物流企业一样预知客户需求，无法事先制定服务计划。由于客户需求的随机性，客户对快运物流企业服务响应时限要求也较高。在上述图 3.2 的例子中，A 地区客户分布较为密集，区域范围较大，在类似这样的区域布设多个经营网点就是为了保证对客户服务的快速响应，缩短上门时间，提高服务质量。

(2)维持供需平衡

供给和需求是经济学中最基本的经济概念。供给是指生产者愿意并且能够提供出售一定数量的商品，需求是指有支付能力的那部分需求。当供给和需求相等时，市场便达到了平衡，否则就会出现供大于求或供不应求。一般物流企业客户的服务需求具有较强的可预知性，并且为了给客户降低经营风险，在经营网络服务能力设计时通常留有适当的余地，因此其经营网络的服务能力与客户需求可以保持高度的一致。而快运物流企业的经营网络建设是先行式的，因此在进行经营网络规划时应在可能的范围内保证其服务能力与市场需求相一致，避免出现因供给不足导致损失市场份额，使服务质量下降或因供给过剩导致资源浪费的情况出现。

(3)追求整体效益最大化

效益最大化是快运物流企业追求的首要目标。与一般物流企业不同，快运物流企业经营网络的建设是先行于既有客户的需求，因此在一定程度上存在着收支不均衡的风险。效益的大小由成本和收入两方面组成，效益最大化的原则就是在保证高收入的条件下，实现低成本经营。对收入和成本因素的考虑不能局限于一个或几个经营网点的核算，应考虑经营网点调整后对整体网络布局的影响，并且在一些情况下，单个网点的效益目标与整体网络的效益目标是不一致的。如图 3.3 所示，某区域内原有一个快运物流企业经营网点 A，每月收入 2 万元，支出经营成本 2 000元，经营网络调整后增加一个规模较大的经营网点 B，使得该区域内服务响应速度与服务能力得到提升，从而吸引了部分潜在货源。两个经营网点每月共收入 3 万元，支出成本 5 000 元，其中 A 网点货源吸引范围缩小，收入 1 万元支出 2 000 元，B 网点收入 2 万元支出 3 000 元。对 A 网点来说其净利润由原有的 18 000 元下降为 8 000 元，经济效益是下降的，但对整体网络来说净利润由原来的 18 000 元提高为 25 000 元，经济效益是提升的。

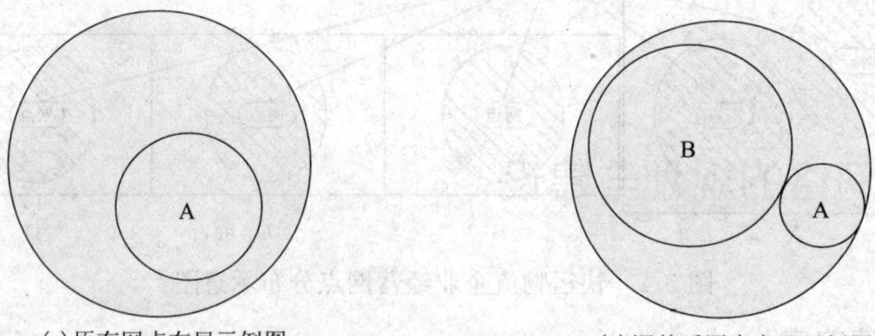

(a)原有网点布局示例图　　(b)调整后网点布局示例图

图 3.3　网点布局调整示例图

3.2.3　经营网络规划模式

企业处于不同的发展时期通常都有不同的目标，经营网络规划作为实现物流企业目标的一个基础条件，对企业的发展具有重要意义。在企业自身不同的发展阶段，对于经营网络一般可以采取不同的规划模式，即经营网点新建模式和经营网点的调整模式。

1. 经营网点的新建模式

随着自身经营不断的发展，有时会自然地产生扩大经营范围的需求，在网络规划中，这种需求主要体现在对市场空白区域的填补上。处于初期发展阶段的物流企业一般采取这种模式，以完善服务网络功能，提高经营网络的市场覆盖率，通过经营网点的新增迅速增加经营效益、提高服务质量。

2. 经营网点的调整模式

对于已经完成初期发展的快运或物流企业而言，其经营网络覆盖结构已基本构成，此时新建经营网点的方式能够为企业带来的效益相对有限，过多新建网点还有可能带来成本增加从而导致效益下降。因此企业需要根据市场或客户需求的变化对经营网络进行必要的调整，才能优化现有的网络布局，以寻求进一步发展。其调整方式主要有以下几种：

(1)合并

合并方式主要适用于布局不合理、但还有改进空间的网点或是在与竞争对手的竞争中处于劣势的经营网点。通过与优势网点进行合并，以集中客户、集中资源，优化管理，降低成本，提高效益和竞争能力。

(2)撤销

撤销方式主要适用于布局错误、市场资源严重不足或是在竞争中被彻底淘汰的网点。这样的网点对企业来说是一种负担，尽早采取措施进行撤销，有利于企业的长远发展。

(3)迁建

迁建方式是基于空间角度的网点重新布局措施，旨在通过重新布局，使某一区域快递供给能力更好地满足对快递的需求。

本质上与合并和撤销没有区别。

3.3 配送网络的规划与建设

3.3.1 配送网络规划的含义

物流配送网络是指物流活动在终端配送过程中相互联系的组织与设施的集合，其通过配送中心与其他网络的配合，进行货物的集中分拣和送货活动，可实现定制化的“门到门”服务，可以反映能够送货的区域范围。配送网络由若干个星形拓扑结构构成，各星形结构的中心节点根据端点信息通过运输线路配送货物，而且各拓扑结构之间不是孤立的，而是紧密相关的。

3.3.2 配送网络规划的意义

1. 降低物流成本

与运输网络的产品储存功能类似，配送中心可以提供更稳定、成本更低的静态仓储功能。在没有配送中心的情况下，供货商只能通过直送的方式进行送货服务，如图 3.4 所示，n 家供货商分别向不同地区的 k 个客户供给产品，每完成一次供货需要进行 nk 次送货。如果更改供货方案，增加一个配送中心，采用由配送中心集中配送的方式，如图 3.5 所示，总计需要 $n+k$ 次送货，当 $n>2$ 且 $k>1$ 时，相比来说后者需要的送货次数比前者更少，可以有效地降低物流成本。

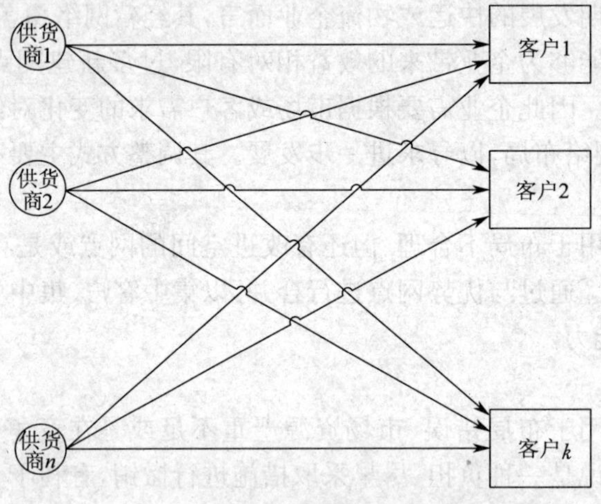

图 3.4　直接配送方式

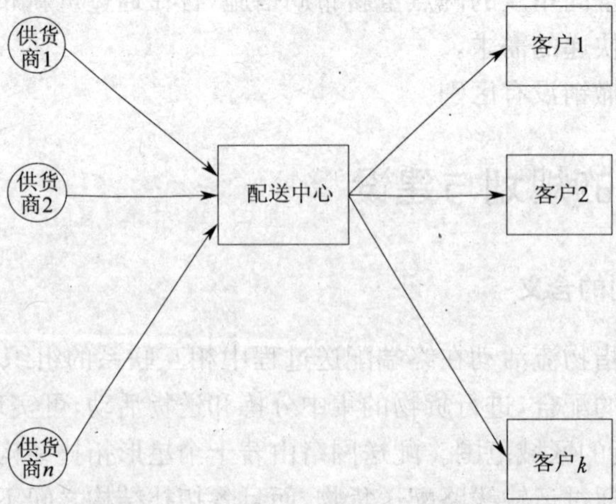

图 3.5　配送中心集中配送方式

2. 提高服务质量

物流企业的服务质量表现在顾客响应时间、产品多样性等几个方面。顾客响应时间指从客户对产品订货开始到收到产品的时间间隔;产品多样性指的是客户可以从配送点得到的产品的种类或者产品组合的种类。配送网络规划将降低顾客响应时间,提供多样性的运输服务,从而提高了物流企业的服务质量,增加顾客对物流企业的满意度。

3. 有利于服务网络整体性的优化

配送网络是服务网络的重要组成部分,是服务网络的子网络。配送网络在发展中要服从服务网络发展,不应该脱离服务网络的目标。因此,配送网络的发展完善了服务网络,促进了服务网络的发展,优化了服务网络,使服务网络产生更大的效益。特别是,对于快运企业来说,由于其网络发展对客户需求具有拉动作用的特性在配送网络规划中体现的较为明显,因此在考虑网络整体运作优化的同时还需考虑对企业经营效益的贡献。

【例 3.1】 2006 年中铁行包快递有限责任公司与原中铁快运合并重组,覆盖全国 200 多个大中城市的 600 多个经营性营业部及网点、68 个直管站营业部、400 多个行包代办点,构成了公司的总体经营网络;覆盖全国 330 城市及地区的 91 个车站所在地区、141 个无轨地区、98 个周边配送地区构成了公司总体配送网络。经过对市场环境、客户需求及行业发展分析发现,当时以铁路沿线为主的经营网络发展模式与区域经济发展不匹配,在部分经济较发达地区市场份额低、甚至形成市场空白区域。同时随着客户对服务要求的提升,现有配送网络难以满足客户业务拓展的需求。快速拓展与完善经营网络,提升网络运行管理质量,发挥和延伸铁路运输辐射能力与服务功能成为一项紧迫的任务。

经过几年的发展,中铁快运通过广泛调研、试点和总结,在网络发展与管理模式、代理经营网点发展与管理等方面进行了创新性实践和积极尝试,公司经营与配送网络得到迅速拓展与扩充。至 2011 年,公司根据货物流量流向与集结地运作便利性特征形成了以郑州、沈阳、哈尔滨、济南、徐州、上海、鹰潭、武汉、长沙、广州、南宁、昆明、成都、西安、兰州、西宁、乌鲁木齐为主要节点的便捷运输网络,以黄村、圃田、哈尔滨、艮山门、大朗、株洲北、棠溪、新筑、吴家山、乌鲁木齐东、兰州、拉萨西、八里、新筑、胶州等为节点的大宗货物运输网络。发送办理城市从 223 个发展到 675 个(含部分县、区),有效地提高市场占有率,填补了经营网络中市场空白区域。配送网络覆盖 900 多个城市地区,基本实现了全国范围内地、县级城市覆盖。图 3.6 为中铁快运 2007～2010 年随着配送网络不断完善,无轨与周边城市配送服务拉动其他地区经营收入情况的示意图。从图中可以看出,随着配送网络覆盖率的提高和配送范围的扩大,无轨与周边城市拉动的经营收入也逐渐提高,这也正是快运企业服务网络对客户需求的推动作用的实际体现。

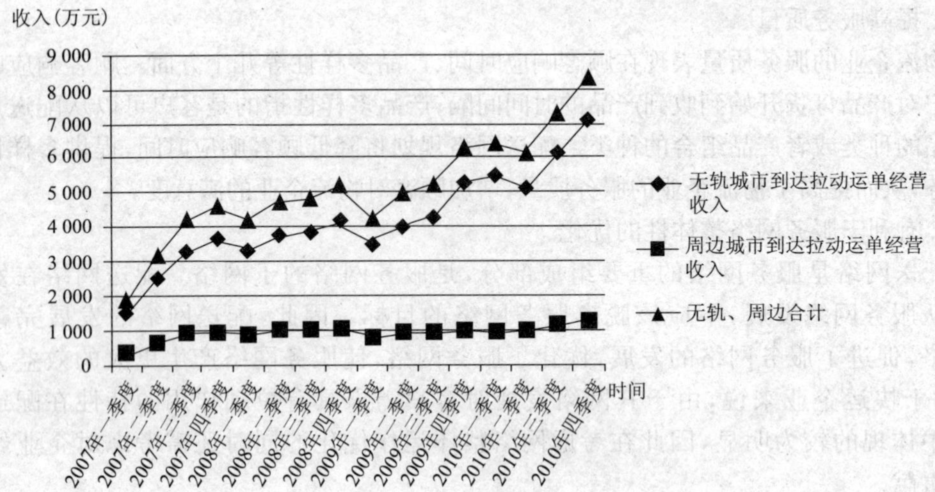

图 3.6　无轨与周边城市拉动经营收入示意图

3.3.3　配送网络规划的内容

配送网络规划可分为两个层面进行：一是对配送网络整体结构的设计，确定企业战略目标及自身定位；二是对集中分拣货物的配送中心进行选址规划。

1. 配送网络结构设计

配送网络结构设计在战略层面上决定了物流企业仓储与配送的组织效率和运营成本。同时配送网络结构的类型决定了处于各个不同层次配送中心的职能，对物流中心的选址方案、建设规模等起到了指导作用。一般来说，按照配送网络包含层级的不同，可以将其结构分为单层次配送网络结构和多层次配送网络结构两种类型。

(1)单层次配送网络结构

单层次配送网络结构是指由一级配送中心直接向终端客户提供配送服务，各配送中心通常是独立作业，当货物需要在不同区域间进行调拨时，由各配送中心之间直接进行货物调出或调入的作业。同时，由于各配送中心服务区域相对较小，在网络布局发生变化时进行优化调整难度较小。这种结构主要适用于企业资源和客户群体比较分散或处于发展初期的企业。一般情况下此类配送网络结构更适用于快运企业。

(2)多层次配送网络结构

多层次配送网络结构由两个或两个以上的层级组成，这种经过多级配送中心的作业，最终由最基层的配送中心完成向终端客户的配送。这种网络结构可以在一定程度上减少大规模库存所耗费的成本。同时，其在管理与组织上由多个层级构成，便于联合作业。但这种网络结构中处于高层级的配送中心建设规模大、成本高，在网络布局发生变化时无法轻易做出优化调整。因此多层次配送网络结构多使用于企业资源比较集中，配送服务需求量较大的情况。一般情况下，此类配送网络结构更适用于物流企业。

2. 配送中心选址规划

配送中心是一种多功能、集约化、全方位服务的货物配送设施。在物流系统中，合理的配送中心选址方案不仅可以有效地节省费用，还能够保证物流系统的平衡发展。

配送中心选址的目的是为了提高物流系统的服务质量，降低成本，最大限度地增加物流系统的经济效益。合理的选址不仅能够减少货物运输费用，还由于城市中不同地点的地价差别很大，合理地选择配送中心地点将在一定程度上减少配送中心的建造成本。

影响配送中心选址的因素众多，按不同的视角可以分成不同类别的影响因素。本节主要从宏观和微观角度分析影响因素。

(1)宏观影响因素

① 政策因素。配送中心的选址应符合国家的法律法规要求，其选址应该在国家法律法规允许的范围之内，符合国家对物流设施标准、工人劳动条件、环境保护等条件的要求。物流配送中心的建设首先需要使用土地，而城市土地的使用都有其用地规划，因此物流配送中心选址必须在土地使用规划允许的地方选择，同时，还要符合国家、城市的相关政策如环境保护、车辆流控制等，即应尽量选在远离城市中心区的地方。

② 自然环境因素。物流配送中心是物流系统中的货物集散、储存、包装、分拣地，其储存的货物较多、时间较长，因而选址时应该充分考虑配送中心的气候、水文、地质、地形、地貌等自然条件，以免因为自然因素的限制影响物流配送中心的正常运行。

③ 经济社会因素。配送中心的选址应该充分考虑经济社会发展发挥的作用，应该紧密结合经济社会发展的趋势，与经济社会协调发展，使配送中心更好地生存、发展。

④ 交通因素。物流配送中心的主要功能是储存货物与货物配送，其功能是依赖各种运输方式及时、准确地将货物送交顾客来实现的。运输成本是选址的主要决定性因素。物流配送中心选址时，首先要保证具备方便的交通运输条件；其次需要考虑是否接近原材料供应地，是否接近消费市场，是否接近大型企业，是否具备完整的道路运输网络，是否靠近货运枢纽，同时应注意到运输费率随着距离的增加增幅下降等问题。

(2)微观影响因素

① 库存费用。货物储存在物流配送中心，需要占用流动资金，保管会产生费用，库存费用增加的运营成本也不容忽视。因此，要考虑库存费用对配送中心选址的影响。

② 库存运营费用。配送中心的库存运营费用增加了物流成本，由于在物流过程中，产生的费用较大，要注意库存运营费用对物流中心选址的影响。

③ 运输费用。货物从物流配送中心到达用户需求点，运输过程需要费用，如果配送中心与需求点之间达到最优，则能够降低运输费用，进而降低整个物流成本。

3.4 物流设施选址的方法

3.4.1 设施选址的概念

服务网络的规划选址从本质上来说是一个在合理的区位建立经营网点的过程，因此在理论上可以抽象为设施选址问题。设施选址是指运用科学的方法决定设施的地理位置，以达到其与整体网络有机的结合，有利于企业经营目的的实现。由于服务网络具有层次性，因此设施选址的过程可分为以下两个层面逐步进行：

1. 区位的选择

区位的选择就是选择什么样的地区，如选择沿海地区还是内陆地区，东北地区还是西北地区，在东北地区中选择哪个城市等等。区位选择属于宏观网络层面上的规划。

2. 地址的选择

地址的选择是在已选定的区位内，选择合适的地址进行一个或多个设施的建设。地址选择的目的是在保证实现整体目标的基础上，使局部网络布局进一步优化，从而达到优化整体的效果，其过程属于相对微观网络层面上的选择。

3.4.2 设施选址的意义

对单一物流企业而言，设施选址对企业经营收入、经营成本、运输成本和服务质量都有着重要的影响。如图 3.7 和图 3.8 所示，随着设施数量的增加，运营成本会不断提升，同时服务质量也随之提升，运输成本随之下降。考虑到固定成本和整体运作等方面的因素，设施选址方案一旦确定一般就无法轻易改动。所以在进行设施选址时，需要充分考虑多方面因素的综合影响，谨慎决策。

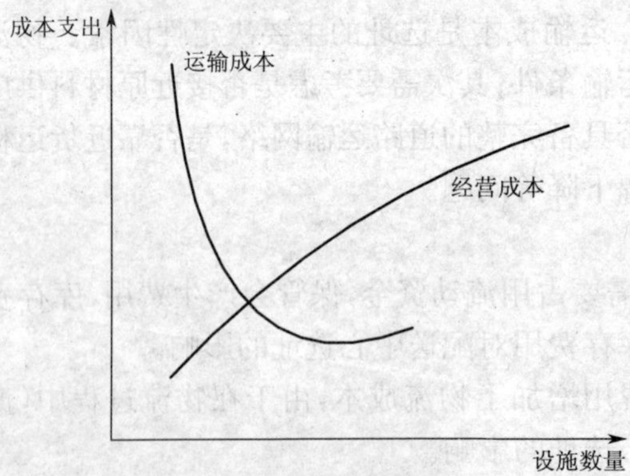

图 3.7 设施数量与经营成本、运输成本之间的关系

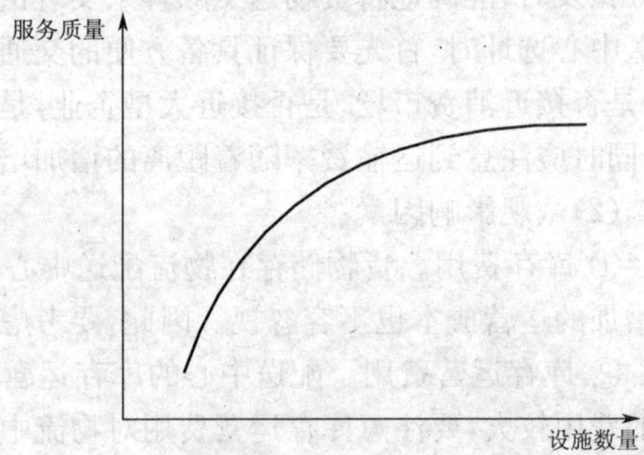

图 3.8 设施数量与服务质量之间的关系

3.4.3　设施选址的影响因素

1. 区位选择的影响因素

(1)物流需求

物流需求是物流企业建设物流服务设施的基础，是支撑物流设施运作的根本。物流需求的大小在很大程度上决定了服务网络规划的方案和实施方法。对物流需求量的测算需要通过物流需求预测来实现。

物流需求预测就是利用历史的数据和市场信息对未来的物流需求状况进行科学的分析、估算和推断。其意义在于指导和调节物流企业对经营活动的管理和规划，使物流企业根据需求预测的结果合理地配置有限的资源，以期最大限度地降低投资风险和获得最大收益。

物流需求预测的方法可以概括分为定性预测和定量预测。定性预测常用的方法包括专家打分法、Delphi(德尔菲)法、估算法等，主要通过相关专家的意见对区域物流需求进行定性的主观预测。定量预测主要采用时间序列法，主要根据一定数量的历史数据样本，利用数学和统计模型作为预测工具，将历史变化的趋势映射到未来，从而进行定量的客观预测。

(2)运营成本

运营成本是经营设施投入生产后所产生的必要支出，包括人工成本、固定设备成本、运输消耗成本、财务成本等。运营成本需要根据企业自身的经营特点和实际情况进行相应的财务核算，其意义是在进行经营收入预测的基础上，计算设施投放为企业带来的净利润，为经营网络规划的决策提供必要依据，力求以最小的运营成本取得最大化经济效益。

(3)网络整体性

需求预测和成本测算为经营网络的规划提供了理论依据，其遵循的是最小运营成本取得最大化经济效益的原则。对于物流企业而言市场的竞争是广泛存在的，这种原则需要在充分考虑网络整体性的基础上执行，不能片面追求成本最小而导致客户流失使服务网络整体经济效益受损。

(4)设施建设可行性

在进行设施选址时，需要考虑设施本身的建设可行性，如在我国偏远的西藏地区进行经营网点建设时往往受到人员不足的限制，即使设备采购到位也因为操作人员迟迟不能到位，无法使经营网点投入运营。在进行规划时就要充分考虑设施建设的可行性因素，避免制定网络规划方案后无法实施的情况出现。

2. 地址选择的影响因素

(1)市场资源的分布

对物流企业而言，物流设施的地址离目标客户越近往往决定了服务时限的缩短，有助于提高服务质量，有利于市场竞争力的提升。在实际操作中，一些客户对服务时限要求较高，客户往往会联系多家物流企业，依据服务响应时限选择物流供应商，因此市场资源的分布情况是决定地址选择的一项重要因素。

(2)运营成本

在地址选择时，运营成本包括固定设施成本和运输成本。在制定设施选址方案时充分考虑成本因素，一方面可使企业的经济效益趋于最大化，另一方面可使企业在市场竞争中形成一定范围内的价格优势。同时，运营成本的降低还可以为企业释放更多的资金空间，使企业有能力增加对各类增值服务项目的投资，增加企业的综合竞争力。

(3)交通便利性

在物流设施的实际运营过程中，交通便利性是影响物流服务效率的重要因素之一。交通运输的不便将直接影响车辆作业的进行。因此，必须考虑交通的运输通路及其便捷性以及未来交通与邻近地区发展状况等因素。

3.4.4 设施选址方法

目前对于设施选址方法的研究，按照研究方式的不同可以分为定性研究方法与定量研究方法。定性研究方法主要是通过相关专家对设施选址具体问题的综合分析，得出结论，是一种主观性较强的分析方法。定量研究方法主要是依据物流费用或物流成本最低的原则，建立数学模型，求解获得最佳选址方案，根据影响费用因素的简易与复杂程度，形成多种类型的选址模型，通过模型的求解得出结论，是一种客观性较强的方法。

1. 定性研究方法

(1)专家打分法

专家法打分法是根据当前配送中心规划的方案，邀请这方面的专家，通过会议的形式，对几个待选配送中心进行综合评价，展开讨论，做出判断，最后综合专家的意见，做出决定。这种方法可以集思广益，较全面地集中各方面的意见得出结论，从而较快地做出配送中心选址的决策。但受到参与人数的限制，且主观性较大，若待选配送中心数量及各项指标达到一定规模后，专家法有可能会做出偏差较大或是错误的决策。这种方法适用于规模较小且各项指标量化明确的配送中心选址问题。

(2)Delphi 法

Delphi 法是由美国兰德公司于 20 世纪 50 年代初发明的，最初用于预测，后推广应用到决策中来。此法是专家法的发展，是一种向专家进行调查研究的专家集体判断。Delphi 法是一个多次反馈的过程，以匿名的方式通过几轮咨询征求专家的意见，每一轮都把上轮的各位专家的意见进行整理并分发给所有专家，以便他们参考后修改自己的意见。收集意见和信息反馈一般要经过三至四轮，直到每一个专家不再改变自己的意见为止。

2. 定量研究方法

(1)单设施选址

单设施选址模型较为典型的研究方法是重心法。重心法是一种简单的模拟方法。该方法将物流系统中的需求点和资源点看成是分布在某一平面范围内的物体系统，将各点的需求量和资源量分别看成是物体的重量，将物体系统的重心作为物流网点的最佳设置点，利用求物体系统重心的方法来确定设施的位置，此方法多适合单一设施选址问题的研究。其建立基础模型的步骤如下：

步骤 1　确定区域内有 n 个客户 $P_1,P_2,\cdots,P_n$，其平面坐标点为 $P_i(x_i,y_i)$，确定其物流需求量为 W_i，其单位量、单位距离运输费用为 Q_i。

步骤 2　假设设施 P_0 建设位置为 (a,b)。

步骤 3　定义客户位置 $P_i(x_i,y_i)$ 与设施位置 $P_0(a,b)$ 之间的距离为：

$$d_i(P_i,P_0)=[(x_i-a)^2+(y_i-b)^2]^{\frac{1}{2}} \tag{3.1}$$

步骤 4　确定并求解目标函数：

$$\min\sum_{i=1}^{n}Q_i d_i W_i=\min\sum_{i=1}^{n}Q_i W_i[(x_i-a)^2+(y_i-b)^2]^{\frac{1}{2}} \tag{3.2}$$

(2)多设施选址

多设施选址是指同时规划多个物流设施来满足客户的物流服务需求。其根据具体需要有集合覆盖模型、聚类模型、计算机仿真模型等。以集合覆盖模型为例，其建模基本步骤如下。

设 N 为区域中的需求点集合，$N=\{1,2,\cdots,n\}$；M 为区域中设施建设可选点集合，$M=\{1,2,\cdots,m\}$；d_i 为第 i 个需求点的需求量；D_j 为第 j 个设施建设点设施的服务能力；$A(j)$ 为设施节点 j 所覆盖需求点 i 的集合；$B(i)$ 为可以覆盖需求点 i 的设施点 j 的集合；x_j 表示在 j 点建立设施；y_{ij} 表示需求点 i 分配给设施点 j 的部分占 i 点需求量的比例。

其数学模型可表示如下：

$$\min\sum_{j\in M}x_j \tag{3.3}$$

$$\text{s.t.}\begin{cases}\sum\limits_{j\in B(i)}y_{ij}=1, i\in N & (3.4)\\ \sum\limits_{j\in A(j)}d_i y_{ij}\leqslant D_j x_j, j\in M & (3.5)\\ x_j\in\{1,0\}, j\in M \\ y_{ij}\geqslant 0, i\in N, j\in M\end{cases}$$

公式(3.3)表示使设施的数目最小，公式(3.4)表示所有需求点都被覆盖到且需求都被满足，公式(3.5)表示每个设施的服务能力满足需求点相应的需求。

3. 设施服务范围调整

一个多物流设施网络建成之后，不仅要进行设施选址，更要随着各种条件的变化调整其服务范围，由于用户及其需求可能发生很大变化，此时需要对这个网络进行布局调整，重新分配各物流设施的服务范围及任务量，从而对整体服务网络进行优化。

其基本思想是以线性规划的方法为基础根据某个区域中的各个物流设施的能力及各个用户的需要量、各物流设施与各用户之间的运输价格表来安排物流的任务，使得该区域的总运输成本最小。求解线性规划模型的方法很多，常采用表上作业法、利用最小元素法和伏格尔法确定初始基可行解，再用闭回路法和位势法对它进行检验，在闭回路上进行方案调整，并计算出调整后的运费变化。重复以上过程直到调整出的总运费最小，就得到最优解。此种情况线性规划法属于精确式算法，能获得精确最优解。线性规划的不足之处主要在于对一些复杂情况很难建立合适的规划模型，或者模型太复杂，计算时间长，难以得到最优解，还有些时候得出的解虽然是最优解，但在实际中不可行。

问题的一般描述：m 个配送中心向 n 个需求点供货；a_i 表示配送中心 i 的配送服务能力，$i=1,2,\cdots,m$；b_j 表示客户 j 的需求量，$j=1,2,\cdots,n$；c_{ij} 表示从配送中心 i 向客户 j 运送单位产品的配送运输费用；x_{ij} 表示从配送中心 i 向客户 j 运送产品的数量；运输问题的线性规划就是如何分配工 x_{ij}，使总的运输费用最少，运输法的数学模型如下：

目标函数：
$$\min Z=\sum_{i=1}^{m}\sum_{j=1}^{n}c_{ij}x_{ij} \tag{3.6}$$

$$\text{s. t.}\begin{cases}\sum_{i=1}^{m}x_{ij}=b_j\\ \sum_{j=1}^{n}x_{ij}=a_i\\ x_{ij}\geqslant 0\end{cases} \tag{3.7}$$

4. 对设施选址方法的评述

设施选址方法根据不同需要进行数学建模，其方法是多种多样的，这里只列举了比较有代表性的基础模型。设施选址通过数理分析为企业网络规划的决策提供了依据，在制定网络规划方案中起到了重要作用。但同时这些选址模型也存在一定的局限性，无论是单设施选址问题还是多设施选址问题，设立模型的基础均为运输成本最小，而在实际操作过程中有诸多因素是需要综合考虑的，其中有些因素可以量化并通过模型和算法的改进优化选址方案。

如在单设施选址问题的实际应用中需求点与设施点之间的距离并非直线，其与运输线路的选择和交通径路的便利性等都有着密切的联系，这时可以加入一个转换因子 k 来转换直线距离与实际距离，其改良公式如下。

$$\min\sum_{i=1}^{n}Q_id_iW_i=\min\sum_{i=1}^{n}Q_iW_ik_i[(x_i-x_0)^2+(y_i-y_0)^2]^{\frac{1}{2}} \tag{3.8}$$

同时也有一些因素无法量化地体现在选址模型中。如在多设施选址模型中，某一区域计划进行市政改造，或某个城市需进行宏观产业机构调整等等，类似的因素在现有的研究成果下，很难以量化的形式反映在数学模型中，考虑这些因素时更多需要根据实践经验进行判断。

3.5　运输网络的规划与建设

3.5.1　运输网络规划的概述

无论是对经营网络的规划还是对配送网络的规划，都属于对物流节点的规划问题，各物流节点之间需要有效的衔接才能构成一个有机的整体，才能形成真正意义上的服务网络。对运输网络的规划就是对“点”与“点”之间“线”的规划。运输网络规划的研究内容主要包括运输方式的选择和运输线路的选择两个方面。

3.5.2　运输网络的功能

1. 产品的转移功能

产品由原材料的采购开始直至终端的成品销售在产业链中流通的整个过程中，运输都是必不可少的部分。运输的主要功能是帮助产品在产业链中来回移动，帮助产品在流通过程中提升价值。

2. 产品的储存功能

对产品的临时存储是运输网络的重要功能之一，运输过程的本身就可以看做是一种动态的仓储。并且在仓库存储条件受限的情况下，利用运输工具存储也可能成为一种可行合理的选择。如某货物需要冷藏保存，当到达地冷藏仓库处于满仓状态下，可令其冷藏运输车在到达地暂停承担运输职能，作为临时仓储点承担储存功能。从本质上来说利用运输工具进行仓储是一种较高成本的方式，但在某些特殊情况下考虑到装卸成本、货物损失等因素时也有可能成为一种必要方式。

3. 物流节点的衔接功能

在整个服务网络中，如果没有运输网络进行衔接，那么各个物流节点之间都是孤立的，通过运输网络衔接起来，才能形成一个完整的网络。在传统物流中，运输承担实物转移和信息传递，在整个服务网络中发挥着核心作用。现代物流中运输网络与信息网络并行实现服务网络的衔接，前者侧重于实物衔接，后者侧重于信息衔接。运输网络与各运输方式物流节点衔接形式如图 3.9 所示。

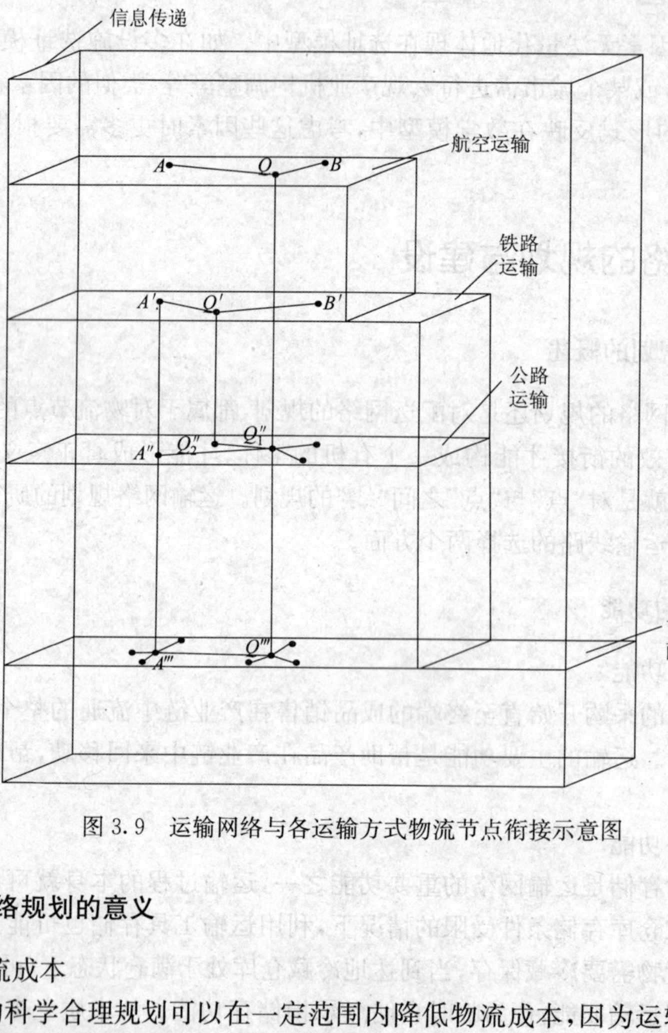

图 3.9　运输网络与各运输方式物流节点衔接示意图

3.5.3　运输网络规划的意义

1. 降低物流成本

运输网络的科学合理规划可以在一定范围内降低物流成本，因为运输网络是衔接物流节点的重要组成，所以通过合理的运输网络规划可以确保整个服务网络的运作成本最小化。

2. 提高服务质量

确保货物在规定时间到达规定地点是运输网络规划的核心目标，也是物流服务的核心目标，在运输过程中合适的运输速度是实现这一核心目标的保证。通常情况下运输速度越快这一环节的服务质量相对越高，但同时物流成本也会随之上升。如某客户在选择运输方式时有水路运输、铁路运输和航空运输三种选择，这三种运输方式运输速度依次递增，服务时限依次递减，服务质量依次提高。因此运输网络规划对服务质量的提高具有针对性、范围性和多元化特征，并不是简单的速度越快越好。在物流企业的实际经营中更多的是针对不同客户群体选择合适的运输方式，实现一种运输速度与运输成本的平衡。

3. 保持运输一致性

所谓运输一致性，是指在多次物流活动中进行某一特定运输任务所需的时间与计划的时间或前几次运输所需的时间是否一致。运输一致性是运输可靠性的反应，如果某个运输作业花费的时间变动弹性非常大，这种不一致性就会造成整个服务网络的不一致性，从而降低生产效率，影响到整个服务网络的运作。因此保持运输一致性是运输网络规划的一项重要任务。

3.5.4 运输方式及特点

基本的运输方式可分为铁路运输、公路运输、水路运输、航空运输和管道运输五种。其中前四种运输方式是物流企业所广泛应用的，在实际经营中各种方式往往并不是独立存在的，它们相互衔接、相互依存。每种运输方式都有不同的经济和技术结构，同时提供不同需求的服务，既有自身优点，同时也有各自的局限性。铁路运输、航空运输、水路运输和公路运输相互衔接共同组成了一个综合运输网络体系。

1. 铁路运输

铁路运输是我国货物运输的主要方式。它能提供长距离范围内的大宗商品的低成本、低能耗运输，其运输的经济里程一般在 200 km 以上。根据其运输组织方式的不同可分为整车编组模式和快捷货运方式。

(1)铁路运输方式的优点

①运能充足，可满足大量货物的高效运输。

②运输连续性强，由于运输过程受自然条件限制较小，因此运输过程不容易中断。

③安全性能高，由于采取轨道运输的方式，运行相对平稳。

④通用性能好，可运送多种不同类别的货物。

⑤运输成本低。

对于快捷货运，还具有以下优点：

①运输一致性高，由于铁路运输受自然条件限制小，并且班次具有很高的固定性，因此运输时限有较高的保证，运输一致性较高。

②运输速度快，由于无需进行编组作业，且多以直达或最少中转次数进行运输组织，因此运输速度相比整车编组的运输方式更快。

(2)铁路运输的缺点

①设备投入固定成本较高，变动成本相对较低，使近距离运输成本较高。

②由于设计能力相对固定，当市场运量变化较大时，难及时进行相应调整以便更好的适应市场变化。

③铁路运输装卸次数相对较多，在装卸环节发生货损的概率一般也偏高。

2. 公路运输

公路运输依靠规模巨大、分布广泛的道路基础设施体系，可以提供机动灵活、适应性强的运输服务。由于其变动成本现对较高，因此其经济里程一般不超过 200 km。

(1)公路运输的优点

①运输速度快。

②机动性高，可以选择不同的行车路线，灵活的制定运营时间表，所以服务便利，能够提供门到门服务，市场覆盖率较高。

③固定投资少，由于设立公路运输线路不需要投资者进行基础设施的建设，因此固定投资相对较少。

(2)公路运输的缺点

①变动成本较高，使其不适于长距离运输。

②运输能力小，其运输受容积限制较大，使其不能像铁路运输一样运输大量不同种类和大件货物。

3. 水路运输

水路运输使用船舶和其他航运工具，在江河、湖泊、运河、海洋上进行货物运载，在世界外贸运输中占有主导地位，在国际经济合作交流中起到纽带作用。与其他运输方式相比，水路运输受自然条件限制较大，经营范围必须依托于港口，但同时也有其他运输方式无法比拟的优势。

(1)水路运输的优点

①运载能力大。

②越洋运输时中转次数少，手续简便。

③运输成本低。由于其运营的变动成本和固定成本均较低，因此在各类运输方式中，水路运势是相对成本最低的运输方式。

(2)水路运输方式的缺点

①运输连续性低。由于季节、气候、水位等影响，经常出现延误运输或中断运输的情况，运输连续性较差。

②经营范围有限。船舶运输受其运输特点限制，必须依托于港口作业，因此经营范围相对其他运输方式较小。

③安全性低。航行风险较大。

④运输速度慢，是被广泛使用的运输方式中，运输速度相对最慢的一种。

4. 航空运输

航空运输主要指使用飞机进行货物运送的运输方式。这种运输方式对于运输时限要求较高或长距离货物运输来说，是比较理想的选择。

(1)航空运输的优点

①直达性高。因为空中运输不受地理自然条件的限制,因此航线多为物流节点之间的最短距离。

②运输速度快。可在一定程度上降低库存量。

③安全性高。随着航空技术不断的技术革新,安全性逐步增强,保险费率相对较低,尤其对于高价值货物,其可以节约大量物流成本。

(2)航空运输的缺点

①受气候条件限制,在一定程度上影响了运输一致性。

②运输成本较高,航空港的固定投入成本和飞机运营的可变成本均较高,使其运输成本相对高于其他运输方式。

③运输能力小,运输能耗高。

3.5.5 运输方式的选择

选择合适的运输方式是运输网络规划中的一项重要工作。运输方式的选择不仅包括对铁路、公路、航空、水运大类方式的选择,同时针对某一种运输方式不同的组织模式也要进行选择。如我们选择了公路运输的方式把一批 100 kg 的货物从 A 地运往 B 地,如果 A、B 两地相距 20 km,那么选择小型车辆直接运输是一种相对合理的运输方式,假如 A、B 两地相距 200 km,利用与其他货物混装使用大载重量的汽车进行干线运输会更合理。选择具体的运输方式时既可以选择单一运输方式,也可以选择多种运输方式相结合的多式联运。在进行运输方式选择时需要考虑以下几项因素:

1. 运输成本

对物流企业而言,通常运输成本占整个物流成本很大一部分,在可行范围内通过合理的运输方式选择降低运输成本是提高企业利润、增强企业竞争力的一项重要措施和行之有效的方法。

2. 运输速度

通常来说,不同物流需求的客户对物流时限的要求也不尽相同,在选择运输方式时应充分考虑对某一线路的规划是否能够满足现有客户或潜在开发客户的需求,避免出现因规划不合理而造成客户流失的情况。

3. 运输需求量

在进行运输方式的选择时,要综合考虑实际运输方式的运输能力与运输需求量之间的关系。如果现有运输方式的运输能力不能满足运输需求量就必须进行更为合理的安排,避免造成货物积压情况的出现。

4. 运输批量与密度

运输批量与密度的大小与物流服务质量有比较密切的联系。如在某运输网络中 A 地到B地的运输月需求量为1 200 t，选择的运输方式为铁路行李车运输，每日有一班次列车从A地开往B地，其行李车限制载重为40 t，运输在途时间为1 d，如果不考虑运输批量与密度的情况下，运输速度与运输能力均能满足客户需求，这样规划是合理的。但如果考虑A到B地的客户需求为每4 d发一批160 t的货物，则从接货开始，每批货物需要经过4～5 d才能完整的到达B地，才能够交付货物。如果采取另外一种运输方式，使用重载货运汽车运输，载重量为160 t，每2 d开行一班次，表面上看运输速度要低于铁路行李车运输，但实际上每批货物经过1～2 d就可以到达B地，服务质量实际是提高的。

5. 货物性质

由于各地经济情况与产业结构各有特点，因此地区输出产品种类也不尽相同，在进行运输方式规划时需要充分考虑这一因素。以笔记本电脑为例，虽然其高附加值和运输速度要求较高的产品属性使其更适合航空运输，但笔记本电池多为锂电池，属于航空运输的禁运品，因此在规划运输方式时就无法选择航空运输的方式。

3.5.6 运输线路的选择

通常在确定运输的起点和终点之后，往往希望在多条可供选择的运输线路中找到一条最短的路线来进行货物的运输，避免运输中存在对流现象与迂回现象，以便实现运输距离最短、运输费用最小等目标。

【例3.2】 已知某物流公司由于经营需要，计划开通A地到K地的运输线路，A、K两地之间可供选择的运输线路和各节点之间的距离如图3.10所示。如何选择从A地到K地的运输路线，使总路程最短？

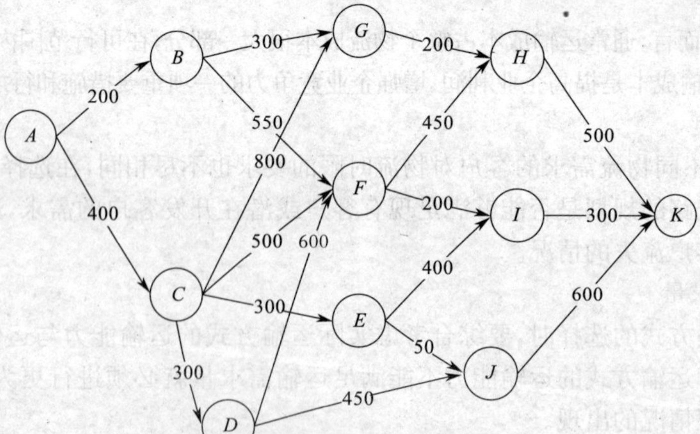

图3.10 A点至K点之间的路线

问题求解的步骤如下：

步骤1：从K点逆向推算。与K直接相连的有3个点——H、I、J。首先看H点，H点到K点只有一条运输线路，即有H直接到K，因此其就是最短线路，距离为500记为(H—K)500，同样方法可以得出(I—K)300、(J—K)600。

步骤2：再从F点开始，F点连接H和I两个点，由F点经H点最终到达K点的最短距离为(F—H)450＋(H—K)500＝(F—H—K)950；由F点经I点到达K点的最短距离为(F—I)200＋(I—K)300＝(F—I—K)500。因此得出F点到K点的最短距离为(F—I—K)500。同样的计算方法可得出G、E、D点到K点的最短距离，分别为(G—H—K)700、(E—J—K)650、(D—J—K)1 050。

步骤3：再从C点开始，C点连接G、F、E、D4个点。若从C点选择先经过G点再到K点的最短里程为(C—G的最短里程)＋(K—G的最短里程)，由于已知G点到K点的最短距离为700，因此C点经G点最终到达K点的最短距离为(C—G)800＋(G—H—K)700＝(C—G—H—K)1 500，同理可得C点经过D、E、F点的最短距离，分别为(C—D—J—K)1 350，(C—E—J—K)950，(C—F—I—K)1 000。可以得出C点到K点的最短距离为(C—E—J—K)950。同样的计算方法可以得出B点到K点的最短距离为(B—G—H—K)1 000。

步骤4：最后从起始点A开始，A点与B和C两个点相连，这两个点到K点的最短距离分别为(B—G—H—K)1 000和(C—G—H—K)1 500，由此可以得出(A—B—G—H—K)1 200和(A—C—G—H—K)1 350。因此从A地到达K地的最短运输路线为A—B—G—H—K，距离为1 200。

复习思考题

1. 物流企业进行网络规划的目的是什么？
2. 服务网络、经营网络、配送网络的区别在哪里？
3. 简述快运企业与物流企业服务网络的相同点和不同点。
4. 简述合理选址配送中心的方法。
5. 简述物流企业经营网络规划的主要方法。

4 物流企业客户服务

在竞争激烈的物流市场中，随着物流体系的不断完善，物流产品的日渐趋同，物流服务的内涵有了新的诠释，物流企业除了为客户提供专业化的运输、仓储等服务外，客户服务也成为其核心服务的延伸，被称为“服务中的服务”。良好的客户服务对提高物流企业服务水平、满足客户多方面的需求、提升客户重复购买服务的意愿、提高企业市场竞争能力和盈利水平具有重要作用。

4.1 物流企业客户服务的基础理论

随着物流市场竞争的日益激烈，越来越多的物流企业倾向由“物流活动”向“物流客户服务”经营理念的转变。从某种意义上讲，“客户服务”已经成为物流的性质，而一流的客户服务则是高水平的物流企业的标志。那么认知物流企业的客户服务的内涵、特点、内容以及物流企业客户服务的群体和群体的需求是开展物流客户服务的基础。

4.1.1 物流企业客户服务的概念、特点及要素

物流企业的客户服务具有区别于其他行业的特殊性，即物流产品本身就是服务，是为客户提供专业化性质的服务产品。而将物流产品本身之外的延伸服务称之为“服务中的服务”。客户服务能够提高物流企业服务产品的品质，存在于整个物流运作过程中，它可以使物流服务实现增值。

1. 物流企业的客户服务概念

根据综合客户服务的概念及物流服务的特殊性，可将物流客户服务的概念理解为附着于运输、仓储、配送等有形运作之上的无形过程，它的价值除了通过时间和空间效用来实现之外，还延伸到其他增值物流活动，为客户带来价值和提高运营效果。

因此，物流客户服务的定义为：物流企业为促进其产品或服务的销售，发展在客户与物流企业之间的互相活动的过程，该过程包括企业探寻客户期望、响应客户需求、提供增值服务、受理客户投诉及理赔、衡量客户服务绩效指标等，该过程促使客户满意最终实现产品及服务价值的增值。

【例 4.1】 成立于 1991 年的新兄弟物流公司，近几年来，就是凭借着雄厚的经济实力

和出色的客户服务，从运输行业中脱颖而出，发展成为物流百强企业与发展速度位居前列的民营企业。正是其公司成功的客户服务理念、服务内容和要求为企业的发展赢得了广阔的市场前景。其客户服务如图 4.1 所示。

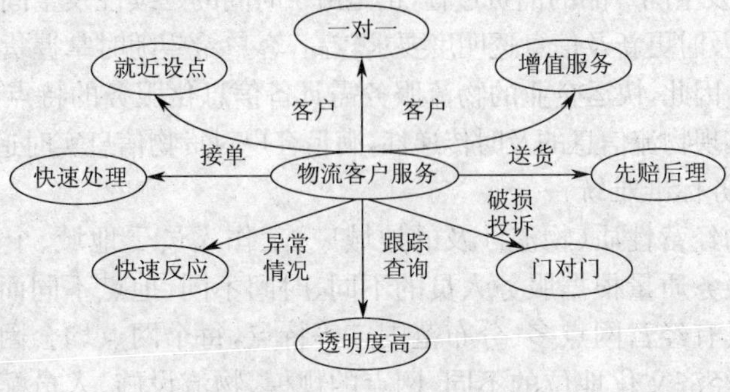

图 4.1 新兄弟物流公司的客户服务

2. 快运物流企业的客户服务特点

(1)时间敏感度高

物流客户服务行业中，客户对时间的敏感度较高，客户对运输的速度抱以货物尽快到达的过高期望，已经将原有的距离理论转变为到达理论，即不在意两地之间的距离有多远，只在意到达时间的长短。客户选择快运企业，主要的原因是快运企业的客户服务时效性强，能够满足客户"速寄速达"的需求。

(2)差异化服务特性

在物流行业的市场营销中，产品差异化及价格差异已经不是主要的竞争方式，而是将重点转向了服务的差异化，主要包括针对客户时间的需求，推荐合适的产品，根据客户发货的种类和地点，提供订制的运输方案，满足客户差异化的需求。差异化的服务特性已经成为快运企业提高市场竞争力的核心经营方式，快运企业往往结合客户的运输需求和客户的经济承受能力，提供合适的运输方案，推出"普通运输"、"快速运输"、"当日达"、"次日达"、"隔日达"等不同时效和价格的运输方案，满足客户需求。

【例 4.2】 Fedex 联邦快递公司的创始人史密斯察觉到人们对文件及小件包裹快递多元化的需求，于是创造了次早达、次日达、隔日达等多种小件邮包隔夜递送的业务。

(3)便捷化的服务需求较高

物流客户服务中，客户追求时间、质量的同时，对服务便捷性的要求较高，客户希望随时取件 、随地取件、提供包装、上门服务等便捷化的服务水平，满足客户一个电话服务全程到家的期望值。因此，快运企业均建立专门的客户服务中心，通过电话、网络等多媒体形式，受理客户需求和物流作业的统一调配，实现客户发货预约、上门取件、提供包装、货到通知、送货上门、投诉处理、货损理赔等，给客户提供最快捷方便的服务，降低物流服务过程中各项成本，满足客户便捷化的物流服务需求。

(4)对货物追踪信息的透明度要求较高

物流服务是时间及空间产品的消费过程，正是由于时间的延续性及空间的变化特性，使得客户对跟踪货物信息的及时更新及信息透明度要求较高，客户希望随时掌握货物状态，直到货物运达、正确交付后为止。因此，快运企业的物流服务需具备信息化服务的特点，提供全系统的信息共享经营网络平台，实现物流信息的及时传递性，满足客户对货物信息实时追踪的需求。

(5)物流客户服务标准难统一

由于物流企业的经营性质(物流涉及的地域广，工作人员受地域、个人文化等差异的影响)，使得物流客户服务质量根据服务人员的不同、时间不同、地点不同而产生差异。快运企业一般在全国范围具有经营网点多、分布范围广等特点，每个网点均会因定位(专营点、代理点)、地理位置、当地经济文化地位的不同，网点的规模、物流设施、人员配置而有差异。因此快运企业的客户服务标准难统一，也成了目前其客户服务方面比较明显的特点，故快运企业经营网点的服务标准化，统一作业水平，是提高企业形象和满足客户的基本要素。

3. 物流企业的客户服务要素

任何企业的产出都可以看成是价格、质量和服务的组合，客户服务包括从产品的可得率到售后服务等。物流客户服务是企业对客户的一种承诺，是企业战略的一个主要组成部分，渗透到整个企业作业的各个环节。

从物流服务的过程来看，根据美国凯斯韦斯大学巴洛(Ballou)教授提出的交易全过程论，可将物流客户服务划分为交易前、交易中和交易后三个阶段，每个阶段都包含了不同的服务要素，如图 4.2 所示。

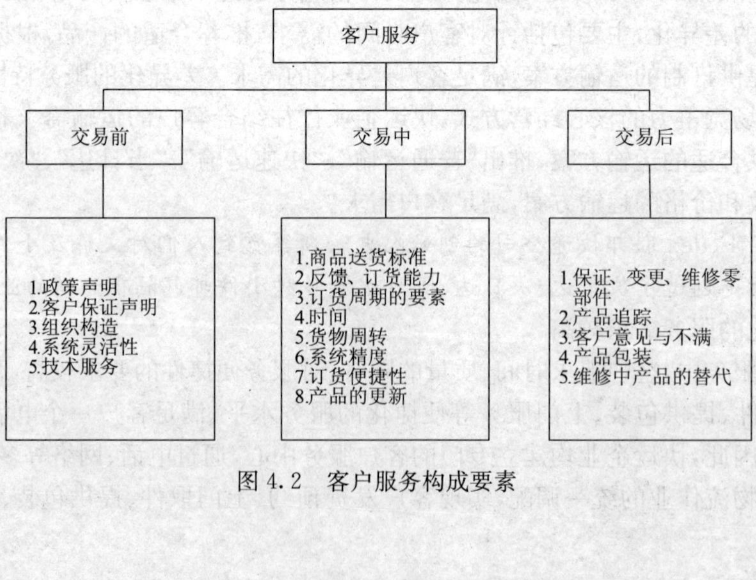

图 4.2　客户服务构成要素

(1)交易前要素

交易前要素是指在将产品从供应方向客户实际运送过程前的各种服务要素。它包括：制定服务指南、宣传客户服务政策(政策声明)；完善客户服务组织(组织构造)，使之能够按照客户的要求提供各种形式的帮助；客户保证声明；系统灵活性；技术服务说明等。

(2)交易中要素

交易中要素是指在从供应方向接受方运送产品过程中的各项服务要素，这些服务与客户有着直接的关系，并且是执行客户服务目标的基础，对客户满意程度具有重要的影响。它包括物流服务效率、系统精度、质量系统运作能力等方面的内容，来满足客户对运输速度、运输质量、方便快捷等方面的需求。

(3)交易后要素

交易后要素是指产品销售或运送后，根据客户要求所提供的后续服务的各项要素，如出现事故过失的补救(货物丢失破损的理赔或维修)、处理客户投诉、回访客户意见等。

4.1.2 物流企业的客户服务群体及需求分析

随着物质文化的提高，物流行业之间的激烈竞争，市场环境在发生着深刻的变化，客户需求也随之发生着变化，面对客户不断提高的需求，传统的经营方式已经不能令客户满意。俗话说“知己知彼，百战不殆”，物流企业为了保证市场的竞争实力，就需要及时地掌握市场动态，了解面向的客户群体，掌握客户需求，将实现客户需求、提供优质的服务作为企业经营理念的重中之重。

1. 物流企业的客户服务群体

物流企业的客户服务群体可以分为外延客户群体和内涵客户群体。外延客户群体是指市场中广泛存在、对企业的产品或服务有不同需求的个体或消费者；内涵客户群体是指企业所有的服务对象，可以包括公司内部成员、合作者等。从现代物流的角度分析，产品从供应商、生产商到批发商、零售商，再到最终消费者手中，整个生产流通过程就是一条供应链，它将供应商、生产商和经销商的生产经营活动紧密联系起来，而物流过程则是这些环节的联系桥梁。处于供应链上的上、下游企业等都是物流企业的服务对象，因此物流企业的客户服务群体可能是供应商、生产商，也可能是批发商、零售商，还有可能是其他的物流企业或是普通个人。

不同企业根据自身特点，将服务的客户群体按照不同的划分标准分为不同的客户类别，并根据不同类别对应的客户群体特点，制订产品方案或提供差异化的服务，满足不同的需求。一般企业按照以下标准划分客户群体。

(1)利润价值金字塔分类

① 一般客户，指属于企业的常规客户，是企业生存的基础。该类客户的显著特征是希

望从企业获得直接的好处，获得满意的客户价值，追求实惠。这类客户的忠诚度、获利能力、支付能力较低，该类客户的数量一般占所有客户数量的80%，为企业产生的利润占5%。

② 合适客户，指属于物流企业的潜力客户。该类客户希望从企业关系中增加价值，获得附加收益，与企业结成战略联盟。这类客户可能同时与其他家企业打交道来降低自身风险，该类客户的数量一般占所有客户数量的15%，产生的利润占15%。

③ 关键客户，指物流企业的头等客户，即大客户。该类客户希望从企业获得"直接利益＋间接利益(如社会利益)"，合作关系稳定，并且对价格敏感度较低，忠诚度相对较高。该类客户的数量较少，但是产生的利润最高，占80%。

利润与客户数量的关系如图4.3所示。

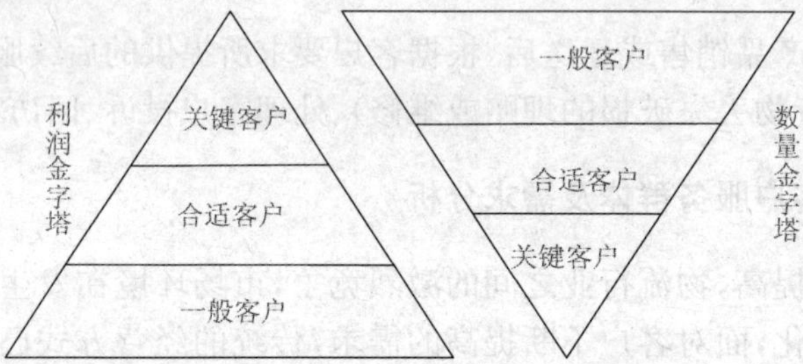

图4.3　利润与客户数量金字塔

【例4.3】　中铁快运2010年通过电话办理发货业务的客户中，38.5%的客户为企业客户，而61.5%的客户为个人客户。个人客户在数量上占绝对优势，而在发货量上，少数的企业客户实现了70%以上的货物运输及57.6%的订单额，个人客户的订单额仅占42.4%。

(2)客户关联度分类

客户关联度分类是按照客户与企业之间的关系程度，将企业的目标客户群进行的分类。可以分为：

① 忠诚客户，指对企业十分满意和信任，长期、重复地购买同一企业的产品和服务。这类客户只需保证以往的服务方式，继续维持关系即可保留住。

② 边缘客户，指偶尔和随意购买企业产品和服务的客户，这类客户的特点是"货比三家"，随时会与其他家公司合作，因此要特别重视对该类客户的服务质量，争取留住该类客户使其成为忠诚客户。

③ 潜在客户，指对企业产品和服务有需求但还没有购买行为的客户，这类客户需要特别注意前期的品牌推广、产品介绍、需求调查、定期宣传产品等服务方式来吸引客户，实现购买行为。

④ 非客户，指由于竞争等原因，客户抛弃企业选择他家企业，这类客户称为非客户，从

企业的角度来讲，这类客户称为“流失客户”，该类客户具备难以挽回性。

2. 物流企业的客户服务需求

客户服务需求是指客户需要企业为其提供的服务类型、方式、种类等以满足其基本需要和内心期望。客户服务需求的产生方式有些是必需的、最基本的，而有些则是与外界环境(如经济政策的变动、营销活动的影响、社会交际的启示、自身身份的变动等)的影响有关。同样，物流企业的客户服务需求也具备基本服务需求和其他外界条件影响下的需求，存在不同的需求等级。

企业根据自身情况将服务客户划分到不同的客户等级，来制定相应的作业流程及服务计划。不同等级的客户需求特点具有一定的差异性，但是普遍符合心理学家马斯洛的心理需求层次理论，即生理的需要，保障或安全的需要，交往的需要，尊重的需要和自我实现的需要。马斯洛的心理需求层次理论的基本点是：人在基本需要得到充分的满足后会去寻求更高一层的需要，生理需要是社会和精神需要的基础。随着社会生活水平的提高及人们社交范围的扩大，消费需要的层次势必不断向上移动。

因此，根据马斯洛心理需求层次理论，物流企业的客户需求可以分为三个阶段：

(1)基本服务需求

基本服务需求的因素主要是保证正常作业流程、按期履约的基本条件，包括货物的正常承运、安全运输过程、按时到达、正确签收等基本需求。

(2)增值服务需求

客户在购买产品时，在完成基本服务需求的基础上，更多的考虑是围绕该产品所可能提供的一系列增值服务能为自己带来的便利。客户希望在购买商品时能够获得服务人员的热情周到的接待，希望销售人员提供详尽的指导信息及方案，希望能够提供门到门服务，希望能够获得第一时间的维修救助等。

(3)理想服务需求

理想的服务需求是包含了基本服务与增值服务之外的需求，可被理解为客户精神满足式的消费，即在客户消费的过程中，除了产品的实用性外，更趋向于在使用中获得的享受。客户需要被感激，需要被尊重，当一个企业通过合适的表达方式来感激客户，客户会认为他是被需要的，其自身价值的提升会令客户感到满足感。客户感性的需求已日渐明显。

4.1.3 物流企业的客户服务内容

物流企业的客户服务内容不能简单地归结为售后服务，它的服务伴随着每个作业流程存在，在不同的阶段有着不同的特点及所需的资源，涵盖了售前、售中、售后三个阶段的内容。故根据客户购买产品的过程将物流企业的客户服务内容分为订单业务受理(售前和售中)、客户投诉受理(售中和售后)、客户关系维护(售后)三个部分。

1. 订单业务受理

订单业务受理是客户与企业发生合同关系的开始,订单受理业务主要有前台业务受理、电话业务受理及网络订单受理三种形式,不同的受理形式针对不同的客户类型,需要注意的是服务方式与服务流程具有一定的差异。

(1)订单业务受理的方式及特点分析

① 前台业务受理特点

前台业务受理是客户与企业面对面的接触,这种直接接触方式有利于企业详细地向客户介绍产品,宣传企业文化,使客户可以从感官上深入了解企业环境和企业氛围。物流企业的业务办理前台是面向客户的一扇窗户,在前台进行业务办理的工作人员除了要向客户熟练地介绍业务情况外,还要通过热情的态度、专业的礼节、得体的表达和良好的沟通技巧向客户展示企业的整体精神风貌,认真解答客户的问题,满足客户心理需求。

② 电话业务受理特点

电话业务受理是客户与企业之间以电话为平台进行沟通,为客户提供相关咨询服务使其了解产品特性,并实现电话下单的便捷化服务。这种受理方式为客户提供"零距离"服务,是前台业务受理方式的一个有效补充。但是由于这种受理方式的不可视化,客户不能够亲身感受,往往会存在较大的顾虑及疑惑,因此这种服务方式除了需要电话受理人员熟练的业务知识外,最重要的是要具备较高的素质,首先能够获取客户的信任,其次能够及时把握客户需求,为客户推荐相应的产品信息,最终能够与客户之间建立起合作关系。

③ 网络订单受理特点

网上订单业务受理是指以网络信息系统为平台,建立企业与客户之间的业务联系方式。随着互联网快速的发展及普及,为企业服务客户提供了多样化的方式,同时也为企业扩大了一部分客户群体。客户可通过进入公司网站进行下单业务操作,这种模式的客户具有面向广、不确定性强等特点,所以这种服务模式最需要注意的就是对下单后的客户进行信息确认。

【例 4.4】 在中铁快运的网站(www.95572.com)上,客户可以在线进行发货业务的办理。在货物信息、取货地址、到达地信息填写完毕后,系统将会自动生成托运单并提示客户核对,核对无误后即可完成网络订单的下达。

(2)订单业务受理的客户服务内容

订单业务受理的客户服务内容包含了售前及售中两个部分,售前部分是指客户下订单之前所接受的服务,售中部分是指客户下订单后提供的订单受理、订单查询等服务。

根据订单受理售前和售中的作业流程,结合不同的订单受理方式的特点,可制定出不同阶段需提供的客户服务内容,如图 4.4 所示。

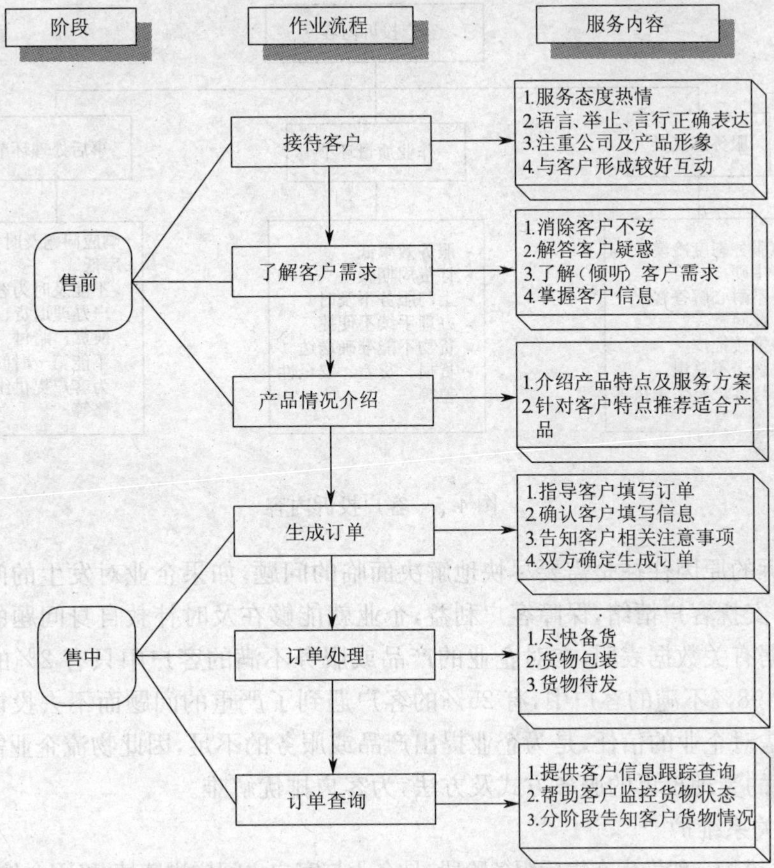

图 4.4 订单受理客户服务内容图

2. 客户投诉受理

客户投诉是指客户在购买产品前或购买产品后，对产品本身和企业的服务都抱有良好的愿望和期盼，当实际情况与客户的期望值差距甚远时，客户得不到期望中的满足就会失去心理平衡，产生抱怨心理，需要通过倾诉发泄、及时解决问题等服务方式得到安抚。

物流企业客户投诉的内容主要包括三个部分：一是服务态度引起的客户投诉，这种投诉从始至终都会由于企业对待客户需求及问题的疏忽而随时发生；二是作业质量问题引起的投诉，引起这类投诉的原因除了企业本身的服务意识及责任心外，还会受到本身设备条件（如货量超标，固有设备无法满足运能等）及外界因素（如天气或道路条件等影响运输质量）等的影响，这类投诉发生的因素比较复杂；三是客户投诉发生后企业相应客户投诉的处理环节，这个环节是企业保留客户和弥补自身不足的最为关键的环节。物流企业客户投诉内容如图 4.5 所示。

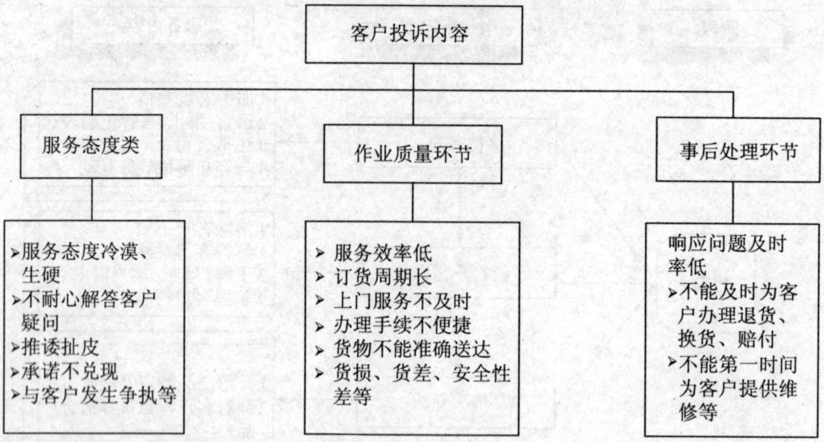

图 4.5　客户投诉内容

客户投诉的原因往往是需要尽快地解决面临的问题，如果企业对发生的问题能够及时有效地解决，安抚客户情绪，保障客户利益，企业就能够在及时补救自身问题的同时赢得客户的信任。据有关数据表明，在对企业的产品或服务不满的客户中只有 2%的客户会去投诉，而企业的 98%不满的客户中，有 25%的客户遇到了严重的问题而不去投诉。实际上客户的投诉就是对企业的信任，是为企业提出产品或服务的不足，因此物流企业需重视客户投诉，采取有效的受理投诉的服务方式及方法，为客户排忧解难。

3. 客户关系维护

客户关系维护一般发生在售后服务阶段，是企业与客户之间增进感情，稳固合作关系的有效手段。客户关系维护的服务内容一般包括对客户购买产品后的回访服务、定期对客户的关怀服务及提供给客户的产品信息变化等增值服务，客户关系维护的服务内容和服务形式见表 4.1。

表 4.1　客户关系维护的服务内容和服务形式

服务内容	服务形式
回访客户	电话、E-mail、填写调查表
定期关怀客户	节假日的祝福问候、天气变化提示等
提供产品信息	新增产品、产品价格优惠信息变更通知等

据有关研究表明，较好的客户关系维护能够提高客户对企业的忠诚度及信赖度，能够保留并维持与忠诚客户的关系，发展边缘客户成为忠诚客户，发展潜在客户成为边缘客户或忠诚客户，是减少客户流失、扩大客户群体的有效客户服务方式。

4.2 物流企业客户服务体系的建立与管理

客户服务是物流企业的核心竞争力之一，客户服务的质量直接制约着企业的发展，是提高企业未来效益的关键。为了更好地提供客户服务，对企业而言建立专门的服务部门及服务体系，制定合理的管理措施是重要的基础保障。

4.2.1 物流客户服务支撑体系的建立与管理

客户服务支撑体系是指为客户提供服务所需的基础设施，是提供客户服务必要的硬件条件。

1. 呼叫中心的建立与管理

呼叫中心也称客户服务中心，是指综合利用先进的通信及计算机技术，对信息和物资流程优化处理和管理，集中实现沟通、服务和生产指挥的系统。早期的呼叫中心是以电话接入为主的呼叫响应中心，为客户提供各种电话响应服务，但随着呼叫中心业务量的不断扩大及客户多元化需求的日趋增加，呼叫中心的概念已经扩展为可以通过电话、传真、互联网、E-mail、视频等多种媒体渠道进行综合访问，同时提供主动外拨服务，为客户提供来电咨询、来电查询、订单受理、投诉受理及电话营销等综合类业务部门。

(1)呼叫中心的建立

① 基本构成

呼叫中心根据工作性质及管理职能的分工不同，为提高整体服务质量及对整个呼叫中心的数字化管理，一般呼叫中心是由运营部、市场及销售部、人力资源部、客户关系管理部、系统支持部构成。但是根据企业经营性质及职能分工的不同，呼叫中心的构成存在差异。

呼叫中心的基本组织结构如图 4.6 所示。

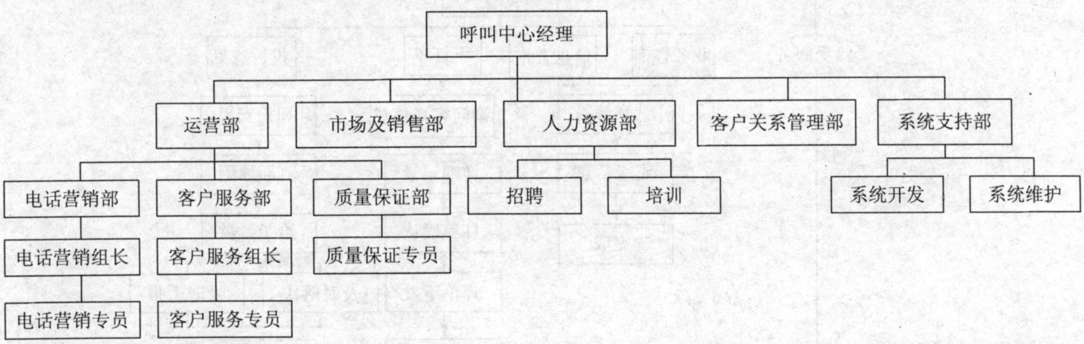

图 4.6 呼叫中心基本组织结构图

在呼叫中心的基本组织结构中，运营部、市场及销售部和客户关系管理部是与客户紧密联系的服务部门。

运营部是呼叫中心的主体部门，主要职责就是负责呼叫中心日常运行，包括客户来电受理、网络业务受理、开展电话营销及对坐席人员的服务质量和作业流程进行监控。

其中网络业务的开展分担了部分电话受理业务量，也为客户与企业之间提供了一种新的联系方式，一般网络业务受理的内容包括产品介绍、自助订单跟踪查询、业务咨询、网上下单、投诉与建议服务等基本内容。随着电子商务的发展，物流企业借助网络平台开启电子商务业务，为客户提供电子商务平台服务，逐步实现了节约成本的无店铺经营模式，成为物流网络发展的新兴服务产品。

市场及销售部主要职责是根据客户市场情况，把握客户需求，在现有掌握的客户资源的基础上，设计电话营销策略及流程，通过运营部实施方案，实现开发客户市场、获得新客户资源的目的。

客户关系管理部的主要职责是在市场部门的配合下设计、执行客户忠诚度计划，提高客户对企业的忠诚度。同时进行数据分析，掌握客户需求及购买特征，挖掘其购买能力，制订服务方案，增加客户群体，降低客户流失率。

② 呼叫中心的作业流程

呼叫中心根据呼叫发起方式的不同，可以分为电话呼入业务和电话呼出业务两部分。

电话呼入业务主要是坐席代表接听客户来电，提供给客户信息查询、业务咨询、下订单及投诉意见等服务。电话呼入业务基本作业流程如图 4.7 所示。

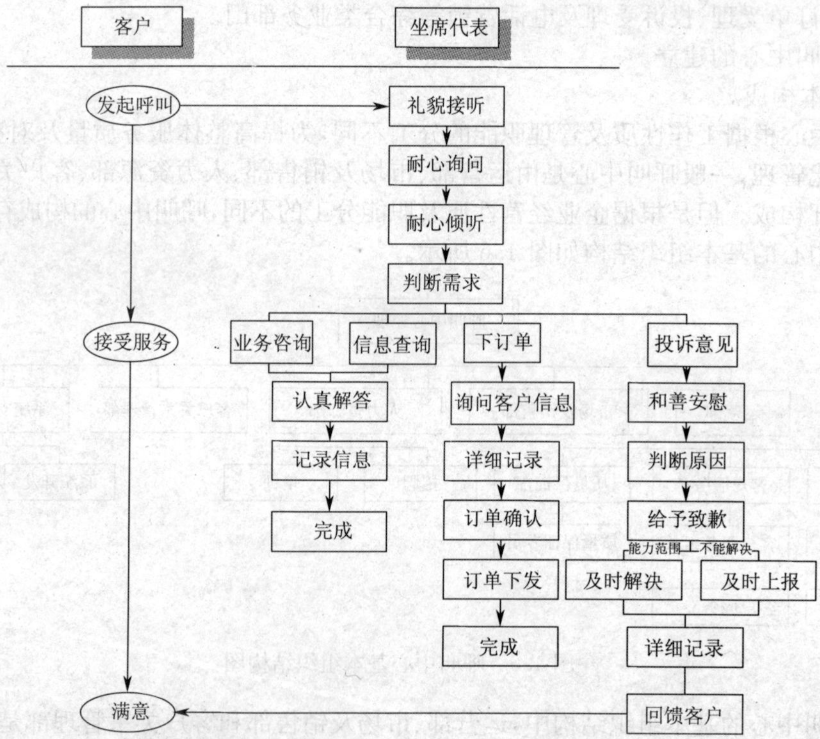

图 4.7　电话呼入业务基本作业流程图

【例 4.5】 中铁快运将客户来电划分为四类：

业务咨询——接受客户对于公司基本业务(如运费、运输时间、保价费用、运输方式等)问题的咨询。

货物查询——根据客户提供的运单号，对货物状态、运输时间等信息进行查询并反馈。

发货受理——接受客户电话预约取货，记录客户相关信息。

投诉建议——解决客户在货物托运过程中因各种原因产生的投诉问题，并接受客户对改进公司服务提出的建议。

中铁快运电话业务受理流程如图 4.8 所示。

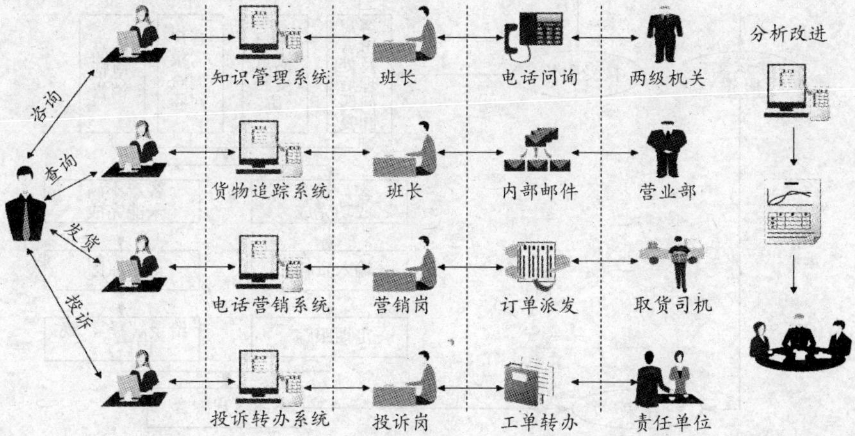

图 4.8 中铁快运电话业务受理流程图

电话呼出业务主要是坐席代表主动外拨电话致电客户，进行客户满意度调查、客户留言回复、问题处理结果回复、客户需求问卷调查、产品电话销售等服务。电话呼出业务基本作业流程如图 4.9 所示。

③ 呼叫中心技术支撑

呼叫中心运营及管理离不开有效的技术支撑体系来确保呼叫中心功能及作用的实现，提高呼叫中心的运营效率。呼叫中心建立的基本技术支撑体系主要包括以下系统：

a. 主、被叫号码分析系统：该系统能够分析电话类呼叫的主、被叫电话号码。用户主叫号码可弹出客户信息和历史记录，为坐席代表受理客户来电提供参考，又可对不同的被叫号码进行号码分析，经过排队后提供相应的不同业务流程及服务。

b. IVR(Interactive Voice Response，自动语音应答技术)：IVR 主要用于为客户电话来访提供自动语音导航服务，引导客户选择服务内容和输入电话事务所需的数据，并接受客户在电话拨号键盘输入的信息，实现对计算机数据库等信息资料的交互式访问。IVR 系统能够减轻人工作业量，分担坐席人员压力，是有效提高业务处理效率的方法之一。

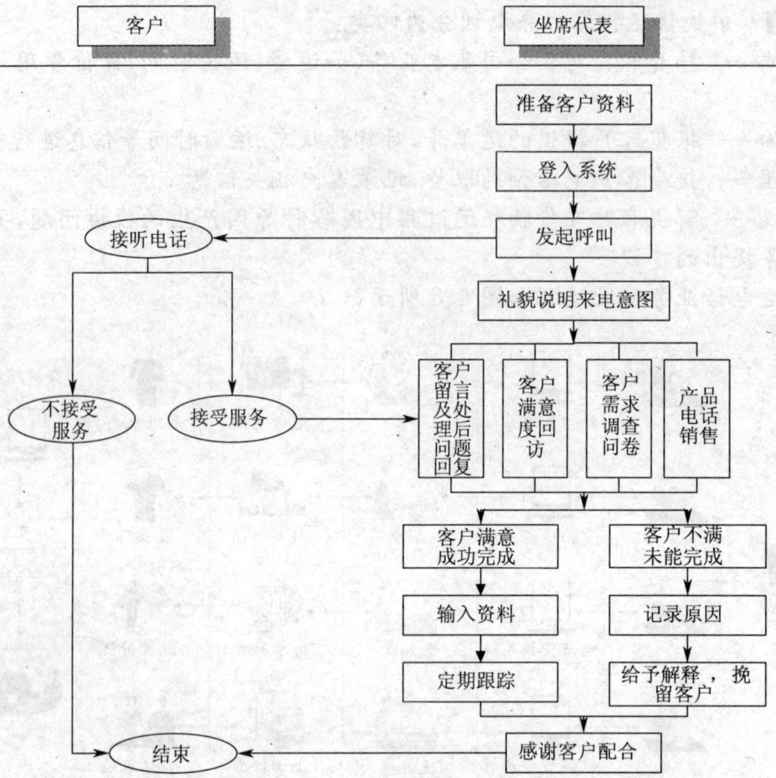

图 4.9　电话呼出业务基本作业流程图

c. ACD(Automatic Call Distributor，呼叫自动分配技术)：ACD 服务器主要用于一组 ACD 话机处理大量来话的情况，使所有来话在话务员之间平均话务量。ACD 服务器可以根据呼叫的性质(如优先级)，将呼叫按需要分配给处于就绪闲置状态的话务员。

d. CTI(Computer Telephony Integration，计算机电话集成技术)：CTI 服务器是整个呼叫中心控制的枢纽。所有类型的呼叫控制都通过 CTI 服务器进行，CTI 服务器将各种类型的呼叫进行统一的控制，以便进行统一 ACD 排队、管理、统计、计费和监控。

(2)呼叫中心的管理体系

呼叫中心的管理体系主要包括呼叫中心的运营质量管理和人员管理两个方面。其中，运营质量管理主要包括现场管理、运营指标的管理、服务质量的管理；人员管理主要包括对员工的绩效管理。

①现场管理

现场表现是呼叫中心的门面，良好的现场秩序是工作顺利进行的基本保障，抓好现场管理往往是成功管理的第一步。现场管理是呼叫中心管理的一个重要环节，是管理人员根据事先制定的质量标准或工作要求，在服务现场或多媒体数字监控手段对执行服务的人员、设备、工作流程、环境等实施的监控和管理。

现场管理的内容主要包括话务监控、人员调配、环境秩序维持、突发事件处理等，其对应采取的管理方法可以采取现场督导监管或坐席班长监督等方式，处理话务情况波动下的人员合理调配、坐席状态及服务质量监督、突发事件及时应对等，来保持稳定的现场秩序及高品质的服务质量。

②服务质量管理

呼叫中心的服务质量管理是生命线。服务质量管理不仅对运营工作起到检验的作用，还能够通过质检工作中发现的问题改进工作中存在的不足，保证运营工作高质量、高效率。

呼叫中心质量管理的内容主要涉及坐席代表服务质量管理、投诉管理。其中坐席代表的服务质量是指对坐席代表服务客户的各项指标的监控管理，可以通过电话监听的方法掌握坐席代表的状态信息，对坐席代表语言表达能力、业务知识、服务态度、服务技巧、责任心、呼叫控制等方面的全位监控；投诉管理主要是指对客户投诉的及时响应率、问题合理解决、原因定责分析、安抚客户、总结经验等方面的管理，以便实现保留客户、内部整治、提升服务质量的目的。

③运营指标管理

运营指标管理是指在管理过程中，将代表运营服务水平的指标量化，将量化后指标与标准化平均水平比较，进而得知系统整体的运营状况。目前呼叫中心的 KPI(Key Performance Indicators，关键绩效指标)是运营的指引，运营工作中的一切工作都是围绕 KPI 进行的，也就是说 KPI 是检验运营水平的直接标准。

④ 员工绩效管理

员工绩效管理从表面看来是通过考察员工业绩来衡量员工的表现。但实际上，绩效管理是激励员工、有效管理员工的直接手段。绩效管理对员工起着导向作用，直接决定员工的努力方向，可以说绩效管理对运营起着调节性的辅助作用。

员工绩效管理是通过管理者和个人，经过沟通制定绩效计划、进行过程中的绩效监控、绩效考核、提供绩效反馈与改进，以促进员工业绩持续提高并最终实现企业目标的一种管理过程。员工绩效管理的内容主要包含绩效计划制定、日常绩效指导与反馈、绩效考核及个人回报四个环节。

【例 4.6】 中铁快运制定了专业的管理办法、规章制度，对坐席人员实行严格的绩效考核。在严格的考勤制度、考核工作量的基础上，通过录音回听、客户回访等方式，对坐席人员的服务质量和行为规范进行考核。绩效考核实行百分制，其中工作量占 30 分、考勤占 20 分、服务质量占 20 分、行为规范占 30 分。

2. 门店服务体系建立模式及管理

门店是企业市场竞争的前沿阵地，是物流企业的第一门面，是物流企业营销产品和提供服务最重要的渠道。客户对服务需求的日益提升，给门店服务体系的建立及管理带来了新的挑战。门店服务已经不再是以往观念中的客户上门办理的被动受理服务方式，而是逐渐向主动上门服务、主动营销、主动跟踪客户信息等方式的服务营销理念转变。

(1)门店服务体系建立

①门店分类

a. 根据经营性质不同，物流企业门店可以分为自营店、代理店和专营店三类。自营店就是指企业所属机构独立出资开设的门店，直接由企业设置在各地区的分公司所辖管理。专营店也叫做加盟店，是指专门经营某一类产品或者某一品牌的门店。代理店是指代理方付代理费给企业，并签订代理合同。

b. 根据职能及服务方式的不同，物流企业门店可以分为取送一体化服务门店和取送分离服务门店两类。取送一体化服务是指分布在城市的营业点不仅具备传统的“窗口收寄”服务，而且增加了上门取货服务，同时兼备配送中心的职能，将分配到所属范围内的货物送货上门给客户。取送一体化服务如图 4.10 所示。取送分离服务区别于取送一体化服务，主要在于营业点只提供所辖区域内的取货服务，不具备配送职能，而企业在城市单独建立一个集中配送中心，负责到货后的送货上门服务。取送分离服务如图 4.11 所示。

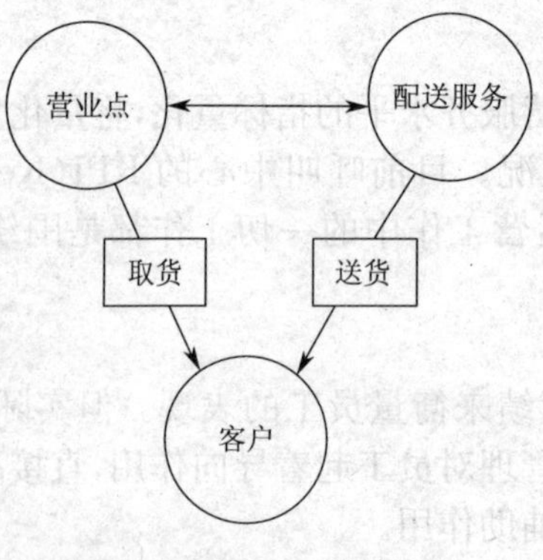

图 4.10　取送一体化服务

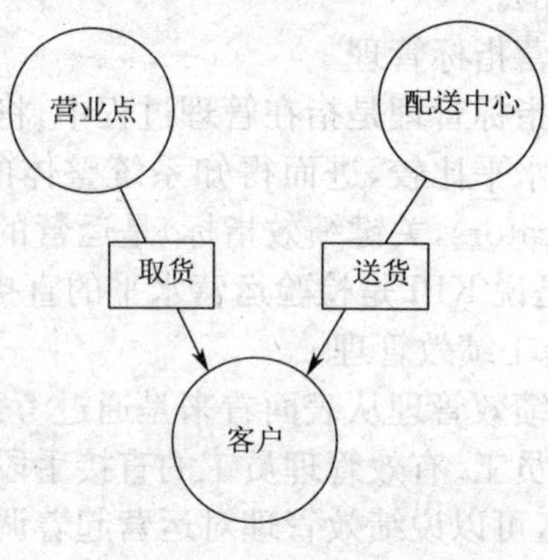

图 4.11　取送分离服务

②门店服务的特点

由于门店经营性质、职能分工、分布状态的不同，门店服务具有以下几点特征：

a. 不同经营性质的门店服务存在差异化

(a)服务产品差异化：自营店作为企业自主经营，拥有相对较大权限，能够受理多种服务产品的业务办理。而代理店或加盟店有可能只具有部分权限，受理某种特定服务产品的业务办理。

(b)形象、服务理念差异化：自营店与代理店和加盟店相比，能够直接诠释公司生产及服务理念，展现公司的品牌形象和服务规范，而代理店或加盟店在这些方面的表现力度相对欠缺，易导致品牌在两类终端无法统一。

(c)售后服务差异化：自营店由于直接受公司所属各地的分公司管理，垂直管理体系明显，在处理产品售后服务（如客户投诉、理赔、产品退还等）的响应速度较快，而代理店或加盟店由于顾忌自身利益较多，往往不注重售后服务的质量，存在服务态度较差、推诿责任等现象。

b. 不同地域的门店服务发展不平衡

由于门店分布在不同的地域，地域经济水平及人员素质具有一定的差异化，分布在不同地域的门店服务水平发展极不均衡（如员工的服务理念、作业流程标准、价格收费标准等存在差异），影响了物流企业的整体形象，容易造成与客户之间的矛盾。

c. 门店服务需要提升员工主动服务意识

门店服务作为企业的门面，是直接与客户接触的窗口，门店服务的态度会直接影响到客户对企业的评判标准。但目前由于门店服务属于基层服务第一线，人员素质不高，不能够主动服务客户，还是继承传统门店服务模式中的被动服务方式，导致客户对企业服务的质疑，造成客户的流失。

③门店服务的内容

门店服务的内容可以根据客户的需求发展分为两部分：基础服务和增值服务。基础服务主要是指传统门店的窗口业务办理职能；增值服务主要是门店根据客户需求提供上门取货服务和送货上门服务。

基础服务体系需提供的服务有接待客户、产品介绍、订单受理、货物包装、货物集结、大客户签约等服务内容。基础服务是不同性质门店服务中的主要内容，各类门店在基础服务体系的建立中要保障作业流程的标准化、包装或收费标准的统一化和客户服务水平的均衡发展。

增值服务主要指提供门到门的服务，实现客户零距离完成办理业务的便捷化需求。增值服务体系的建立需要具备高效率的取货速度、快速准确地送货服务。

但是由于多样化的客户需求（取送货时间的要求）及复杂的道路交通环境，使得上门取、送货服务总是不尽如人意。所以增值服务体系的建立基础是合理化的车辆调度安排、优化的路线选择以及根据订单产品数量变化、订单产品体积、重量变化等需求的车辆装备能力优化。

因此，属于增值服务范畴的取货服务体系应该包含如图 4.12 所示的服务内容，配送服务体系应该包含如图 4.13 所示的服务内容。

(2)门店服务管理

根据门店服务的特点及门店服务的主要内容，可以看出门店服务的管理主要应包括员工服务水平管理、客户信息管理、作业标准化管理、运营指标管理等四方面的内容，应通过有效的管理方法，提升门店的服务质量和作业效率。

①员工服务水平管理

门店服务是企业的门面，整体员工的服务水平、服务态度和工作精神状况直接反映着企业的文化表现，是企业树立形象，培养客户忠诚度的第一道门槛。由于门店传统的服务模式,员工普遍存在被动受理业务的问题,而缺乏主动服务的意识。

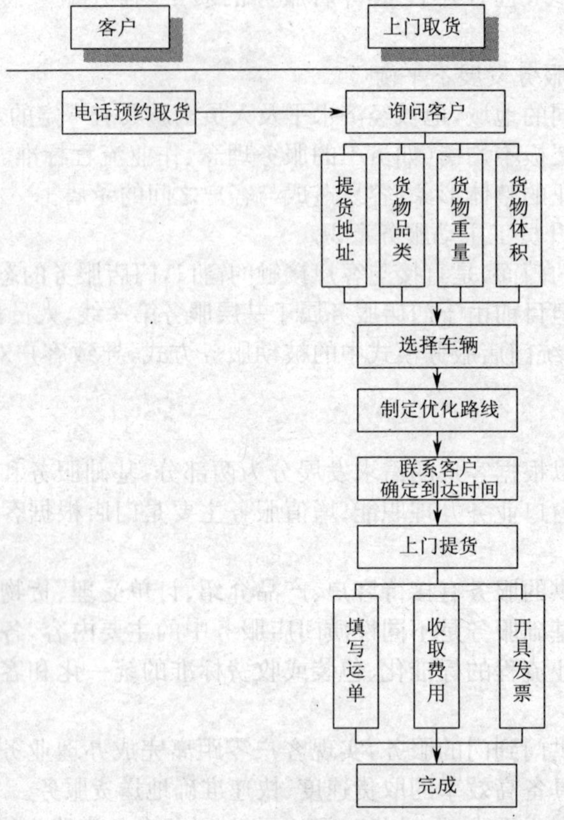

图 4.12 取货服务体系内容

因此,员工服务水平的管理除了对员工基本的工作考核外,还需要加强对员工服务态度、工作积极性、主动服务意识、主动营销等服务水平方面的管理,可以采取现场客户打分法(如银行前台受理业务后给业务员打分)或是定期的客户电话回访法、客户问卷调查法、客户投诉意见汇总等方法考核员工的服务质量,发现问题,从而不断提升门店的服务水平。

②客户信息管理

门店服务不像呼叫中心的电话服务和网络服务可以通过信息手段直接记录客户的信息详情,门店服务存在着客户办理业务后门店仅受理业务的一次性交易,没有建立办理业务客户的信息档案,无法有针对性地追踪客户服务,降低流失客户风险,提高客户忠诚度。

因此,门店服务的重中之重就是要建立完整的客户信息管理系统,针对不同的客户类型(如零散客户和签约大客户)分别建立留存信息档案管理,定期有针对性地进行客户需求调查和客户满意度调查,把握客户动态,随时对变动的客户信息进行更新,以便保证与客户之间的有效联系，提高客户忠诚度，降低客户流失率，扩大客户市场。

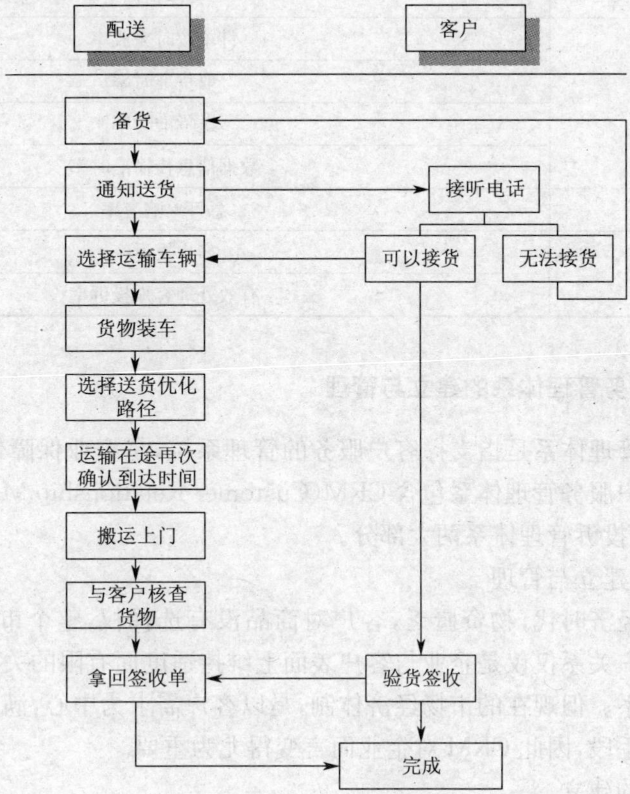

图 4.13　配送服务体系内容

③作业标准化管理

门店服务承担着多种业务功能，由于门店地区的差异，不同城市的门店或是同一城市的不同性质的门店，都存在作业流程、作业标准等不一致的情况，容易导致客户接受服务时出现差异化服务，客户产生疑惑或不满，降低对企业的信任度。

因此，门店服务在统一员工服务水平之外，还应该重视对作业流程及作业标准的统一化，可以通过定期的员工培训、定期的门店间经验交流以及作业标准指标考核等方式学习企业制定的各个岗位的职责及作业流程，统一服务口径，实现门店间的标准化作业管理。

④运营指标管理

门店运营指标的管理是指将代表门店服务水平的指标量化，然后将量化后的指标与平均水平对比，进而得知该门店的整体运营状况。目前，根据门店服务的内容，从服务及时性、服务灵活性、客户满意度上归类出主要的门店运营指标，见表 4.2。

表 4.2 门店运营指标

指标分类	具体指标
服务及时性	订单按时完成率
	取货准时率
	送货准时率
	数据信息传输准时率
服务灵活性	急订单响应率
客户满意度	客户投诉率
	有效处理客户投诉率

4.2.2 物流客户服务管理体系的建立与管理

物流客户服务管理体系是指支撑客户服务的管理系统，是企业保障优质客户服务的方法及措施。物流客户服务管理体系包含 CRM(Customer Relationship Management，客户关系管理)体系和客户投诉管理体系两大部分。

1. CRM 体系的建立与管理

在传统的计划经济时代，物资匮乏，客户对商品没有选择权，整个市场掌握在卖方(企业)手中，此时的客户关系仅仅是企业与客户表面上维持适度而有限的关系，是一种简单、短期的买卖或交易关系。但现在的市场经济体制，是以客户需求为中心，满足客户个性化服务需求为主要的竞争手段，因此 CRM 对企业而言变得尤为重要。

(1)CRM 体系的建立

①CRM 内涵

CRM 是企业以客户关系为重点，开展系统化的客户研究，通过优化企业组织体系和业务流程，以实现企业增进盈利、销售收入、提升客户满意度和忠诚度的目标。CRM 也是企业不断地改进与客户关系相关的业务流程，创造并使用的先进的信息技术、软硬件新技术系统。CRM 主要包括判断、选择、争取、发展和保持客户等主要的管理过程。

对于物流企业而言，客户市场是企业的命脉，CRM 在物流企业的经营和发展中是至关重要的。物流企业可以通过 CRM 大规模、全方位地分析客户信息，准确发现本企业的盈利客户和具有盈利潜力的客户，分析客户所需服务倾向，开发适应客户需求的新服务，帮助企业能够准确市场定位，开拓市场。

②CRM 体系的构成要素

根据 CRM 的内涵，可知建立 CRM 体系需要具备三方面的要素，分别是理念、技术和实施。其中，理念要素是 CRM 的关键，信息系统和 IT 技术是 CRM 实施的手段和方法，实施是决定 CRM 成功与否、效果如何的直接因素。

a. 理念要素。CRM 需要具备“以客户为中心”的市场营销理念，它吸收了“数据营销”、“关系营销”、“一对一营销”等最新管理思想理念，通过满足客户的特殊需求，特别是满足最有价值客户的特殊需求，来建立和保持长期稳定的客户关系。没有这一理念要素的支撑，CRM 体系就失去了建立的基础。

【例 4.7】 中铁快运客服中心在长期话务工作中，总结出以服务客户为核心的四心工作法，要求坐席人员在接听电话过程中，诚心问候、耐心倾听、细心沟通、贴心服务。同时，电话营销过程中，根据客户性质、需求的不同，坐席人员要切实做到四点注意，即产品推荐要注意，经济适用才实际；解答疑问要注意，简洁专业文对题；话题选择要注意，需求重点人人异；信息填写要注意，衣食住行区别细。

b. 技术要素。为了降低企业 CRM 难度，提高 CRM 水平，支撑 CRM 理念要素，CRM 必须具备信息技术的支撑，包括 Internet 和电子商务、多媒体技术、数据仓库和数据挖掘、专家系统和人工智能、呼叫中心及相应的硬件环境。CRM 实现的主要手段是融合了各种 IT 技术的 CRM 软件，包括市场营销、销售管理、客户关怀、客户服务和客户支持等内容。技术要素是 CRM 实施的有力保障。

然而，目前绝大多数的物流企业均存在物流信息系统建设较落后的问题，物流信息管理软件应用水平较低，信息的不集中性造成了大量客户信息的丢失或低估信息价值，更重要的是存在企业由于单个业务员的离职而造成丢失重要客户信息，故物流企业在 CRM 方面应更加注重信息技术的应用。

c. 实施要素。CRM 的实施是一套完整的业务解决方案，它是在结合 CRM 软件与组织管理状况的前提下，在开展调研分析的基础上最终生成。只有通过企业的应用实践，CRM 才能真正地转变为先进的生产力。实施要素是 CRM 的长期战略。

如果企业正在细分自己的目标市场，区隔不同的客户群体，针对不同的客户群体采取不同的服务策略，将有限的资源投向高价值客户（即按照 80/20 原理，20%的客户为企业带来了 80%的利润），这表明了企业已经开始进行 CRM 的实践了。

(2)CRM 内容

CRM 的主要内容包括建立客户关系、维护客户关系、挽回流失客户、合理应用 CRM 技术四个部分。各部分的主要内容如图 4.14 所示。

(3)CRM 的方法

①客户市场的细分

客户细分是指将一个大的客户群体根据某一划分标准区隔为不同的细分群体，同属于一个客户区隔的客户彼此相似，具有同一种或几种特征，而隶属于不同客户区隔的客户具有差异性。如将数据库中的客户信息按照发货频率分类，可以将客户区隔为每日、每周、每月、每年发货频率的不同群体，这样一个简单的工作就是客户细分。

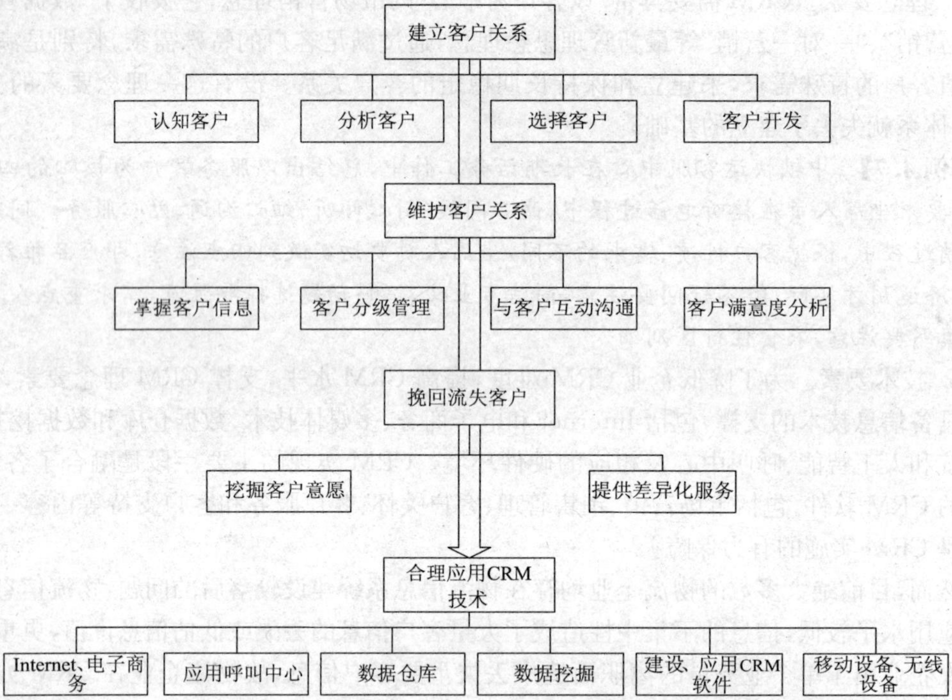

图 4.14　CRM 的内容

客户细分可以使企业针对自身需求，分析整个数据库的客户信息情况，也可以使企业根据细分的客户群体的特征采用不同的服务方式，达到不同区隔内客户的差异性服务需求。

②客户满意度的调查

客户满意度体现了客户期望值与实际值之间的差异，差值越大客户满意度越低。客户满意度是维持客户关系、提高客户忠诚度的有效方法。客户满意度调查通常针对不同的客户群体设计相应的调查问卷，通过收集客户反馈信息数据，进行数据分析，得出最终调查的结果。

企业可以通过客户满意度调查的结果，了解企业内部运作不足、挖掘客户潜在需求动向，制定整改措施和推出新型产品满足客户需求，提高客户对企业的信赖度和依附性。

③客户忠诚度指标的管理

无数企业的经营证明，保留一个老客户比开发一个新客户要便宜得多。保留客户的时间越长，获得的利润越多。研究表明，在很多行业，客户忠诚度提升 5%将带来 25%～85%

的收益增长。客户忠诚度不同于客户满意度，满意企业的客户往往还会转换品牌或其他家公司购买产品，而客户忠诚度除了客户满意企业外，更突出的特点是客户对企业的情感依赖。所以客户忠诚度指标的管理作为企业 CRM 的方法，应该将侧重点放在建立与客户间的亲密感、情感、信息、尊重方面。

可以从以下指标分析衡量客户的忠诚度水平，见表 4.3。

表 4.3　衡量客户忠诚度水平指标

客户忠诚度指标		内　容
定量指标	重复购买率	客户对某种产品的重复购买次数
	购买时间和购买频率	客户会较长时间的购买并且购买频率较高
	购买支出份额	客户购买某一产品的支出占总消费的份额比例较大
	挑选时间	客户的挑选时间或服务所用时间与忠诚度成反比
	推荐潜在客户数量	忠诚客户乐于向潜在客户推荐产品
定性指标	对价格敏感度	忠诚度较高客户对价格不敏感
	对企业竞争对手的态度	对企业竞争对手的排斥程度
	对待质量问题的态度	客户对质量的信赖和宽容质量上的一些瑕疵

2. 客户投诉管理体系的建立与管理

客户投诉管理体系是企业监督内部服务质量、发现问题、改善问题、提高对客户服务水平的有效管理途径。客户对企业的投诉至关重要，是企业非常珍贵的信息资源，企业建立客户投诉管理体系是处理客户投诉、提升客户服务质量不可或缺的重要组成部分。

(1)客户投诉管理体系的建立

客户投诉包含抱怨和投诉两个部分，是指“客户的任何不满意的表示，无论正确与否”，同时也是“一种不满意的表达，它针对一个组织相关的产品、服务或投诉处理过程而发出，客户明确或隐含地期待组织给予回复或解决，实现客户心中期望值的一个过程”。

①客户投诉管理体系构建

客户投诉管理体系主要由客户投诉预防系统、客户投诉响应系统、内部投诉信息分析系统、投诉增值服务系统、内部投诉信息传递系统、人力资源系统、服务绩效监督系统七个部分构成。

a. 客户投诉预防系统

物流企业由于其自身作业的特殊性，会因为人员因素或是一些不可抗力因素(天气、交通等)在日常作业中的失误招致客户引发的投诉。但是事后控制不如事中控制，事中控制不如事前控制，客户投诉的重点环节在于投诉预防工作。因此物流企业应该能够主动地查找潜在的失误及问题环节，以及时将客户的建议或意见付诸行动，避免潜在问题的发生或是重复问题发生的可能性，将问题隐患降低到最低点。

b. 客户投诉响应系统

客户投诉响应主要包括对客户投诉问题的受理及问题的及时处理两个过程。企业对客户投诉的快速响应机制，一方面反映了企业处理问题的能力，更重要的是反映了企业对待客户问题的态度。投诉响应的及时性和快速性，能够增加客户对企业的信赖感，有助于问题的及时解决，并降低客户投诉升级的概率。客户投诉响应系统应该具备客户投诉平台，建立完整的客户投诉处理流程及处理投诉的有效方法，来实现客户反映问题、企业受理问题、企业解决问题的整个服务过程。

c. 内部投诉信息分析系统

客户投诉是联系客户和企业的一条纽带，是企业掌握客户需求的另一种调查方式。企业处理客户投诉问题后，投诉信息分析结果不仅仅为企业提供了服务质量的变化趋势，同时也为企业的客户市场发掘起到了至关重要的作用。企业可以根据每日受理的客户投诉意见进行整理分类，挖掘客户的潜在需求资源，为公司发展的战略、产品的研发、资源管理等方面提供决策参考意见。

d. 投诉增值服务系统

客户投诉是企业第二次满足消费者需求的机会，为了赢得客户的满意和信赖，企业接受客户投诉的问题后，应当用更高品质的服务来回报客户。假设客户第一次接受服务的实际价值为 A，投诉成本为 B，那么企业第二次满足客户需求的产品或服务的价值 C 应当大于（至少等于）$A+B$。因此，客户投诉增值服务系统输入的是客户投诉，输出的是客户满意，通过一系列流程的协调和处理，将客户的不满意转化为满意，从而实现服务增值。

e. 内部投诉信息传递系统

客户投诉问题具有广泛性的特点，可能涉及企业内部不同部门或各个作业环节。企业将投诉信息及时、准确地传递到相关部门和人员，与之及时沟通与协调问题，能够有助于投诉问题的及时处理。因此一个较好的企业内部投诉信息传递系统，是保障客户投诉响应率和客户投诉问题及时解决率的有效方式，也是企业内部问题定则，整顿问题"对症下药"的基本保障系统。

f. 人力资源系统

客户投诉问题受理对员工的道德修养、业务水平、工作能力等综合素质的要求较高，除了需要对员工业务水平等技能的培训，更重要的是员工服务意识和员工心理素质的培养。因此企业需要人力资源系统针对客户投诉专门设立培训内容和培训方式，提高员工对客户投诉问题的处理能力。

g. 服务绩效监督系统

为了判定员工受理客户投诉过程是否达到企业制定的客户投诉管理标准的要求，企业需要服务绩效监督系统，定期对客户投诉数据、客户满意度指标等进行评审，以对处理投诉人员的绩效给予评定。通过该监督系统，来激励员工的服务意识，提升员工的工作效率和服务质量。

②客户投诉的受理流程

客户投诉的受理流程主要包括投诉受理、投诉处理、投诉回复和投诉回访四个主要步骤，每个步骤对应的内容如图 4.15 所示。

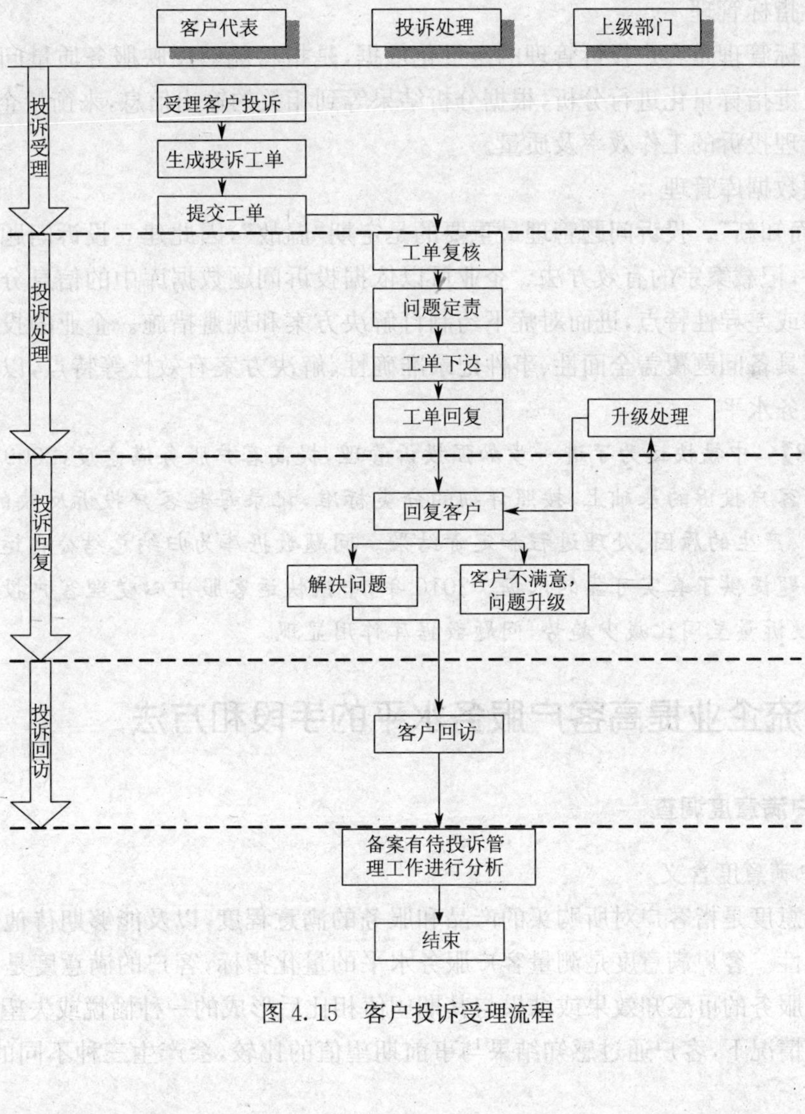

图 4.15 客户投诉受理流程

(2)客户投诉管理

①服务质量监测管理

录音监听法是企业的服务质量监测部门采取回听录音的方法,来监听员工受理客户投诉问题的过程,以及原本复制客户的投诉所述真实内容的客观事实依据法。通过该方法,质检人员一方面可以考评客服人员在服务态度、解决问题能力、业务素质等方面的综合能力;另一方面有助于分析客户内心特点,把握问题关键,提高问题解决效率。而且该方法在客户投诉升级中,投诉受理人员问题时,是很好的事实定责依据。

②投诉指标管理

投诉指标管理是客户投诉管理的定量化依据,是指将能够反映服务质量问题及人员作业水平的关键指标量化进行分析,根据分析结果等到相关的输出信息,来衡量企业的服务质量和员工受理投诉的工作效率及质量。

③问题数据库管理

"温故而知新"。投诉问题管理最重要的是定期"温故",因此建立投诉问题数据库是保留已发事件,记载案宗的有效方法。企业可以依据投诉问题数据库中的信息分析投诉问题事件的共性或差异性特点,进而对症下药制订解决方案和规避措施。企业的投诉问题数据库管理应该具备问题覆盖全面性、事件记录准确性、解决方案有效性等特点,以辅助提升企业的客户服务水平。

【例 4.8】 中铁快运为了进一步加强投诉管理,提高客户服务满意度,2009 年在及时妥善处理各类客户投诉的基础上,按照详细的分类标准,记录每起客户投诉反映的问题、涉及的作业环节、产生的原因、处理过程和定责结果。问题数据库为归纳总结公司运输质量中存在的共性问题提供了真实可靠的依据。2010 年,中铁快运客服中心受理客户投诉总量明显减少,各月投诉量呈同比减少趋势,问题数据库作用显现。

4.3 物流企业提高客户服务水平的手段和方法

4.3.1 客户满意度调查

1. 客户满意度含义

客户满意度是指客户对所购买的产品和服务的满意程度,以及能够期待他们未来继续购买的可能性。客户满意度是测量客户服务水平的量化指标,客户的满意度是客户通过对一种产品或服务的可感知效果或结果与其期望值相比后形成的一种愉悦或失望感觉的心理状态。通常情况下,客户通过感知结果与事前期望值的比较,会产生三种不同的心理感受,即感知大于期望值、感知与期望值基本相近和感知小于期望值。三种不同心理感受的关系如图 4.16 所示。

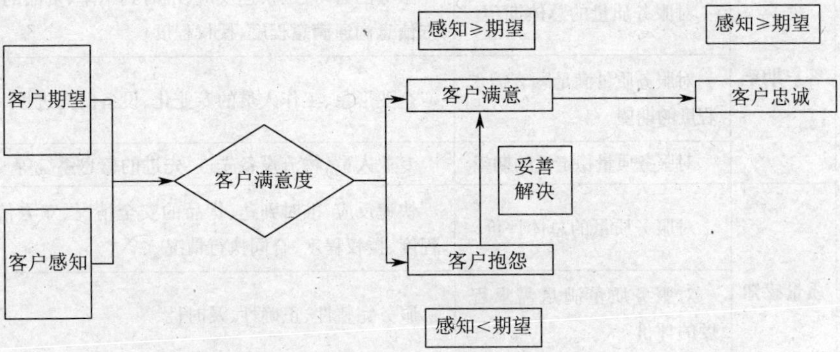

图 4.16 客户不同心理感受的关系

2. 物流企业客户满意度调查的作用

物流企业通过客户满意度调查，一方面可随时掌握客户的需求和满意度的真实状况，明确客户服务的改进方向，提高客户服务质量；另一方面，通过提高客户满意度并不断将客户满意转化为客户忠诚，防止客户流失，提高企业的竞争力。

3. 物流企业客户服务满意度调查的指标

物流企业的客户满意度调查首先要确定客户满意度调查的指标体系。物流企业的客户满意度以客户对物流服务的期望，以及他们对物流企业服务运作的认同为核心，因而物流企业客户满意度的指标体系应重视对企业作业流程的考评，同时，重视客户抱怨和维护忠诚客户也是物流企业不断提升服务质量，满足客户期望和需求的重要因素。

(1)物流企业客户服务满意度调查指标体系

①指标选取原则

首先要以客户满意为导向，在设立满意度指标时要遵循层次性、科学性、可执行性的原则，确定并区别不同指标的重要性，力求客观、真实、准确地反映出物流企业的客户服务质量，指标数量要适中，内容简洁，方法可行。

②指标体系构成

客户满意度指标体系是一个多指标的结构，运用层次化结构设定测评指标，能够由表及里、深入清晰地表述客户满意度指标体系的内涵。在指标体系中，每一层次的指标都由上一层指标展开，而上一层次的测评指标则是通过下一层的测评指标的测评结果反映出来的物流企业客户满意度指标体系，见表 4.4。

表 4.4 物流企业客户满意度指标体系

一级指标	二级指标	三级指标	四级指标
客户满意	客户期望	对服务质量的总体期望	服务的可得性、快速反应、准时到达率、货品的安全情况、双方信息沟通满意程度、授权程度
		对服务质量满足顾客需求程度的期望	企业形象、工作人员的专业化、设备的先进性
		对服务质量稳定性的期望	专业人员、物流设备先进、先进的信息系统等
	质量感知	对服务质量的总体评价	快速反应、准时到达、货品的安全情况、双方信息沟通满意程度、授权程度、合同执行情况
		对服务质量满足需求程度的评价	服务完整性、正确性、及时性
		对服务质量可靠性的评价	物流设备先进、专业人员和专业知识
	价值感知	给定价格时顾客对质量级别的评价	给定价格时质量的等级
		给定质量时顾客对价格级别的评价	给定质量时的价格的高低
		客户对总成本的感知	所接受服务的成本高低
		客户对总价值的感知	价格接受程度、性价比(服务性能/服务价格)
	客户抱怨	客户抱怨比率评价	差错率、投诉率
		客户抱怨解决的满意度评价	顾客抱怨反应时间评价、解决时间评价、解决结果满意度评价
	客户忠诚	客户当前忠诚度	再次消费的可能性、推荐率、能承受的涨价幅度、能抵制的竞争者的降价幅度
		客户长期忠诚度	与该公司结成战略伙伴的愿望

(2)客户满意度指标的评分等级

借鉴国内外测量客户满意度的有关理论和经验，对各项满意度指标可分为很满意、满意、基本满意、不满意、很不满意五个满意度等级，也可将这五个等级换成等级分数，对测评指标进行判断，见表 4.5。

表 4.5 客户满意度调查的评分等级

等级	很满意	满意	基本满意	不满意	很不满意
分数(分)	91～100	71～90	51～70	31～50	0～30

4. 物流企业客户满意度调查流程

(1)明确调查目的

首先要明确调查目的,调查目的可以根据物流企业服务的战略目标制定,也可以以提高企业运营质量或进行员工绩效考核为目的。

(2)抽样方案设计

① 确定调查对象

物流企业进行客户满意度调查需要根据调查目的对客户进行选择和识别,圈定符合调查目的的客户群体,这些客户群体不仅包括企业的既有客户,也包括选用了竞争对手产品或其他可能对企业产品有意见的客户。

② 选择抽样方式

抽取客户中的一部分进行满意度调查,所得到的调查结果往往反映了这部分客户在总体客户中的满意度情况,成为企业开展客户满意度调查的关键问题之一。客户满意度的调查方法包括非随机抽样和随机抽样两类。随机抽样(即概率抽样)能够避免抽样过程中的人为误差,保证了样本的代表性。非随机抽样主要是依据调查者的主管意愿、判断或是否方便等因素来抽取对象,往往会对样本的代表性产生一定误差。几种常见的抽样方法是:判断抽样、简单随机抽样、系统抽样、分层抽样、整群抽样、多段抽样等。

③ 确定抽样样本量

样本量是指样本单位的多少,确定样本量对总体的代表性、调查费用和投入的人力都会有重要影响。样本量的选择需要调查者根据实际情况进行选择。

(3)客户满意度调查方法

① 问卷调查法

调查者通过设计好的调查问卷进行调查,常用的问卷调查法包括电话问卷调查、网上问卷调查等。调查前,调查者首先要对调查问卷的内容进行设计,问卷的内容见表 4.6。

表 4.6 客户满意度调查表的调查内容

调查栏目	栏目主要内容	计划问题数目
基本项目	客户基本情况	一
顾客期望调查	在使用本产品/服务之前顾客的期望值	3个
关于产品/服务总体满意度	客户对服务总体的满意度评价	1个
客户对产品/服务的实际体验	服务内容、响应时间和服务人员态度等	3个
客户对价值实现的感知	商品/服务性价比的考量	2个
获得产品信息渠道	客户获得产品/服务信息渠道	1个
与竞争对手比较	产品和服务方面的比较	1个

续上表

调查栏目	栏目主要内容	计划问题数目
再次购买意向或向其他人推荐的打算	从中分析客户的忠诚度	1～2个
客户抱怨与主动服务	客户对服务的投诉和主动提供服务的内容	3个
问题与建议	客户对企业的意见和建议	1个

② 二手资料收集法

二手资料大都通过公开发行刊物、网络、调查公司获得，所以二手资料具有透明性等缺点，二手资料在资料的详细程度和资料的有用程度方面不具备优势，但它也可以作为深度调查前的一种重要参考。

③ 座谈会调查法

座谈会可以为企业内部座谈或由组织者组织一部分客户自发讨论企业的产品问题和服务质量。

【例4.9】 为了不断改善服务，中铁快运每月都会对公司的客户进行满意度调查。调查前按固定比例，随机抽取发货票据上的客户作为调查对象，以电话调查为主要方式，采用5分制评分。主要问题包括员工的服务态度、取送货及时率、是否主动搬运、能否做到轻拿轻放。调查结束后将客户评分加权汇总，对得分较低的营业部下发通知，限期整改，就调查中发现的较为集中的问题，交由公司有关部门制定预防措施，切实提高客户满意度。

(4)制定数据处理计划、进行经费预算和进度安排

数据处理计划包括数据处理的方法和数据统计分析的深度，如对数据进行基础统计还是运用统计工具和数学模型进行处理。根据调查组织实施的内容，合理预算需要的经费。进度安排应从最初设计调查方案开始到最后的数据分析完成调查报告为止，每一阶段的起止时间都应事前确定，以利于调查总体进度的控制。

(5) 撰写满意度调查设计报告

客户满意度调查报告的内容主要包括：客户满意度调查的概况；进行客户满意度对比分析；根据客户、市场的反馈信息，将获得的资料与历史数据进行比较，与竞争对手比较，找出差距，确定改进方案；提出改进方案和措施。

4.3.2 KPI

1. KPI的含义

KPI是反映个体与组织业绩贡献的评价依据和指标。KPI是通过对组织内部某一流程的输入端、输出端的关键参数进行设置、取样、计算、分析，衡量流程绩效的一种目标式量化

管理指标，是把企业的战略目标分解为可运作的远景目标的工具。

2. 物流企业建立 KPI 体系的作用

物流企业客户服务引入 KPI 管理制度的主要作用是将客户服务水平和运营成本效益量化为指标，从而构建服务品质管理体系。具体作用在于：

(1)通过设定明确的、可衡量的服务指标，使员工清楚地知道公司和客户对服务水平和质量的要求。

(2)通过设定与经营目标相关的关键指标，帮助管理层客观地评估客户服务运作表现，而不是靠主观判断。

(3)利用客观数据分析问题所在，并采取纠正及预防措施。

(4)通过指标衡量企业服务运营成本。

概括起来，物流企业在客户服务中引入 KPI 体系可以让管理者更客观和有效地评估客户服务人员的表现、整体管理素质和运营效益，提高客户服务的专业化管理。

3. 物流企业客户服务 KPI 体系内容

物流企业客户服务的目标是提供优质的客户服务，通过"鱼骨法"对企业提供优质客户服务的关键要素进行分析。首先确定实现企业优质客户服务的关键要素，这些关键要素就是企业的关键绩效领域。通过分析，优质的客户服务主要包含四个要素：优质的订单服务、专业化的呼叫中心服务、CRM 和高效的投诉理赔能力。接下来就是在已确定好的关键要素里分别确定实现此关键要素的关键指标，如图 4.17 所示。

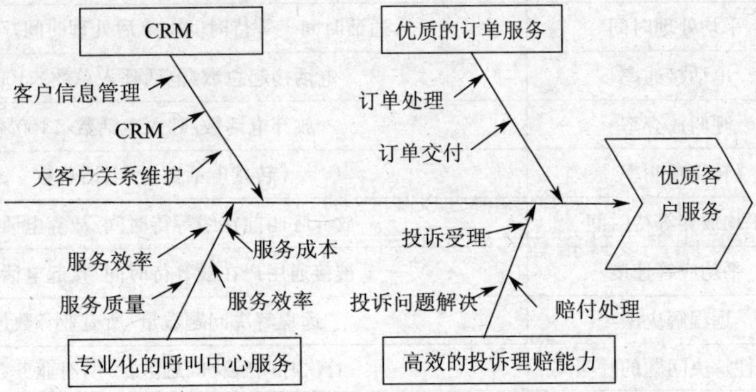

图 4.17　指标分析鱼骨图

(1)订单服务

对订单服务的评估主要包括订单的处理和订单的交付两个项目，用来衡量物流企业从下订单到订单交付的服务效率和质量，主要的 KPI 和评估方法见表 4.7。

表 4.7 物流企业订单服务 KPI 与评估方法

评估项目	主要业绩指标	度量方法
订单处理	订单履行比率	满足订单的数量/订单总数×100%
	订单正确处理率	无差错处理订单的数量/订单总数×100%
	订单服务灵活性	运用对比法给出评价值
订单交付	准时交付率	准时交货次数/交货总次数×100%
	完全交付率	按规定数量交货次数/交货总次数×100%
	正确交付率	按规定货物品种交货次数/交货总次数×100%
	安全交付率	按规定数量交货次数/交货总次数×100%

(2)呼叫中心服务

物流企业的呼叫中心应用的 KRI 包括服务效率、服务质量、资源效率和服务成本四个项目。其中服务效率可作为呼叫中心与客户之间制定的服务指标,其他三个项目可作为呼叫中心内部检测和评估的指标。主要的 KPI 和评估方法见表 4.8。

表 4.8 物流企业呼叫中心 KPI 与评估方法

评估项目	主要业绩指标	度量方法
服务效率	总呼叫数	呼入呼出电话总数
	平均通话时间	通话时间/电话总量
	平均处理时间	(呼入通话时间+等待时间+事后处理时间)/呼入电话总数
	电话接通率	电话接起总数/电话呼入总数×100%
	呼叫放弃率	放弃电话数/呼入电话数×100%
	转接呼叫率	转接电话数量/电话总数
	平均放弃等待时间	放弃呼叫前在线等待时间/放弃电话数量
	平均应答速度	被接通用户在线等待时间/接起电话总数
	远程解决率	远程解决问题数量/所有业务数量
	一次性解决问题的呼叫率	首次呼叫解决问题数量/所有业务数量
服务质量	客户满意率	完全满意案例总量/被调查的案例总数×100%
	培训满意率	被培训人员满意数量/被调查问卷总数×100%
	平均监听分数	监听分数之和/监听电话数
	重大错误率	业务准确性为 0 分的电话数/监听电话数×100%
	客户投诉率	客户投诉数/处理呼叫数×100%

续上表

评估项目	主要业绩指标	度量方法
资源效率	坐席占用率	(呼入呼出通话时间＋电话等待时间＋事后处理时间)/工作小时数×100%
	电话系统实际可用率	1－不可用分数/(60×工作小时×工作日)×100%
服务成本	平均单呼成本	总成本/接入电话数
	平均培训成本	培训总费用/人均培训时间
	平均人力成本	总人事费用/员工数

(3)CRM

对物流企业CRM部门的评估包括客户信息管理、CRM和大客户关系维护三个方面，其中客户信息管理主要用来衡量客户信息的采集程度和归档程度，其他两个项目主要衡量客户数量和客户满意程度。主要的KPI和评估方法见表4.9。

表4.9 物流企业CRM部门KPI与评估方法

评估项目	主要业绩指标	度量方法
客户信息管理	客户信息准确率	准确记录信息的客户数量/记录信息的客户总量×100%
	客户信息有效率	信息有效的客户数量/记录信息的客户总量×100%
	客户信息归档率	信息归档的客户数量/记录信息的客户总量×100%
	客户信息完整率	信息完整的客户数量/记录信息的客户总量×100%
CRM	客户回访率	成功回访的客户数量/记录信息的客户总量×100%
	核心客户保有率	本周期核心客户数量/上周期客户总数量×100%
	客户流失率	本周期流失客户数量/上周期客户总数量×100%
	客户满意度评分	客户满意度调查评分
	相关单位满意度评分	相关客户满意度调查评分
大客户关系维护	大客户服务成本	维护大客户的支出金额
	大客户开发计划完成率	一定时间内实际开发大客户数量/一定时间内计划开发大客户数量×100%
	大客户开发数量	新开发的大客户数量
	大客户保有率	一定时间内大客户数量/总客户数量×100%
	大客户收入增长率	(本期大客户收入－上期大客户收入)/上期大客户总收入×100%
	大客户回访率	成功回访的大客户数量/大客户总数量×100%
	大客户满意度评分	客户满意度调查评分

(4)高效的投诉理赔能力

对投诉理赔部门绩效的考评项目主要涉及考查投诉、理赔的处理效率和问题解决的效果，主要是对投诉理赔部门处理投诉的效率和处理质量进行的评估，主要的 KPI 和评估方法见表 4.10。

表 4.10 物流企业投诉理赔部门 KPI 与评估方法

评估项目	主要业绩指标	度量方法
投诉受理	投诉处理平均用时	投诉解决时间－客户投诉时间
	客户投诉处理及时率	及时处理的投诉次数/处理投诉总数×100％
	客户意见反馈及时率	及时反馈意见的次数/意见总数×100％
	投诉问题数量增减率	投诉问题的增量或减量/总投诉问题数量×100％
投诉问题解决	投诉问题解决率	有效解决的投诉次数/受理投诉总次数×100％
	投诉解决满意率	完全满意案例总量/被调查的案例总数×100％
	投诉回访率	回访的投诉客户数量/投诉客户总数×100％
赔付处理	赔付平均用时	完成赔付时间－受理赔付时间
	赔付及时率	及时处理的赔付次数/处理赔付总数×100％

总之，KPI 是与企业服务战略目标相关的指标，同时，这些指标随着企业战略目标的改变也存在着变动性。应用 KPI 体系，一方面可以量化物流企业服务过程中的服务质量和服务效率，另一方面考虑到实际应用，不同物流企业的客户服务绩效评价指标体系可能不完全相同，关键指标也可能会不断变化和调整。

【例 4.10】 中铁快运客服中心建立适用于自身业务的 KPI 体系，将多项客服指标综合整理后分成三类，即服务指标、经营指标和管理指标。服务指标包括综合服务指标(接通率、一次性解决率、客户满意率)、服务效率指标(话务量、排班、系统故障率)、服务质量指标(20 s响应率、投诉、服务单检查及录音监听、人员培训考核)；经营指标包括运营总成本、运营总收入、营销能力；管理指标包括客户管理、人员管理、系统管理。三类指标相辅相成。

高效的服务指标是基础，科学的管理指标是保障，不断上升的经营指标是目标。

4.3.3 客户投诉问题库

1. 客户投诉问题库的含义

客户投诉问题库是按照投诉信息的类别和投诉处理情况，存储投诉问题和管理投诉问题的信息集合。企业通过对问题库内投诉客户群体、投诉内容、投诉原因及所投诉产品等数据的统计分析，由此发现产品、服务和客户期望值之间的差距，从而提高产品和服务质量，增加客户满意度，进而获得更强的竞争力。

2. 物流企业建立客户投诉问题库的作用

物流企业建立客户投诉问题库是对投诉问题的处理，对投诉危机的防范。具体作用表现在以下几个方面：

(1)高效处理客户投诉

物流企业建立投诉问题库可以完整地收集客户投诉信息，通过标准化、人性化的管理将不同的客户、不同的需求进行分流和处理，使客户问题由最有资源和最有能力的部门处理好，大大提高了投诉的处理效率。

(2)系统分析客户投诉

物流企业投诉问题库的建立，为客户投诉分析提供了大量信息和数据，企业可以从客户投诉中得到产品或提供服务过程中存在的问题。通过对问题库的分析，可为企业提供持续改进的方向和依据，还可以通过投诉问题分析改进企业的质量管理体系，作为市场调查数据加以充分利用。

(3)有效预防客户投诉危机事件

通过投诉问题库的积累，对投诉危机事件能够进行有效的监测，当投诉事件中某些指标偏离正常值时，立即发出预警信号，并协助投诉部门制定正确的危机处理决策，选择最佳方案，准确、迅速地推行。

3. 物流企业客户投诉问题库分析的内容

物流企业对投诉问题库进行分析时，需要关注的重点问题包括：什么事情引发的投诉频率最高、哪些环节容易受到客户投诉、企业相应的解决方案是什么、行动责任人是谁、希望问题解决的时间点等。做好投诉分析，企业可以从繁杂的投诉中，发现企业客户服务的缺陷和盲点，同时可以从中挖掘出客户需求信息，了解客户期望值。

(1)投诉问题分类

对投诉问题库进行分析，首先要根据客户投诉的信息划分投诉类型。对投诉信息的划分包括以下几类：

① 服务质量类投诉

服务质量类投诉是指客户在接受产品和服务的过程中感受的不满而引起的投诉，投诉原因包括服务人员言行粗鲁无礼、服务态度冷淡、推脱责任、送货不及时、搬运粗暴、手续烦琐、乱收费用等。服务质量类投诉问题的核心特征是为客户在使用产品和服务过程中带来不便或精神上产生不满。

② 作业质量类投诉

作业质量类投诉是指客户认为物流服务没有达到预期目的，出现作业质量问题而引起的投诉。作业质量问题常常是由于企业在物流作业环节上的操作疏忽或失误导致物品的送达时间超出时限、物品损坏或物品的丢失短少等现象。作业质量类问题的核心特征是客户在使用产品或获得服务中遭受了经济损失。

③ 按产品/服务销售区域或客户群体分类

按投诉的区域分类是指按投诉问题涉及的部门所在地或所在分公司进行分类。

按客户群体分类是对投诉的对象，包括普通客户、重要客户（企业客户、大客户和签约客户）和敏感客户（由公司或客户服务中心认定的特殊客户）形成的投诉进行分类。

④ 按月度或年度时间进行分类

按月度或年度时间进行分类是指定期或特殊时期（如发货高峰期）对客户投诉进行的分类汇总。

⑤ 按导致投诉的其他原因分类

导致客户投诉的其他原因包括客户自身的原因、政府监管和社会原因等。客户原因的投诉行动与客户的经济承受能力、闲暇时间充裕程度、个性特征和诉求有直接关系。为帮助消费者维权，工商部门开通“12315”热线，鼓励消费者自觉维权。

物流企业的投诉理赔部门在对所有的投诉信息定期进行分类和分析的基础上，确定投诉存在的主要问题和出现频数，判断其是频繁发生、重复出现的系统性的问题，还是偶尔发生的个例，可以通过统计技术的应用，判断投诉问题的发展趋势。

【例 4.11】 中铁快运通过对已受理投诉案件的统计分析，根据投诉的不同性质，将投诉分为三类：服务态度类、作业质量类、综合类。对于作业质量类投诉，根据事故发生的环节不同，又可分为发送环节、中间环节、到达环节、事后处理环节。

中铁快运客户投诉问题类型如图 4.18 所示。

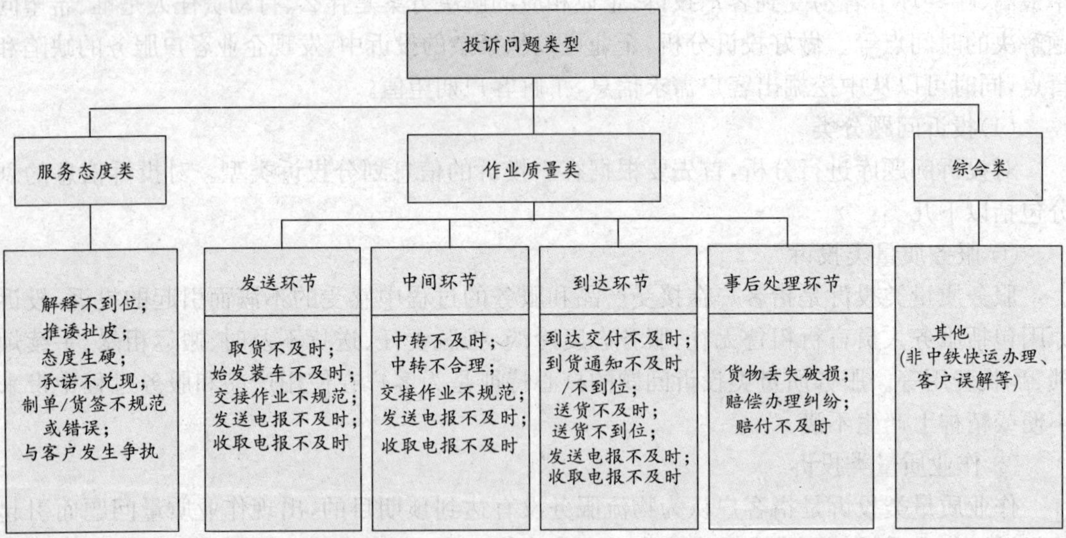

图 4.18 中铁快运客户投诉问题类型

(2)对投诉信息的分析

在对投诉信息分类的基础上，物流企业要对投诉信息进行定期分析，分析时应考虑到以下几点：

①一次性解决的投诉。

②超出规定期限解决的投诉。

③提交外部或上级解决的投诉。

④升级投诉。

⑤重复发生的投诉或反复的投诉。

在进行投诉信息分析时，投诉理赔部门应注意由于管理系统因素所导致的质量问题，这可能是导致投诉问题重复发生的主要原因。在投诉问题分析过程中，通常可选用统计分析法、趋势图、柱状图、因果分析图等统计技术工具进行分析和查找原因。

4.3.4 呼叫中心服务质量监控

呼叫中心服务质量监控是以实时系统监控与坐席人员录音监听相结合的方法，通过实时监控随时了解呼叫中心的运营状况，通过对坐席人员录音质量的监听，保证工作人员的服务质量。

1. 实时系统监控法

(1)实时系统监控法的含义和作用

呼叫中心的客户服务质量实时系统监控法是指通过信息手段实现对呼叫中心服务的信息化管理，并对工作人员的安排、业务状况和系统状态实行预测和实时监管的方法。

物流企业呼叫中心的实时系统监控法的作用主要有以下几点：

①实时掌握呼叫中心系统运行状态，以便及时处理各种故障。

②实时预测人力需求，实时反映话务量，以便实现实时排班机制。

③实时反映坐席线路状态，实现对话务人员的监管。

④提供对业务关键数据的监测，以便提高响应速度，优化服务质量。

集成这些功能的实时系统监控法，将系统运行信息和数据及时反映给管理者，包括每一条线路、每一个接线员，会大幅提高管理效率，有效改善服务质量。

(2)物流企业呼叫中心实时系统监控法的监控内容

① 报告系统状态和告急信息

实时监控系统以短信的方式及时报告系统的各种状态和告急信息（包括系统进入上下班状态报告、系统当前时间、线路故障告警、人员告急、整点情况通报等信息），使管理人员不需要时刻监守在监控界面前。对人员告急信息还要在网页上同时提供告急音效。

② 显示话务分布情况及人员

以时间序列曲线图的方式实时提供外线来电数、在线客服人数、当前通话线数等及时信息，并通过历史数据预测未来话务量趋势。通过该图管理人员可以直观地了解一天话务分布情况，并对话务趋势作出有效判断，提前做好人员安排。

③ 显示电话接听情况和员工工作情况

以表格的形式实时显示 ACD 服务器分配情况和路由信息，在界面上按业务分组显示，并按不同的优先级次显示电话接听过程，同时显示各线路状态信息。对坐席线路同时还要检测其工作状态，判断并准确显示坐席当前状态(包括正常通话、休息、空闲等状态)，并统计、显示处于该状态的累计时间；另外还需要实时统计、显示当日工作结果[包括累计接听电话数、累计接听电话时间、超过一定时间接听电话数(该项可监控接听不及时的现象)、超时未接数等情况]，并统计总通话时间、当前状态延续时间、掉线数等。通过该表信息，管理者可以实时、准确地掌握来电接听情况和员工工作情况。

④ 反馈亟待处理的关键业务数据

亟待处理的关键业务(如最近必须要回复客户而没有得到及时处理的业务、最近待处理业务、最近处理失败业务、最近遗漏处理业务等)数据会进入监控系统。关键业务处理不好将会大大影响服务质量，关键业务数据以表格形式显示在监控界面，反馈给管理人员，以便能及时安排处理。

2. 录音监听法

(1)录音监听法的含义和作用

录音监听法是指呼叫中心的质量管理人员对所监听的电话进行问题分析，找出不符合服务质量标准的原因，通过录音共享、坐席自我监听、培训等手段提高坐席的服务意识和服务质量的方法。

物流企业呼叫中心实施录音监听的作用有以下几点：

①查明服务当中的问题所在，评估员工工作表现，总结绩效，改进措施。

②不断提升服务品质，从而提高客户满意度，完善企业形象。

③持续不断地改善运营绩效，实现更高的运营效率。

④提高呼叫中心的认同度，提升呼叫中心在企业中的定位和价值。

(2)物流企业呼叫中心实时录音监听法的内容

① 确定录音监听内容

呼叫中心进行录音监听首先要确定实施监控标准和监听内容。物流企业呼叫中心的管理人员需要对影响企业目标实现的要素进行重点监控。为了确保监控取得成效，需要分析和研究监控对象，确定影响客户服务质量的因素。影响呼叫中心服务质量的因素主要来源于三方面，即职业服务规范、服务技巧和业务能力。除此之外，为了对服务质量问题作出及时、灵敏的反映，质量管理人员要选择关键的监控点，对容易出现问题的环节进行监控。

客户服务中心的关键监控点有以下几方面：

a. 服务规范要求的关键监控点:开场白、结束语、亲和力、礼貌用语等。

b. 服务技巧的关键监控点:控制能力、倾听理解能力、处理问题能力等。

c. 业务能力的关键监控点:专业知识的掌握情况、系统操作能力等。

d. 责任的关键监控点:首问责任、主动营销等。

e. 加分项是指客户对呼叫中心的服务满意,当时表示了认可或表扬,可适当加分。

呼叫中心服务质量监听内容具体评分标准见表 4.11。

表 4.11 呼叫中心服务质量监听内容评分标准

内容	序号	项目名称	评估标准	分数(分)
服务规范(满分 25 分)	1	服务用语规范(满分 5 分)	自觉遵守服务用语规范	5
	2	服务态度(满分 10 分)	吐字清晰、用语礼貌、得体。客户确认身份后,对其称呼加上姓氏	10
	3	服务忌语(满分 10 分)	是否有顶撞、轻视、生硬等忌语,是否经常打断客户说话	10
服务技巧(满分 30 分)	4	控制通话节奏(满分 8 分)	控制说话节奏的主动权、引导用户顺利完成此次通话	5
			对预计 15 s 的等候用"挂起"键播放音乐,对于一个业务问题,电话挂起时间不超过 1 min	3
	5	安抚客户情绪(满分 12 分)	对于建议者应感谢其致电	2
			在投诉过程中,对客户情绪安抚和控制	10
	6	理解客户意图(满分 10 分)	较快并准确地理解客户的主要问题	5
			通过倾听及时了解客户需求,倾听中用"是"、"嗯",表示你在听	5
业务能力(满分 30 分)	7	业务处理能力(满分 30 分)	业务解释准确,操作流程规范	15
			详细记录客户提供的信息	5
			一次性解决问题的能力	5
			与客户核对信息,并取得客户确认;需后续处理的业务告知客户联系人,并及时回复客户	5
责任(满分 15 分)	8	首问负责	第一次受理的问题服务到底,不推诿给他人	8
	9	主动营销	适时营销本企业优质产品	7
加分	10	客户满意	当时收到客户表扬	5

注:以上评估标准满分为 100 分,加分项额外计算。

② 录音监听方法

录音监听的方法很多,如随机监听、电话录音、现场工作指导、自我监听、电话结束后客户留下评价等。在实际工作中，管理人员可以进行灵活的选择和安排。一般来讲，客户服务中心最常用的是前三种方法。

③ 录音监听结果控制措施

监听结果会影响绩效考核。结合监听的结果，客户服务中心运营系统每月进行一次绩效考核，考核成绩按照一定比例直接纳入本员工的绩效考核总成绩中，直接影响员工的鉴定、评定。

【例 4.12】 中铁快运成立了质量监控组，通过回听录音的方式，对坐席人员的服务质量进行监控。现已建立完善的监控及反馈机制，每日对公司 28 个客户服务营业部的录音进行一定比例抽取，由质量监控人员进行回听及打分。评分机制采取 5 分制，从基本技能（语音语速、用语规范、业务知识、服务规范）、服务态度（语气、语调、回答态度、首问负责）、沟通能力（倾听能力、表达能力、沟通技巧）、营销能力四个方面进行评分，最后计算加权得分。每日将回听中遇到的问题反馈给责任单位，每月公布评分结果，要求得分较低的单位限期整改并上交整改方案。

4.3.5 物流企业客户服务知识库

1. 物流企业客户服务知识库的含义

知识库是按一定要求存储在计算机中的相互关联的某种事实、规则的集合，是经过分类、组织和程序化的知识集合。物流企业客户服务的知识库就是对物流企业的业务信息进行分类收集、合理储存、智能查询并可更新维护的数据库系统。它是物流企业客户服务的重要组成部分。

2. 物流企业客户服务知识库的作用

一套健全的客户服务知识库系统，不但可以保证日常业务的正常进行，还可以成为企业客户服务业务拓展的有力工具。

知识库可向物流企业的内部人员和客户同时提供知识服务。对于内部人员，通过信息的汇总和提炼，可以使企业的客户服务人员提供高效、准确的服务，提升客户满意度；对于客户，当遇到相对简单且较为常见的问题时，可以使用 Web 访问方式获取知识库服务予以解决，有利于降低客服人员及有关技术人员的工作强度，节省人力成本与知识服务成本，缩短问题解决的响应时间。

3. 物流企业客户服务知识库的内容

(1)物流企业客户服务知识库的框架及其内容

物流企业知识库构建具有系统性和动态性，它是一个包含知识资源层、管理构建层和评价层的三层体系，其总体框架如图 4.19 所示。

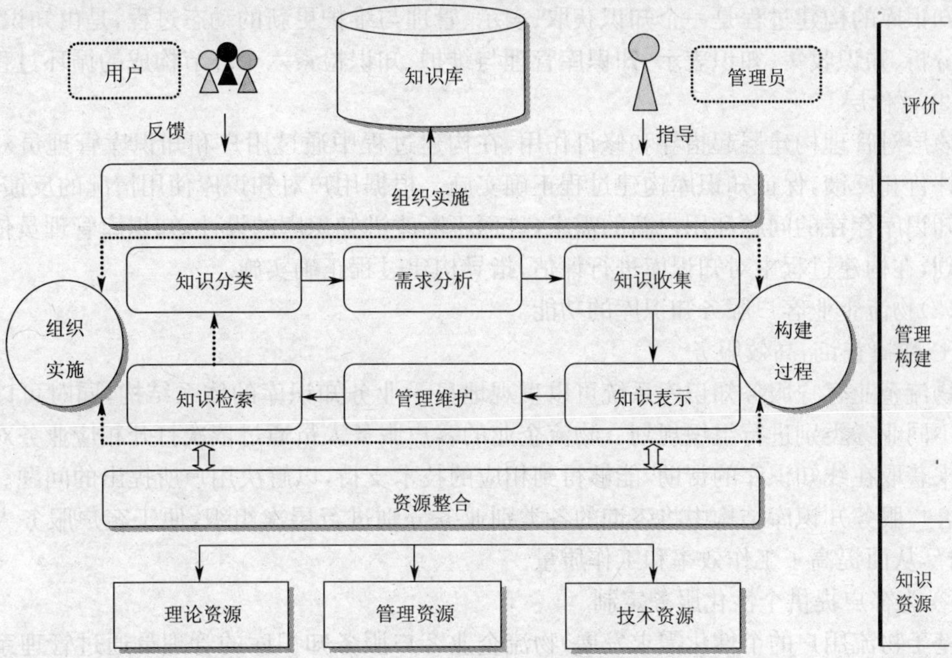

图 4.19 物流企业客户服务知识库的总体框架

① 知识资源层

知识库的知识资源层是知识库的前台展现部分。该层包括物流企业提供客户服务所需的一切资源，前台工作人员和呼叫中心坐席可以使用 IE 浏览器或内嵌浏览器来进行知识检索、浏览以及向用户服务。

知识资源可分为理论资源、管理资源和技术资源三类。理论资源集合了物流企业客户服务过程中所需的服务规章和标准、业务操作流程和客户知识，这部分知识主要来源于服务工作手册、标准服务质量文件、服务结构及人员设置、技术经验文档、员工的操作经验等。管理资源包括企业的网店机构设置、人力资源及企业的组织文化。技术资源包括设备操作支持和设备故障应急处理等内容。知识库管理人员通过资源的整合实现各种资源的统一组织、调度、协调、管理和集成。

② 管理构建层

知识库的管理构建层是整个知识库的核心，包括知识库的构建过程分析和组织实施。构建过程分析是对知识库构建的各环节加以说明；组织实施是建立知识库构建的完整实施步骤，包括选择实施模式、确定实施组织、制定实施计划以及确保知识库与其他系统的集成等。

知识库的构建过程是一个知识获取、表示、管理与维护更新的动态过程，是由知识分类、需求分析、知识收集、知识表示、知识库管理与维护、知识检索六个环节构成的循环过程。

③ 评价层

该层对管理构建层起指导和修订作用，在构建过程中通过用户和知识库管理员对知识库的评价和反馈，保证知识库构建过程正确实施。根据用户对知识库使用情况的反馈，可以发现知识库存在的问题和用户新的需求，进而不断改进知识库的设计；知识库管理员依据构建规划，在构建过程中对知识库进行评估，指导构建过程正确实施。

(2)物流企业客户服务知识库的功能

① 快捷查询，高效服务

物流企业客户服务知识库系统可以直观地显示业务知识库的体系结构，同时可以方便地将不同业务类别进行组织规划。物流企业的客户服务人员通过依次打开相应业务对应的部分来获取在线知识库的帮助，能够得到相应的技术支持，以解决用户所提出的问题。物流企业客户服务知识库结构中将咨询的各类别业务分别进行层次组织，便于客户服务人员进行选择，从而提高了工作效率和工作质量。

② 为客户提供个性化服务定制

基于物流用户的个性化需求发展，物流企业客户服务知识库的管理员通过管理系统根据用户类型与对应的知识库内容进行设置，对于不同的用户或浏览者，可对知识库采用不同的组织形式(模式)，形成不同的知识树。

③ 对企业服务人员业务知识学习提供新途径

内容丰富的在线知识库可以为物流企业的客户服务人员提供大量的知识信息。知识库学习功能可通过知识库留言板实现。客户服务人员可根据现有知识库积累的知识状况对已存在知识进行评论或者对未存在的知识提出具体需求。业务数据管理员通过查询知识库留言板内容，对知识库的内容进行更新，采集整理相应的知识资料，并对原有知识库进行增加或修改，从而实现咨询知识库的学习功能。

4.4 典型案例

案例1：联邦快递的增值客户服务——物流企业的核心竞争力

国际知名物流企业联邦快递，特别重视企业对客户提供的服务，除了建立基本的客户服务部门(如呼叫中心、客户信息数据等)外，联邦快递还为客户提供各方面的增值服务。联邦快递特别强调与客户的配合，针对客户的特别需求制订配送方案，满足不同的客户需求，保证客户满意。

同时，联邦快递还提供一些高附加值的服务，主要包括提供货物的维修运送服务，如将损坏的计算机或电子产品维修后送还使用者；扮演客户的零件或备料基地，即联邦快递扮演客户的零售商的角色，提供诸如接受订单与客户服务处理及仓储服务功能等；协助客户合并分销业务，即联邦快递可协助顾客协调数个地点之间的产品组件运送过程。过去这些作业都必须由客户自己设法将零组件由制造商处运送到终端用户手上，现在的快递业者可全程代劳。

可见，联邦快递的全球物流业务利用其快递物流中心，协助客户节省仓储等的大笔固定成本投资，同时客户还能享有变动成本的便利（使用才付费），更重要的是，客户将货品交由联邦快递运送后，随时可以通过联邦快递提供的各种 CRM 机制，确切掌握货品的行踪。

联邦快递在亚太地区推出其首项 WAP 功能货件追踪服务。客户随时可通过其装设 WAP 的物流电话使用此项服务，服务内容包括追踪联邦托运的货件，联络联邦快递服务热线，查询收件箱地点及服务中心地位，并阅览有关联邦快递的最新消息。通过 WAP 功能，联邦快递帮助客户规划最佳的全球物流路线与方案，协助客户简化与缩短货品运转的流程。联邦快递向客户免费提供计算机设备和网络查询软件，客户安坐在家中，就可以通过互联网实现各种服务需求。

联邦快递为客户提供 24～48 h 的户到户服务，不仅重视对客户的服务质量，还十分注重在服务过程中与客户的合作关系的培养，不断满足客户的服务需求，提供超出客户期望值的服务，赢得客户信任，提升企业在市场的有效竞争实力，巩固企业在快递市场的领先地位。

案例 2：划分客户群体，维系重点客户——物流企业效益的重要基础

D 先生是一家电子产品销售公司的经理，经过 *D* 先生及其团队的共同努力，公司的业务不断拓展。随着公司业务的发展，老客户越来越多，公司知名度也越来越高，甚至经常有新客户慕名打电话来咨询业务。一时间，公司上上下下忙得不亦乐乎，可是还是有些重要客户抱怨公司的响应太慢，服务不及时，而将订单转给了其他厂商，使公司利润流失不少。为此，*D* 先生决定加大投入，招聘了更多的销售及服务人员，来应付忙碌的业务。

一年的经营之后，*D* 先生以为利润应该不错，可公司财务经理给出的年终结算报告显示，利润居然比上一年还少。经过仔细分析，*D* 先生终于发现了其中的症结所在。原来，虽然不断有新的客户出现，但是他们带来的销售额却不大，而这些客户带来的销售和服务工作量却不小，甚至部分新客户还严重拖欠款项。与此同时，一些对利润贡献率比较大的老客户，因在忙乱中无暇顾及，已经悄悄流逝。为此，*D* 先生改进了公司的工作方法：首先梳理客户资料，按照销售额、销售量、欠款额、采购周期等多角度数据进行测量，从中选出 20％的优质客户；针对这 20％的客户制定特殊的服务政策，进行重点跟踪和培育，确保他们的满意

度；同时，针对已经流失的重点客户，采用为其提供个性化的采购方案和服务保障方案等手段，尽量争取客户回归；针对多数的普通客户，采用标准化的服务流程，降低服务成本。

经过了半年的时间，在财务经理再次给出这半年的核算报告中，利润额有了大幅度的回升。

案例3：敦豪快递呼叫中心第一时间响应——优质客户服务的基本保障

德国敦豪是全球规模最大的国际快递公司之一，其航线通达200多个国家，连接世界8万多座城市。敦豪全年365天，每周7天不停地运转，每天平均接收2 200个电话呼叫。在过去的5年，其每年的业务增长超过5%。敦豪逐渐认识到：客户的呼叫与企业的命运紧紧联系在一起，而其设定的目标就是“让每个呼叫用户立即与公司的人员建立联系，无须等待，也不用收听电话的等待音乐”。

敦豪选择Avaya呼叫中心解决方案及管理工具来帮助实现目标，客户服务管理部门就其提出的呼叫处理质量和富有人情味的服务向呼叫中心的人员提供指导和帮助，并利用Avaya提供的呼叫管理工具，以保持其平稳运行，并帮助公司的人员为客户提供最佳的服务。

具体来讲，实时的呼叫数据在屏幕上得到显示，告知业务主管是否有呼叫等待，而且确定来电呼叫是否100%在13 s接听的时限内得到应答。显示的数据还可以确定有多少业务代表已经登录系统，并告知业务代表的空闲和繁忙状态，以帮助业务主管根据当时的具体情况，对呼叫的路由选择实行动态管理。历史数据可以帮助敦豪客服管理部门评估具体人员或业务小组在一个时期内的工作效率，并报告接通率等统计数据的总额和平均值，以便展开训练和培训。

复习思考题

1. 物流和快运企业客户服务特点包括哪些内容？
2. 简述客户关系维护的方法及重要意义。
3. 简述客户服务中心的职责及业务流程。
4. CRM具体包括哪些内容？这些内容相应的评价标准是什么？
5. 发生客户投诉后，科学有效的处理方法是什么？如何避免因投诉而流失客户？
6. 简述物流企业客户满意度调查的作用及评价指标。
7. 什么是KPI？物流企业客户服务KPI体系应包括哪些内容？

5 物流企业信息化建设

随着社会信息化服务水平的不断提高、市场竞争的不断加剧和客户服务需求质量的不断提高，信息化已成为快运和物流企业发展的关键技术支撑，也是衡量快运和物流企业是否具有发展潜力的重要指标之一。因此，快运和物流企业必须建立满足客户需求和企业内部运作、管理需要的信息系统。

信息技术的快速发展为快运和物流企业信息化建设提供了很好的条件，快运和物流企业必须本着理论联系实际的原则，根据企业的市场定位、发展规划、运作组织实际情况等选择适合本企业的信息技术建设信息系统。

物流企业的信息化比快运企业的信息化更加复杂，表现为物流信息的标准化、信息收集的自动化、信息加工的电子化和计算机化、信息传递的网络化和实时化、信息存储的数字化、及由此带来的物流业务管理的自动化、物流决策的智能化。

5.1 物流企业信息化的主要特点

信息化是传统运输企业向现代物流企业转变的重要标志。从某种意义上说，没有物流信息化，就没有现代物流企业。物流企业信息化的主要特点表现在以下几个方面：

1. 以现代物流信息技术为基础

信息化从某种意义上说，就是现代信息技术的广泛应用过程。物流信息化也是这样，是现代物流信息技术在物流活动中的广泛应用过程。但物流信息化不仅仅是一个物流的信息技术解决方案，信息技术只是实现物流信息化的技术手段，它的成功应用，是建立在对物流运行环境、结构、流程与相关经济背景有深刻理解和深入分析的基础上的。

2. 以物流信息资源的开发利用为核心

物流信息资源是物流企业最重要的资源之一，开发利用物流信息资源既是物流信息化的出发点，又是物流信息化的目标，在整个物流信息化体系中处于核心地位。

物流信息资源分内部信息资源和外部信息资源。内部信息资源是指物流企业内部经营管理和各个环节产生的信息资源，如物流计划信息、物流财务信息、物流运输信息、物流仓储信息、物流配送信息等。外部信息资源是指存在于物流企业外部，对物流企业有影响的信息资源，如物流市场信息、物流宏观经济信息、物流政策法规信息等。

物流信息资源的开发利用，不仅要收集、掌握、加工、处理、存储、传递、使用和拓展内外物流信息资源，而且还要在此基础上重新设计物流业务流程，重新定位物流企业内外关系，重新构造物流企业组织架构，重新设计物流制度框架，重新考虑物流企业文化和重新变革管理模式。

未来的物流市场竞争，更多的是物流信息资源开发和利用效能的竞争。

3. 物流信息化覆盖整个物流活动

物流信息化涵盖了物流企业生产经营活动的各个方面和全部过程，包括运输信息化、仓储信息化、装卸搬运信息化、包装信息化、流通加工信息化、配送信息化等。物流信息化除覆盖物流活动的各个环节外，还会引起物流企业组织结构、企业文化、企业经营管理理念和模式的变化。所以说，物流信息化不仅仅是一般意义上的技术改造，还包括对整个社会物流系统和企业运行机制的变革，通过信息技术与传统物流功能的融合，形成新的物流核心竞争能力，丰富物流内涵。

4. 物流企业信息化以增强企业核心竞争力为最终目的

在市场经济条件下，只有具有市场竞争和利润驱动的内在动力，才会使企业产生使用先进的物流信息技术、改造传统物流的迫切要求。尽管物流信息化会使企业在物流上投入一笔资金，还要承受物流信息化带来的组织变革的阵痛，并承担可能失败带来的风险，但一旦成功将会给企业带来很大的经济效益。沃尔玛能够发展成为今天的全球零售业巨头，快运商城能够在几个月内形成规模，京东商城能够抢占 B2C(Business to Customer)市场，一个共同的原因就是其先进的物流信息化解决方案。因此，物流信息化的根本动力就是增强企业的核心竞争力，提高企业的经济效益。

5. 物流信息化是一个过程

物流信息化不是一朝一夕能够实现的，更不能一步到位。特别是对传统运输企业，信息技术最开始的使用只是战术层次，只是某个物流环节的使用，随着不断向物流活动的各个环节渗透，会进一步形成战略性影响。

从作为自动化的工具和信息沟通的手段，到整个物流活动的信息化，是一个渐进的发展过程。物流信息化随着企业的发展而发展，而物流信息化水平的提高又反过来促进企业的发展，形成一个良性循环，从而推动企业不断向前发展。

物流信息化的发展速度和水平提高一方面由于企业的发展水平，企业发展快，物流信息化需求程度高，投入资金大。另一方面由于物流企业员工的信息化知识和水平的高，员工的物流信息化知识水平高，乐意使用信息化技术和设备，可大大降低劳动强度，提高劳动效率，员工有舒适感和成就感。因此，大力加强对员工的信息化知识和技术的培训是提高物流信息化水平的一个重要条件。

物流信息化还是一个不断学习的过程，企业要不断向物流信息化建设较好的企业学习，借鉴同类企业物流信息化建设的成功经验，同时，还要不断总结自己在物流信息化建设道路上的成功经验和失败教训，加深对物流信息化的理解和认识，从而促进物流信息化发展水平的提高。

5.2 物流企业信息化建设的方法

物流信息系统是物流企业信息化的最基本的系统。企业的信息化建设向两个方向发展，第一是电子商务网站，是企业开向互联网的一扇窗户；其次是管理信息系统，它是企业内部信息的组织管理者。无论哪种信息系统，业务基础信息采集的完整和准确是系统建设的关键基础工作，因此系统在建设时应该自下而上、由里而外。以中铁快运为例，其在系统设计前就认真梳理和分析各类运输产品的原始票据及原始基础信息，明确各类业务基础信息采集的操作岗位，从来源上保证数据的真实、有效。但实际上，企业的发展是不平衡的，出现的问题在各个层次的分布是不均匀的，所以，物流企业在进行信息化规划时，对信息化的建设应该做出先后安排。例如，对于由运输企业转变而来的中铁快运，主要面对的问题是已有信息资源的整合以及如何整合，整合后的信息系统应如何继续建设完善，这些同样需要做出合理的计划安排。

根据现在常用的信息系统建设方法，结合物流企业信息系统建设的实际情况及运行效果，企业信息化建设应遵循规模适度、系统集成原则，采用整体规划、系统分析、分步实施的步骤。

5.2.1 物流企业信息化建设的原则

我国物流企业处于快速发展的阶段，企业的规模不断增加，服务范围不断扩大，业务流程不断完善和增加，客户服务内容和质量不断提高，内部管理的要求不断提升。根据中铁快运信息化建设和实际应用的经验，物流企业信息化建设应遵循以下原则：

(1)以满足客户需求为核心。物流企业要克服以满足内部作业和管理需求设计信息系统的习惯思维，树立以满足客户需求为核心的理念，技术上采用客户办理快运或物流的原始单据编码为信息系统的主关键词，客户可以根据此编码方便地查询到货物的实时状态。

(2)服务和业务流程在先，利用适合本企业的信息技术固化服务和业务流程。每个物流企业的市场定位、服务内容和业务流程不同，信息化建设必须先按照以满足客户需求为核心的理念，设计服务和业务流程，再选择适合本企业的信息技术固化服务和业务流程。

(3)系统地设计和规划信息系统建设方案。要考虑物流企业快速发展、客户需求的不断变化、企业的发展、企业信息化投资等因素，系统设计和规划信息系统建设方案，保证信息系统适应企业的发展，避免企业发展过程中重新建设信息系统。

(4)模块化的结构。根据不同客户群、不同业务等设计信息系统的模块结构，适应企业快速发展和业务的增加及完善。

(5)建立信息系统技术标准。明确信息系统各个模块接口、数据库等技术标准，保证信息系统自主研发软件和外购软件有效运行。

(6)保证基础数据的完整和及时采集，适合客户需求和内部管理需求的变化。

(7)建立各种服务和作业基础单据的编码规则，建立以客户办理快运或物流的原始单据编码为信息系统的主关键词和各个基础单据编码为辅助关键词的逻辑结构，提高信息系统的运行效率。

(8)研究适合本企业发展需要的数据库结构。数据库设计的是否合理，关系到信息系统运行的效率和信息服务的质量，必须高度重视。数据库结构和技术是造成我国快运及物流企业信息化与国际知名企业信息化差距的主要原因之一。

(9)基础数据的统一维护。快运和物流具有网络化服务的特征，基础数据的统一维护便于实现客户服务的同一化和提高维护的效果。

5.2.2 整体规划

整体规划是物流企业信息系统建设成功的关键。整体规划阶段的任务是对企业环境、战略、现行系统的状况进行初步调查，根据企业目标和发展战略，确定信息系统的发展战略，对建设新系统的需求做出分析和预测，同时考虑建设新系统所受的各种约束，研究建设新系统的必要性和可能性。通过以上分析，给出拟建系统的备选方案。对这些方案进行可行性分析，写出可行性分析报告。可行性报告审议通过以后，将新系统建设方案及实施计划编成系统设计任务书。

【例 5.1】 中铁快运信息系统的建设从整体规划的角度出发，根据企业的实际情况和发展战略，在有关专家的指导下，经过科学论证确定了大集中的信息系统整体结构。这从原则上为信息系统的建设指明了方向，也有效地避免了后期系统主要程序由于业务的变化而不断地修改，为现在中铁快运信息系统良好地运行提供了良好的基础。

1. 整体规划的内容

总的来讲，物流信息系统的整体规划需要解决以下三个方面的内容：

①系统的总目标和发展战略。进行系统规划，应根据企业的战略目标和内外约束条件（如地域因素、行业因素等），确定系统的总目标和总体结构。系统的总目标规定系统的发展方向，发展战略则提出具体的步骤和每步应达到的子目标，同时还应给出衡量具体工作完成的标准。

②了解企业信息系统及管理状况。对现有应用系统的状况（包括软件设备、硬件设备、

人员、各项费用、开发项目的进展及应用系统的情况）应充分了解和评价。同时对于企业当前的组织结构、业务流程、企业文化、管理制度等情况作一些分析。这些信息都是制定总体规划的基础。

③对相关信息技术的预测。信息系统的建设必然受到信息技术发展的影响。因此，对规划中涉及的软、硬件技术和方法论的发展变化及其对应用系统的影响做出预测，有条件的还应进行评估，以提高技术选型和产品选型的正确性。

2. 信息系统规划的方法

用于信息系统规划的方法很多，主要包括关键成功因素法（Critical Success Factors，CSF）、战略目标集转化法（Strategy Set Transformation，SST）和企业系统规划法（Business System Planning，BSP）。还有企业信息分析与集成技术（BIAIT）、产出/方法分析（E/MA）、投资回收法（ROI）、征费法（Chargout）、零线预算法、阶石法等。本章主要介绍用得最多的前三种方法。

（1）关键成功因素法（CSF）

它包含以下几个步骤：

①了解企业目标。

②识别关键成功因素。

③识别性能的指标和标准。

④识别测量性能的数据。

这四个步骤可以用图 5.1 表示。

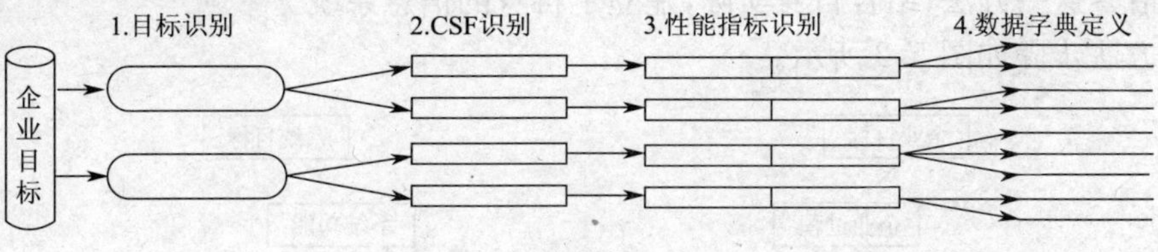

图 5.1 关键成功因素法

关键成功因素法源自企业目标，从目标分解和识别、关键成功因素识别、性能指标识别，一直细化到数据字典。关键成功因素就是与系统目标相联系的主要数据类及其关系，识别关键成功因素所用的工具是树枝因果图。

如何评价哪些因素是关键成功因素，不同的企业是不同的。对于一个习惯于高层人员个人决策的企业，主要由高层人员个人在此图中选择。对于习惯于群体决策的企业，可以用 Delphi 法或其他方法把不同人设想的关键因素综合起来。关键成功因素法一般在高层应用效果好。

(2)战略目标集转化法(SST)

这种方法把企业的战略目标看成是一个"信息集合",由使命、目标、战略和其他战略变量(如管理的复杂性、改革习惯及重要的环境约束)等组成。应用系统的战略规划过程是把组织的战略目标转变为应用系统战略目标的过程。

战略目标集转化法的第一步是识别组织的战略集,先考查一下该组织是否有成文的战略式长期计划,如果没有,就要去构造这种战略集合。可以采用以下步骤:

①描绘出组织各类人员结构,如卖主、经理、雇员、供应商、顾客、贷款人、政府代理人、地区社团及竞争者等。

②识别每类人员的目标。

③对于每类人员识别其使命及战略。

当企业战略初步识别后,应立即送交企业有关领导审阅和修改。

战略目标集转化法第二步是将组织战略集转化成信息系统战略,信息系统战略应包括系统目标、约束及设计原则等。这个转化的过程包括对应组织战略集的每个元素识别对应的信息系统约束,然后提出整个信息系统的结构。最后,选出一个方案送总经理。

(3)企业系统规划法(BSP)

IBM公司在20世纪70年代初将BSP作为用于内部系统开发的一种方法,它主要是基于用信息支持企业运行的思想。在总的思路上,它和上述的方法有许多类似之处,也是自上而下识别系统目标,识别企业过程、识别数据,然后再自下而上设计系统以支持目标。中铁快运就是借鉴这一方法,结合自身实际,建立了自身的信息系统。

BSP方法步骤如图5.2所示。

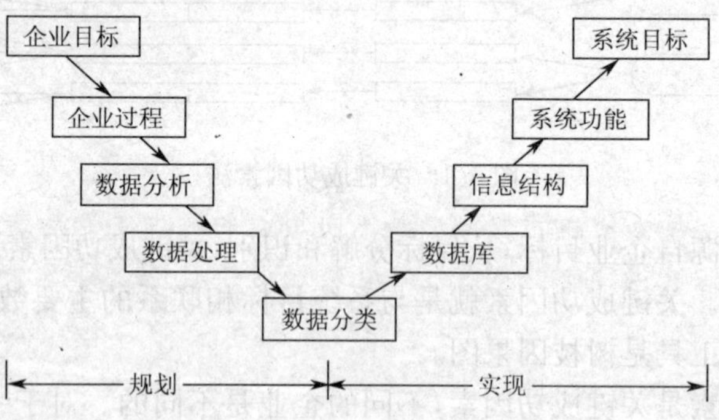

图5.2 BSP方法步骤图

BSP方法包含以下四个步骤:

①确定各级管理的统一目标,各个部门的目标要服从总体目标。通过对企业管理目标

的定义，才能界定应用系统的目标。以中铁快运为例，中铁快运信息系统的建设以满足客户需求为中心，充分整合已有的多个独立运作的业务系统，使得客户一次填写委托书和一次制单缴费就可以完成货物的全程运作，最大程度地实现了信息共享，同时也简化了内部作业操作。

②识别企业过程。这是BSP方法的核心。企业过程定义为逻辑上相关的一组决策和活动的集合。识别企业过程可对企业如何完成目标有深刻的了解，并且有助于定义系统的功能和信息的流程。识别企业过程的步骤包括画过程流程图，写每一过程说明，过程分组，为过程组写说明，过程与组织相关，识别关键过程，修改、确认过程。

【例5.2】 中铁快运在信息系统建设初期，本着方便客户、简化手续、便于操作的原则，对公司原有的业务流程严格按照作业顺序标注出货物流、单据流、资金流、信息流，同时明确各业务岗位的工作程序和质量标准。信息人员全程参加业务部门的流程设计，详细掌握业务流程的内容，认真描述和设计信息系统框图，仔细做好初步和精细设计，最终完成了中铁快运物流信息系统的总体方案设计。

③定义数据类。在识别企业过程的基础上，分析每一个过程利用什么数据，产生什么数据，或者说每一过程的输入和输出数据是什么，将所有的数据分成若干大类。

在这一步骤中，重点是分析数据实体及其相互之间的联系，按照各层管理人员和业务人员的管理经验和一些形式化方法，对数据实体进行聚集分析，将联系密切的实体划分在一起，形成一些实体组，即数据类。这些实体组内部的数据与实体之间联系密切，而与外部实体联系很少，它们是划分数据类的依据，进而在数据类的基础上建立起主题数据库模型，为企业的不同管理需求提供必要的、稳定的、共享的总体数据。对不同数据进行分析和划分是建立高效、稳定数据库的前提和基础。

【例5.3】 中铁快运作为铁路专业运输企业，信息系统的数据处理量成倍增加，对信息数据库的技术有很高的要求。中铁快运信息系统建设初期考虑了设计后5年的业务增量，按照日处理发送票数30万张进行了信息系统能力设计。采用了比较适应的信息数据库优化设计结构，一是提取原始数据形成数据仓库；二是运用JDBC数据库连接技术，实现异种数据库数据访问；三是数据仓库的数据形成不同用途的数据主题后进行使用。由于信息数据库设计得科学合理，虽然目前信息系统日处理发送票数已达到70多万张，但信息系统仍保持正常运行。

④定义信息结构。实际上是划分子系统，BSP方法是根据信息的产生和使用来划分子系统的，它尽量把信息产生的企业过程和使用的企业过程划分在一个子系统中，从而减少了子系统之间的信息交换。具体的做法是用U/C图，U表示使用(Use)，C表示产生(Create)，如图5.3所示。

数据类 / 企业过程	计划	财务	产品	零件主文件	材料单	卖主	原材料库存	成品库存	设备	过程工作	机器负荷	开列需求	日常工作	顾客	销售领域	定货	成本	雇员
企业计划	C	U	U						U					U			U	U
组织分析	U																	
评价与控制	U	U																
财务计划	C	U								U								U
资本寻求		C																
研　究			U												U			
预　测	U		U											U	U			
设计、开发			C	C	U									U				
产品说明维护			U	C	C	U												
采　购						C											U	
接　收						U	U											
库存控制							C	C		U								
工作流程			U						C				U					
调　度			U			U				C	U							
能力计划						U			U		C	U	U					
材料需求			U		U	U						C						
运　行										U	U	U	C					
领域管理			U											C		U		
销　售			U											U	C	U		
销售管理															U	U		
订货服务			U											U		C		
运　输			U					U								U		
会计总账		U				U												U
成本计划						U										U	C	
预算会计	U	U									U						U	U
人员计划		U																C
招聘/发展																		U
赔　偿		U																U

图 5.3　U/C矩阵

这个图的左列是企业过程，最顶行列出的是数据类，如果某过程产生某数据，就在某行某列矩阵元中写 C,如果某过程使用某数据,则在其对应元中写 U。开始时数据类和过程是随机排列的,U 和 C 在矩阵中排列也是分散的。我们以调换过程和数据类的顺序的方法尽量使 U、C 集中到对角线上排列,如图 5.3。然后把 U、C 比较集中的区域用粗线条框起来,这样形成的框就是一个子系统。在粗框外的 U 表示一个系统用另一个子系统的数据,图中用带箭头的线表示。这样就完成了子系统划分,即确定了信息结构的主流。

【例 5.4】 中铁快运借鉴这一做法,对已有业务流程进行了重新梳理,用信息固化流程,实现了信息化和业务流程的相结合。根据信息的产生和使用来划分,中铁快运信息系统由公司核心业务系统、经营管理系统、辅助系统、对外信息服务平台、与铁道部信息技术中心信息交换平台组成。随着公司的发展和业务的增加,中铁快运信息系统目前已有 55 个子系统,既有自己设计研发的软件,又有铁道部有关司局统一下发的软件,同时又有几十个大客户不同信息系统的信息交换。由于技术标准制定的科学和严格执行,实现了信息的有效共享和安全运行。

3. 三种系统规划方法的比较

关键成功因素法(CSF)能抓住主要矛盾,使目标的识别突出重点。用这种方法所确定的目标和传统的方法衔接得比较好,但是一般最有利的只是在确定管理目标上。战略目标集转化法(SST)从另一个角度识别管理目标,它反映了各种人的要求,而且给出了按这种要求的分层,然后转化为信息系统目标的结构化方法。它能保证目标比较全面,疏漏较少,但它在突出重点方面不如前者。企业系统规划法(BSP)虽然也首先强调目标,但它没有明显的目标引出过程。它通过管理人员酝酿"过程"引出了系统目标,企业目标到系统目标的转换是通过组织/系统、组织/过程及系统/过程矩阵的分析得到的。这样可以定义出新的系统以支持企业过程,也就把企业的目标转化为系统的目标,所以说识别企业过程是 BSP 战略规划的中心,绝不能把 BSP 方法的中心内容当成 U/C 矩阵。

我们把这三种方法结合起来使用,称为 CSB 方法,即 CSF、SST 和 BSP 的结合。这种方法先用 CSF 方法确定企业目标,然后用 SST 方法补充完善企业目标,并将这些目标转化为信息系统目标,用 BSP 方法校核两个目标,并确定信息系统结构,这样就补充了单个方法的不足。当然这也使得整个方法过于复杂,而削弱了单个方法的灵活性。可以说迄今为止信息系统战略规划没有一种十全十美的方法。由于战略规划本身的非结构性,可能永远也找不到一个唯一解。进行任何一个企业的规划均不应照搬以上方法,而应当具体情况具体分析,选择以上方法的可取的思想,灵活运用。

5.2.3 系统分析

1. 系统分析的含义

系统分析的任务是在系统规划的指导下,对现有系统进行详细调查,描述现行系统的业务流程，指出现行系统的局限性和不足之处，确定新系统的基本目标和逻辑功能要求，即提出新系统的逻辑模型。

实际上，系统分析是研制开发一个信息系统最重要的阶段，也是最困难的阶段。系统分析的好坏，直接影响到系统质量的高低、使用者是否满意等，甚至直接影响项目的成功与否。

由于系统分析员对企业的具体业务知识并不了解，在系统调查中往往无处入手，不知道该询问用户哪些问题，或者被各种海量的具体数据、大量的文档资料和庞杂的业务流数据搞得眼花缭乱，抓不住重点。事实上，一个较大规模的实际系统，其反映各种业务情况的数据、报表、账页以及业务人员手中的各种正规的、非正规的手册、技术资料等数据相当大，而且各种业务间的联系复杂。对于业务情况不熟悉的系统分析员，在面对这样大量的信息流程时往往很难下手去条理清晰地理出头绪，更谈不上分析制约现行系统的"瓶颈"了。

另外，由于用户往往缺乏计算机方面的足够知识，不了解计算机能做什么、不能做什么。许多用户虽然精通自己的业务，但是通常并不擅长把业务流程明确地表达出来，不知道应该给系统分析员介绍什么，如何去介绍。一些具体业务的处理，用户凭借经验甚至直觉等，认为理所当然地就应当这么去做，这种情况下，系统分析员很难从用户那里获得有用的信息。

因此，系统分析阶段的工作必须深入详细，充分调动用户的积极性，系统分析员要与用户精诚合作。除此之外，也需要使用一定的技术与工具(如图、表等)，直观的图、表既可以帮助系统分析员理清思路，也便于与用户交流。

随着许多信息技术在运输领域的广泛应用和运输企业信息密集程度的提高，运输从业人员的知识水平和技能水平也随之发生变化。铁路运输作为国民经济的基础，其业务运作有其专业性与特殊性，甚至部分业务还具有保密性，因此，加强信息技术人才的培养和运输从业人员信息技术知识与技能的培训，是彻底改变专业运输领域信息技术水平落后的关键。所以，铁路专业运输企业要有既懂信息技术又懂运输业务知识的知识型信息队伍，做好信息系统的整体设计、应用软件的初步和精细设计，把握好本企业信息系统建设和应用的科学性、系统性、有效性和安全性。

2. 系统分析的步骤

系统分析的具体步骤如下：

(1)现行系统详细调查

详尽的调查是系统分析与设计的基础。详细调查现行系统的基本情况和具体结构，并用一定的工具对现行系统进行形象的描述，这是系统分析最基本的任务。只有在充分了解现行系统现状的基础上才能进一步发现其存在的问题(如流程不合理的地方或薄弱环节等)，进而为下一步的需求分析和提出新系统的逻辑模型作准备。详细调查要组织相关部门的业务人员、主管、系统分析人员、系统设计人员的共同参与。系统分析人员要事先制定好调查计划，设计好调查问卷等。调查的方法包括阅读书面资料、实地考察、与业务人员进行面谈、发放调查表、请业务专家为系统分析员作专题报告。

(2)需求分析

这一阶段是在详尽的调查基础上进行分析和综合,并进行评价和检查,进而提出对目标系统的综合要求。主要包括功能需求、性能需求、资源和环境需求、可靠性需求、安全保密需求、用户界面需求、成本消耗与开发进度需求、预先估计的可扩展性需求等。

(3)提出新系统的逻辑模型

对新系统进行适当的文字说明,将已经得到的确切需求清晰、明确地表述,并整理出系统分析报告。

5.2.4 分步实施

在整体规划的基础上,物流企业应根据企业的发展与需要,分步骤地实施各系统。第一是建设基础设施类系统(如基础网络、办公系统、邮件系统);第二是业务运作类系统(如数据采集系统、与客户直接相关的制票系统);第三是业务管理类信息系统(如物流资源调配系统、专项统计系统、票据管理系统、业务考核系统等);第四是专项物流系统(如仓储管理系统、配送管理系统等);第五是对外服务系统(如货物追踪系统、对外服务网站、呼叫中心系统);第六是营销类系统(如 CRM 系统、大客户营销平台等);第七是决策支持类系统(如综合统计系统、比较和分析预测系统等)。

物流企业在进行系统开发时,应根据业务发展需要和轻重缓急,逐个建设,先基础后复杂,先基层后高层,同时要把握好每个系统的建设周期,以 3～5 个月为一个建设周期单元,以有利于阶段目标的实现和企业资金的灵活运作。

【例 5.5】 中铁快运的信息化建设,本着总体规划、分步实施、量力而行、务求实效的方针,建设初期先实施了公司核心业务系统、经营管理系统、对外信息服务平台(网站、客服中心)、与铁道部信息技术中心信息交换平台,以后根据公司发展的需要和资金计划,逐步建设了辅助系统和大客户信息交换平台,并不断完善已建成的系统。为了保证核心基础数据库的相对独立,其他经营管理、辅助等信息系统采用专用服务器和船闸式交换信息的结构,不允许直接访问核心基础数据库。

5.3 业务流程和信息化总体结构的设计

5.3.1 系统总体结构设计原则

(1)简单性

在达到预定的目标、具备所需要的功能前提下,系统应尽量简单,这样可减少处理费用,提高系统效益,便于实现和管理。

(2)灵活性和适应性

可变性是现代化企业的特点之一,是指其对外界环境的变化的适应能力。作为企业的管理信息系统也必须具有一定的灵活性,以便适应外界环境的不断变化,而且系统本身也需不断修改和改善。因此,在这里系统的可变性是指允许系统被修改和维护的难易程度。一个可变性好的系统,各个部分独立性强,容易进行变动,从而可提高系统的性能,不断满足对系统目标的变化要求。此外,如果一个信息系统的可变性强,可以适应其他类似企业组织的需要,这无疑将比重新开发一个新系统成本要低得多。

(3)一致性和完整性

一致性是指系统中信息编码、采集、信息通信要具备一致性设计规范标准;完整性是指系统作为一个统一的整体而存在,系统功能应尽量完整。

(4)可靠性

系统的可靠性指系统硬件和软件在运行过程中抵抗异常情况的干扰及保证系统正常工作的能力。衡量系统可靠性的指标是平均故障间隔时间和平均维护时间。前者指前后两次发生故障的平均时间,反映了系统安全运行时间;后者指故障后平均每次所用的修复时间,反映系统可维护性的好坏。只有可靠的系统,才能保证系统的质量并得到用户的信任,否则就是没有使用价值。

提高系统可靠性的途径主要有:

①选取可靠性较高的主机和外部设备。

②硬件结构的冗余设计,即在高可靠性的应用场合,应采取双机或双工的结构方案。

③对故障的检测处理和系统安全方面的措施,如对输入数据进行校检,建立运行记录和监督跟踪,规定用户的文件使用级别,对重要文件的拷贝等。

(5)经济性

系统的经济性是指系统的收益应大于系统支出的总费用。系统支出费用包括系统开发所需投资的费用与系统运行维护费用之和;系统收益除有货币指标外,还有非货币指标。

系统应该给用户带来相应的经济效益,系统的投资和经营费用应当得到补偿。需要指出的是,这种补偿有时是间接的或不能定量计算的。特别是对于管理信息系统,它的效益当中,有很大一部分效益不能以货币来衡量。

5.3.2 系统总体结构设计的目的

系统总体结构设计的目的是在保证实现逻辑模型功能的基础上,尽可能提高目标系统的简单性、可变性、一致性、完整性、可靠性、经济性、系统的运行效率和安全性,将分析阶段所获得的系统逻辑模型,转换成一个具体的计算机实现方案的物理模型,包括计算机物理系统配置方案报告和一份系统设计说明书。

5.3.3　系统划分及其原则

系统总体结构设计工作应该自上向下地进行。首先总体设计，然后再逐层深入，直至进行每一个模块的设计。总体设计主要是指在系统分析的基础上，对整个系统的划分（子系统）、机器设备（包括软、硬设备）的配置、数据的存储规律及整个系统实现规划等方面进行合理的安排。

人们在长期的实践中摸索出一套子系统的划分方法。虽然它还不太成熟，但已被广大实际工作者自觉或不自觉采用。系统划分原则如下：

（1）子系统要具有相对独立性

子系统的划分必须使得子系统的内部功能、信息等各方面的凝聚性较好。在实际中，我们都希望每个子系统或模块相对独立，尽量减少各种不必要的数据调用和控制联系，并将联系比较密切、功能近似的模块相对集中，这样对于以后的搜索、查询、调试、调用都比较方便。

（2）子系统之间数据的依赖性尽量小

子系统之间的联系要尽量减少，接口简单、明确。一个内部联系强的子系统对外部的联系必然是相对很少。所以划分时应将联系较多的都划入子系统内部。这样划分的子系统，将来调试、维护、运行都是非常方便的。

（3）子系统划分的结果应使数据冗余最小

如果忽视这个问题，则可能引起相关的功能数据分布在各个不同的子系统中，大量的原始数据需要调用，大量的中间结果需要保存和传递，大量计算工作将要重复进行。从而使得程序结构紊乱，数据冗余，不但给软件编制工作带来很大的困难，而且系统的工作效率也大大降低了。

（4）子系统的设置应考虑今后管理发展的需要

子系统的设置仅靠上述系统分析的结果是不够的，因为现存的系统由于这样或那样的原因，很可能都没有考虑到一些高层次管理决策的要求。为了适应现代管理的发展，对于老系统的这些缺陷，在新系统的研制过程中应设法将它补上。只有这样才能使系统实现以后不但能够更准确、更合理地完成现存系统的业务，而且可以支持更高层次、更深一步的管理决策。

（5）子系统的划分应便于系统分阶段实现

信息系统的开发是一项较大的工程，它的实现一般都要分期分步进行，所以子系统的划分应该考虑到这种要求，适应这种分期分步的实施。另外，子系统的划分还必须兼顾组织机构的要求（但又不能完全依赖于组织，因为对于处在发展中的物流企业来说，组织结构相对不是很稳定，经常变动，不断发展完善），以便系统实现后能够符合现有的组织结构情况和人们的习惯，使系统更好地运行。

5.3.4 系统设计的任务

系统总体结构设计的主要任务是进行总体设计和详细设计，下面分别说明它们的具体内容。

1. 总体设计

总体设计包括系统模块结构设计和计算机物理系统的配置方案设计。

(1)系统模块结构设计

系统模块结构设计的任务是划分子系统，然后确定子系统的模块结构，并画出模块结构图。在这个过程中必须考虑以下几个问题：

①如何将一个系统划分成多个子系统。

②每个子系统如何划分成多个模块。

③如何确定子系统之间、模块之间传送的数据及其调用关系。

④如何评价并改进模块结构的质量。

随着我国经济市场化程度的提高，物流市场的客户需求越来越个性化，物流企业需要向社会提供不同的运输产品服务，运价、服务方式以满足这一市场变化。随着信息化应用水平的提高，物流企业的业务部门在经营管理方面对信息化的依赖性越来越强，需求不断增加，造成经营管理软件的频繁修改。因此，物流企业的信息系统必须进行模块化的设计，保证信息系统的优化和运行效率。以中铁快运为例，中铁快运信息系统由业务技术人员和信息技术人员共同研究，实现了模块化设计，使信息系统比较好地适应了公司业务发展快、基础数据修改频繁、管理需求不断增加等需要，也使信息系统的运行管理比较科学和安全。一是分层设计，首先按照不同运输服务产品设计大的模块，再按照该运输服务产品的货物流程、单据流程、信息流程、运价、计费里程等分别划分模块；二是基础数据和业务流程分别形成模块，适应基础数据频繁修改的环境；三是业务流程和经营管理分别形成模块，适应经营管理不断变化的需要。

(2)计算机物理系统配置方案设计

在进行总体设计时，还要进行计算机物理系统具体配置方案的设计，要解决计算机软、硬件系统的配置、通信网络系统的配置、机房设备的配置等问题。计算机物理系统具体配置方案要经过用户单位和领导部门的同意才可实施。

开发管理信息系统的大量经验教训说明，选择计算机软、硬件设备不能只看广告或资料介绍，必须进行充分的调查研究，最好应向使用过该软、硬件设备的单位了解运行情况及优缺点，并征求有关专家的意见，然后进行论证，最后写出计算机物理系统配置方案报告。

从我国的实际情况看，很多企业是先买计算机然后再开发。这种不科学的、盲目的做法是不可取的，它会造成极大浪费。因为，计算机更新换代是非常快的，就是在开发初期和在开发的中、后期系统实施阶段购买计算机设备，价格差别就会很大。因此，在开发管理信息系统过程中应在系统设计的总体设计阶段才具体设计计算机物理系统的配置方案。

2. 详细设计

在总体设计基础上，第二步进行的是详细设计，主要是处理过程设计，以确定每个模块内部的详细执行过程，包括局部数据组织、控制流、每一步的具体加工要求等。一般来说，处理过程模块详细设计的难度不太大，关键是用一种合适的方式来描述每个模块的执行过程，常用的方式有流程图、问题分析图、IPO 图和过程设计语言等；除了处理过程设计，还有代码设计、界面设计、数据库设计、输入输出设计等。

3. 编写系统设计说明书

系统设计阶段的结果是系统设计说明书，它主要由模块结构图、模块说明书和其他详细设计的内容组成。

5.4　信息系统的建设和运行维护

5.4.1　系统的建设

系统的建设也就是我们常说的系统实施。系统分析与系统设计的工作完成以后，开发人员的工作重点就从分析、设计和创造性思考的阶段转入实践阶段。在此期间，将投入大量的人力、物力及占用较长的时间进行系统的实施。

1. 系统实施的目标

在系统分析与系统设计的阶段，开发人员为新系统设计了它的逻辑模型和物理模型。系统实施阶段的目标就是把系统设计的物理模型转换成可实际运行的新系统。系统实施阶段既是成功地实现新系统，又是取得用户对新系统信任的关键阶段。

2. 系统实施的主要内容和步骤

系统实施是一项复杂的工程，管理信息系统的规模越大，实施阶段的任务越复杂。一般来说，系统实施阶段主要有以下几个方面的工作：

①物理系统的实施。

②程序设计。

③系统调试。

④人员培训。

⑤系统切换。

系统实施首先进行物理系统的实施，要根据计算机物理系统配置方案购买和安装计算机硬、软件系统和通信网络系统(如果购买的时间太早会带来经济上的损失),还包括计算机机房的准备和设备安装调试等一系列活动,要熟悉计算机物理系统的性能和使用方法,同时进行的工作是程序设计;接着进行的工作是收集有关数据并进行录入工作;然后是系统调试;最后是人员培训和系统切换。

5.4.2 系统运行

系统切换后可开始投入运行,系统运行包括系统的日常操作、维护等。任何一个系统都不是一开始就很好的,总是经过多重的开发、运行、再开发、再运行的循环不断上升的。开发的思想只有在运行中才能得到检验,而运行中不断积累问题是新的开发思想的源泉。

1. 运行的组织

目前我国不够重视运行,运行组织不健全,运行组织级别不够高。随着信息作用的增加,现在国外企业中信息系统的地位越来越高,信息系统的组织也越来越健全和庞大。从信息系统在企业中的地位看,有以下几种形式:

(1)为企业的某业务部门所有

这种运行组织方式是一种古老的组织方式,信息管理部门为企业的某个业务单位所有。它使得信息不能成为全企业的资源,只能为其他单位提供计算能力,地位太低。

(2)与企业的部门平行

信息资源可为全企业共享,各单位用机权力相等,但信息处理支持决策的能力较弱。

(3)作为企业的参谋中心

这种组织方式有利于信息共享和支持决策,但容易造成脱离群众、服务不好的现象。现在的发展趋势是集散系统,既有全公司信息中心,又在使用计算机较多的部门配置计算机。它实际是前两种方式的结合,但一定要加强信息资源管理,否则容易造成分散化。

2. 系统运行管理

系统运行管理制度是系统管理的一个重要内容。它是确保系统按预定目标运行并充分发挥其效益的一切必要条件、运行机制和保障措施。通常它应该包括:

①系统运行的组织机构,包括各类人员的构成、各自职责、主要任务和管理内部组织结构。

②基础数据管理,包括对数据收集和统计渠道的管理、计量手段和计量方法的管理、原始数据管理、系统内部各种运行文件、历史文件(包括数据库文件)的归档管理等。

③运行制度管理,包括系统操作规程、系统安全保密制度、系统修改规程、系统定期维护制度以及系统运行状态记录和日志归档等。

④系统运行结果分析,就是要通过系统运行结果分析得到某种能够反映企业组织经营生产方面发展趋势的信息,提高管理部门指导企业的经营生产的能力。

3. 建立信息系统各项原点信息操作考核制度

物流企业信息系统应用初期存在的主要问题是各个作业岗位不能按照要求操作原点信息，造成信息链条的中断，严重影响信息系统运行的效果，甚至造成客户和企业内部对信息系统的否定。因此，业务管理部门必须建立信息系统各项原点信息操作考核制度，用信息化技术实现各个原点信息操作质量的监控和考核，保证原点信息的及时采集和信息链条的完整。

5.4.3　系统维护

1. 系统维护的定义

系统维护是指在管理信息系统交付使用后，为了改正错误或满足新的需要而修改系统的过程。

管理信息系统是一个复杂的人机系统，系统内外环境以及各种人为的、机器的因素都不断地在变化着。为了使系统能够适应这种变化，充分发挥软件的作用，产生良好的社会效益和经济效益，就要进行系统维护的工作。

另外，大、中型软件产品的开发周期一般为 1～3 年，运行周期则可达 5～10 年，在这么长的时间内，除了要改正软件中残留的错误外，还可能多次更新软件的版本，以适应改善运行环境和加强产品性能等需要，这些活动也属于维护工作的范畴。能不能做好这些工作，将直接影响软件使用寿命的长短。

维护是管理信息系统生命周期中花钱最多、延续时间最长的活动。有人把维护比成“墙”或“冰山”，以形容它给软件生产所造成的障碍。不少单位为了维护已有的软件，竟没有余力顾及新软件的开发。近年来，从软件的维护费用来看，已经远远超过了系统的软件开发费用，占系统软、硬件总投资的 60%以上。典型的情况是，软件维护费用与开发费用的比例为 2∶1，一些大型软件的维护费用甚至达到了开发费用的 40～50 倍。

2. 系统维护的类型及内容

根据维护活动的目的不同，可把维护分成改正性维护、适应性维护、完善性维护和安全性维护四大类；根据维护活动的具体内容不同，可将维护分成程序维护、数据维护、代码维护和设备维护四类，下面分别对维护的类型和内容作简要说明。

(1)按维护活动的目的分类

①改正性维护

一般来说，系统测试不可能发现一个大型系统中所有潜藏的错误，所以，在大型软件系统运行期间，用户难免会发现程序中的错误，这就需要对错误进行诊断和改正。

②适应性维护

由于计算机科学技术的迅速发展，新的软、硬件不断推出，使系统的外部环境发生变化。

这里的外部环境不仅包括计算机硬件、软件的配置，而且包括数据库、数据存储方式在内的“数据环境”。为了适应变化了的系统外部环境，就需要对系统进行相应的修改。

③完善性维护

在系统的使用过程中，由于业务处理方式和人们对管理信息系统功能需求的提高，用户往往会提出增加新功能或者修改已有功能的要求，如修改输入格式，调整数据结构使操作更简单、界面更漂亮等。为了满足这类要求就需要进行完善性维护。

④安全性维护

管理信息系统要收集、保存、加工和利用全局的或局部的社会经济信息，涉及企业、地区、部门乃至全国的财政、金融、市场、生产、技术等方面的数据、图表和资料。随着病毒和计算机罪犯的出现，管理信息系统对安全性和保密提出了更为严格和复杂的要求。除了建立严格的防病毒和保密制度外，用户往往会提出增加防病毒的功能和保密的新措施，而且随着更多的病毒出现，有必要定期进行防病毒功能的维护和保密措施的维护。

(2)按维护活动的内容分类

①程序维护

程序维护指改写一部分或全部程序，程序维护通常都充分利用原程序。修改后的原程序，必须在程序首部的序言性注释语句中进行说明，指出修改的日期、人员。同时，必须填写程序修改登记表，填写内容包括所修改程序的所属子系统名、程序名、修改理由、修改内容、修改人、批准人和修改日期等。

程序维护不一定在发现错误或条件发生改变时才进行，效率不高的程序和规模太大的程序也应不断地设法予以改进。一般说来，管理信息系统的主要维护工作量是对程序的维护。

②数据维护

数据维护指的是不定期地对数据文件或数据库进行修改，这里不包括主文件或主数据库的定期更新。数据维护的内容主要是对文件或数据中的记录进行增加、修改和删除等操作，通常采用专用的程序模块。

③代码维护

随着用户环境的变化，原有的代码已经不能继续适应新的要求，这时就必须对代码进行变更。代码的变更(即维护)包括订正、新设计、添加和删除等内容。当有必要变更代码时，应有现场业务经办人和计算机有关人员组成专门的小组进行讨论决定，用书面格式写清并事先组织有关使用者学习，然后输入计算机并开始实施新的代码体系。代码维护过程中的关键是如何使新的代码得到贯彻。

④设备维护

管理信息系统正常运行的基本条件之一就是保持计算机及外部设备的良好运行状态。

因此，计算机室建立相应的规章制度，有关人员要定期地对设备进行检查、保养和杀病毒工作，应设立专门设备故障登记表和检修登记表，以便设备维护工作的进行。

综上所述，系统维护应包括对系统的改正、改变和改进这三个方面，而不仅仅局限于改正错误。

3. 维护工作中常见的问题

一个系统的质量高低与系统的分析、设计有很大关系，也与系统的维护有很大关系。在维护工作中常见的绝大多数问题，都可归因于软件开发的方法有缺点。在软件生存周期的头两个时期没有严格而又科学的管理和规划，必然会导致在最后阶段出现问题。下面列出维护工作中常见的问题：

①理解别人写的程序通常非常困难，而且困难程度随着软件配置成分的减少而迅速增加。如果仅有程序代码而没有说明文档，则会出现严重的问题。

②需要维护的软件往往没有合适的文档，或者文档资料显著不足。认识到软件必须有文档仅仅是第一步，容易理解的并且和程序代码完全一致的文档才真正有价值。

③当要求对软件进行维护时，不能指望由开发人员来仔细说明软件。由于维护阶段持续的时间很长，因此，当需要解释软件时，往往原来写程序的人已不在附近了。

④绝大多数软件在设计时没有考虑将来的修改。除非使用强调模块独立原理的设计方法论，否则修改软件既困难又容易发生差错。

上述这些问题在现有的未采用结构化思想开发出来的软件中，都或多或少地存在着。使用结构化分析和设计的方法进行开发工作可以从根本上提高软件的可维护性。

5.5 信息化建设和管理的案例分析

前四节对物流企业信息化的特点以及物流企业信息化建设的方法和过程从理论方面进行了分析和阐述，本节主要以中铁快运为例，对物流企业的信息化建设进行案例分析，重点是从信息化实践的角度，将物流企业信息化理论与实践相结合，进行更深一步的探讨。

中铁快运以服务客户为宗旨，在 2008 年实施信息化建设，实现了由运输企业向现代物流企业的转型。

5.5.1 总体框架

中铁快运信息化体系结构包括以下四部分：

一是公司核心业务管理信息系统，即铁路行包管理信息系统，实现行李、普通包裹、快递包裹、快捷货运（行邮、行包专列）、合约物流、国际货代等业务的全面通办，实现信息全面覆盖、全面采集、安全可靠及时传输和高度共享。

二是铁路内部信息交换平台，实现公司与铁路内部信息系统间的信息安全、实时、可靠交换，实现与铁道部清算、统计、收入、列车调度指挥系统（TDCS、CTC）等相关信息系统间的实时信息交换。

三是对外信息服务平台，包括门户网站、呼叫中心、短信平台等，实现公司与客户间的信息交换，提供交互式信息查询、网上订单、解决方案等供应链全程信息增值服务；为客户提供行包业务咨询、信息追踪、到货取货通知、投诉受理及事故理赔等服务，为客户提供便捷的信息增值服务。

四是公司企业资源规划（ERP）平台，以公司核心业务信息系统为基础，实现公司经营管理、管理决策、统计分析的信息化管理，为公司实施专业化精细管理提供技术支撑。

5.5.2 实施步骤

中铁快运信息化分为三个阶段进行建设：

第一阶段，建设数据采集系统和内部信息交换平台。以中铁快运信息系统精细整合为核心，实施核心业务系统应用软件、信息网络、信息设备、技术标准、数据、机房、制度和信息人员的全面深度精细整合，构建公司信息支撑新体系。

第二阶段，建设企业资源规划（ERP）系统和对外物流信息服务平台。以建设中铁快运ERP系统建设为核心，建成异地数据灾备中心，建设并完善公司对外物流信息服务平台，初步完成中铁快运信息化总体规划框架中四大板块建设。

第三阶段，实施信息整合。实现高度信息共享，全新打造完整的企业信息服务链条，构建完整的物流信息化平台。

5.5.3 组织机构

中铁快运十分重视信息化工作，公司领导亲自主持、管理信息化建设工作，定期组织召开信息化建设工作会议。

中铁快运成立了信息化建设领导小组（以下称“领导小组”），作为公司信息化建设的领导机构，由公司正职领导任组长，公司其他高管成员任副组长，公司各职能部门任组员单位。

中铁快运成立了中铁快运信息化建设领导小组办公室（以下称“信息办”），作为领导小组的日常办事机构，跨部门协调信息化工作。

中铁快运信息化建设组织结构如图5.4所示。

中铁快运的这种信息化建设组织结构，属于典型的矩阵型架构，在职能型架构下成立大项目办公室的模式，人员隶属于各职能部门，但业务管理权归信息办负责。人力资源配备协调方面，主要依靠各职能部门的支持，依靠领导小组强有力的推动。

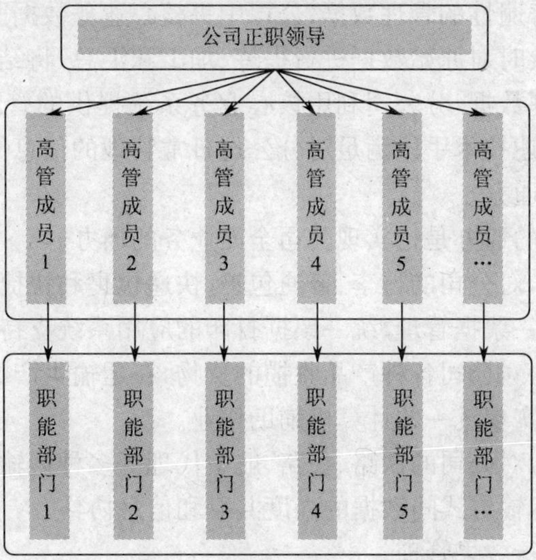

图 5.4 中铁快运信息化建设组织结构图

5.5.4 核心业务信息系统

中铁快运核心业务管理信息系统是公司内部最基础、最核心的信息系统，是生产信息系统。该系统采用大集中式结构，以总公司作为数据中心，营业部(网点)采集的数据向总公司集中，信息网络向总公司汇集，应用系统由总公司统一管理，并提供统一的信息服务。

①采用模块化结构，统一规范接口技术标准，实现拼图式应用系统。

以数据的采集、存储、加工、交换、综合利用和信息服务过程为依据进行单元划分，在单元划分基础上细分功能，形成功能模块组件，通过建立组件间统一的标准化接口，完成功能模块组件的拼接，实现拼图式应用系统。

②在公司中心机房建设核心业务数据服务平台。

通过统一的数据应用接口，实现三级管理机构和作业单元的信息共享，对公司的经营、管理和生产提供统一质量的信息支撑服务。

③在公司中心机房建设对外服务平台。

以公司中央数据仓库为统一数据源，通过建设多样化的数据服务接口，满足信息服务对象对信息服务内容和数据交换方式的要求，实现向铁道部、各铁路局、合作伙伴和客户提供统一质量的信息服务。

④分公司的数据利用。

分公司作为公司的重要管理层面，需要大量、全面、准确、及时的管理信息支持日常的经营管理工作。在以数据高度集中为特征的新体系下，分公司业务管理数据将从两个渠道获得，一是对于规律性和普遍性的管理数据，公司中央核心业务数据服务平台按照数据使用要求和分公司管辖范围，及时对原始数据进行提炼、加工和汇总，将结果向分公司下发；二是对于实时性、个性化的管理数据，分公司利用核心业务系统提供的管理软件，直接从公司中央数据仓库获取。通过上述技术手段满足对分公司日常管理的信息支撑。

⑤核心业务系统的通办。

公司核心业务系统的通办是指实现公司全面业务的通办。

一是产品销售通办，对公司的行李、普通包裹、快递包裹和快捷货运产品，实现统一基础数据、统一计价引擎、统一票据管理、统一票据打印的应用系统支持。

二是运输作业通办，对公司各种产品收揽的货物，在运输生产的接取、计划、装车、卸车、交付、配送、仓储等环节实现统一的计算机辅助作业。

三是运输方式通办，对公司的铁路、公路、航空代理等多种运输方式，实现统一的辅助调度指挥功能，形成多种运输方式间数据的高度共享和信息协作。

⑥核心业务系统运行效果管理。

管理是信息系统发挥应用效果的根本保证，管理也同样需要信息技术给予支持。在新体系的核心业务系统中，将针对系统运行目标制量化考核提供管理功能。

一是提供原始数据传输及时、准确和完整性考核数据。

二是提供装车计划、中转计划数据传输及时、准确和完整性考核数据。

三是提供系统运行状况检测功能。

四是统一利用原有的拨号网络服务设备，在关键信息节点建设备用拨号网络。

核心业务系统可分为 24 个子系统，如图 5.5 所示。

5.5.5 信息化建设的启示

中铁快运充分借鉴铁路信息化建设、同行运输企业和物流企业信息化建设的成功经验，经过多年的信息化实践，积累了比较丰富的经验，形成了自己的特色。

(1)公司高管推动

在每项信息系统建设过程中，公司高管，特别是总经理(CEO)、信息化分管领导(CIO)都会全力支持，帮助协调各方关系，给予人力、物力和财力的支持。公司一把手和其他高管人员(COO、CFO)经常亲自参与业务流程研讨、技术方案制定，亲临现场指导工作，参与到信息化工作中。

(2)坚持流程再造

中铁快运的信息化建设不再是对过去业务流程的简单模仿，按照“方便客户、规范流程、信息固化、易于操作”的原则，对新业务流程的信息固化。中铁快运信息化的一个突出特点就是严格按照新业务流程进行设计，系统使用和产生的表、单证格式统一，解决了几十年来形成的流程不规范，单证格式不一致的突出问题。

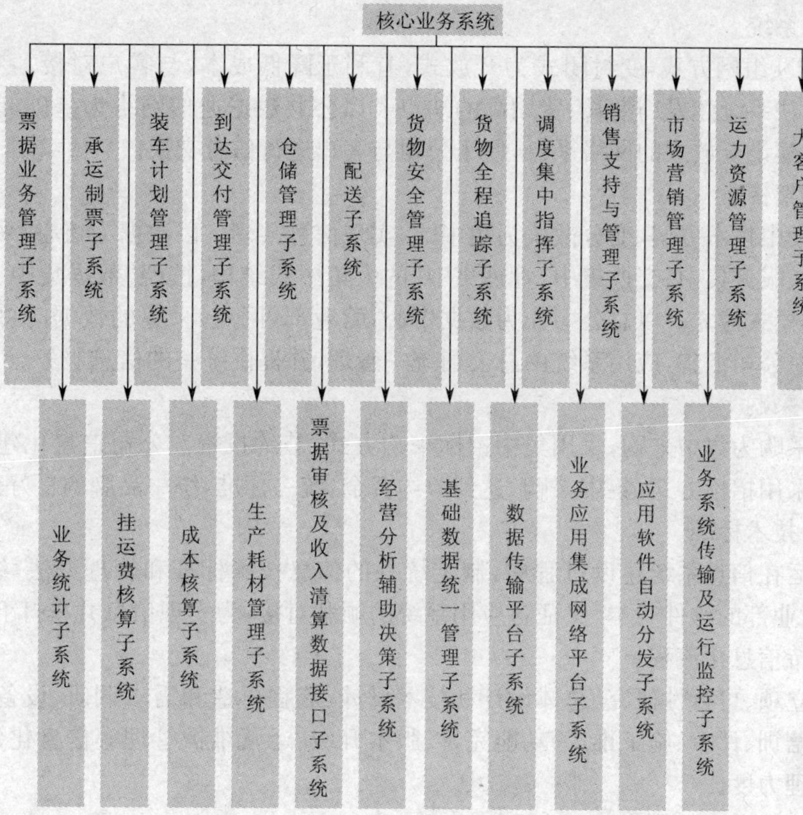

图 5.5　中铁快运核心业务信息系统组成

(3)精细化管理

通过精细化管理单元，建立健全施工组织体系、施工例会制度和信息通报制度，加强信息设备“购、用、管、修”管理和技术文档标准化建设，强化人员培训，切实实践了公司专业化管理要求。

(4)各职能部门配合

中铁快运信息化建设取得的成果绝不仅仅是单凭信息部一已之力能够办到的。公司各部门、各分公司和营业部充分认识到信息化建设对公司的生存和发展所具有的重大意义，协同一致、形成合力，主动有效地参与到信息化建设过程中。

(5)统筹规划

统筹规划帮助公司解决了三类问题：一是统一各子系统间的数据接口；二是在实施新业务流程前提下，形成了信息系统的统一版本；三是统一数据采集渠道，完整、准确、快速的数据采集是数据综合利用的基础。

(6)开放系统

采用 VPN 组网方式,变封闭式为开放式,有利于降低成本,与客户对接。变内网为公网,克服了以往系统建设周期长、费用高的缺点。以公共数据通信网络为基础,以专用网络通道为辅助,建设开放式的网络平台,便于公司与客户进行信息交换。

(7)集中架构

采用大集中技术方案,变分散式为集中式,实现信息共享。以数据为核心,采用"数据集中、网络集中、服务集中、交换集中、管理集中"的大集中式结构,按照"数据集中、分布计算、综合利用"的模式建立。以总公司作为数据中心,营业部(网点)采集的数据向总公司集中,信息网络向总公司汇集,应用系统由总公司统一管理,并提供统一的信息服务。

(8)集中采购

变分散采购为集中采购,采用集中招标采购方式,节约投资。公司信息化建设所有软、硬件设备均采用招标方式,集中采购,达到节约资金,统一标准,统一品牌的良好效果。

(9)统一技术标准

中铁快运在信息系统建设过程中,制定统一的信息技术标准和管理办法,统一数据格式,统一各营业部的软件版本,保证各应用系统的顺利对接,为实现信息共享打下坚实基础。

(10)坚持信息化流程

从项目立项、可行性研究、总体设计和技术设计、流程再造和需求调研、设备采购、软件研发、试点、培训、评审、施工推广、功能完善、版本升级、运营维护管理等信息化建设的各个环节强化管理力度。

(11)实现信息完整采集

规范业务操作,加强信息系统操作考核,保证数据完整、及时、准确的采集,提高数据质量。

复习思考题

1. 简述物流企业信息化建设对物流企业发展的重要性。
2. 简述物流企业信息化建设的出发点。业务流程在先信息技术固化在后的说法对吗?
3. 简述物流企业进行信息化建设的过程和实施步骤。
4. 简述运输企业与物流企业信息化需求的相同点和不同点。
5. 简述物流企业信息系统采用集中式或分布式的优缺点。

6　物流解决方案的设计和实施管理

众所周知，物流服务是一种有目的、有计划的商业实践活动，任何形式的物流服务运作都是以一定的准备工作为基础条件的。因此，从提供物流服务的角度出发，物流企业在专业化的服务营销过程中，往往需要针对客户的物流需求，设计解决客户各种物流问题的方法、模式和流程，将这些内容集合在一起，就构成了一个物流解决方案。物流解决方案是一种指导物流运作的专业性“脚本”。科学规范的物流解决方案可以帮助物流服务需求者和提供者减少物流服务运作的盲目性，使物流交易双方找到方向感。物流企业还可以借助物流解决方案的制作过程，收集和掌握客户的相关信息，为安排、组织物流服务计划的实施做好准备。

需要指出的是，客户物流需求是指客户因为各种商业、政治、文体、军事等活动而产生的对“物”的空间、时间和费用的需求，涉及物品的运输、仓储、装卸搬运、包装、流通加工、物流信息管理等基本的功能性物流活动及物流系统设计、物流金融等物流服务的增值活动。

本章主要是从物流服务提供者（物流企业）的视角来研究物流解决方案的设计与实施管理问题。

6.1　物流解决方案的定义与分类

所谓物流解决方案（Logistics Solution Plan），就是针对某种物流活动专门制订的，进行物流工作的具体计划或对某一问题规划的统称。

从物流解决方案的具体内容来看，常见的物流解决方案有四类，见表 6.1。

表 6.1　物流解决方案分类

类　型	案　例
规划类	食品行业物流发展规划方案、北京某物流园区规划方案、某医药物流中心规划方案、某炼钢企业供应物流系统规划方案
咨询类	某集团公司物流战略方案、某物流企业物流业务发展战略方案
信息类	医药行业物流信息化解决方案
交易类	某企业配件物流项目建议书、某电视机制造企业成品物流运输方案、某汽车制造企业集成化售后配件物流集成化解决方案

第一种是规划类的物流解决方案，使用的领域是对某一行业、区域、企业的物流做出具体的规划，如冷链行业物流发展规划方案、某区域物流规划方案、某物流园区规划方案、某物流中心规划方案、某企业物流系统规划方案等；第二种是咨询类的物流解决方案，一般是由咨询机构对某地区、某企业的物流进行管理咨询而形成的物流解决方案，如某集团公司物流战略方案、某物流企业物流业务发展战略等；第三种是行业物流的信息化解决方案，一般是由软件公司针对某一行业的物流而设计的物流信息化解决方案，如医药行业物流信息化解决方案、煤炭企业物流信息化解决方案等；第四种是物流交易类的解决方案，一般是物流企业（第三方物流服务提供者）针对某种物流服务项目而设计的物流服务项目建议书或物流服务运作方案。物流服务运作方案按照物流服务提供的内容又可分为功能性物流解决方案和综合性物流解决方案，如某企业电视机成品运输方案、某汽车制造企业售后配件物流集成化解决方案等。

按照使用目的不同，物流企业制订的物流解决方案一般分为两类：一是物流企业投标时，依据客户招标文件设计的物流服务项目建议书，目的是对客户物流服务招标作出响应和承诺，争取入围竞标；二是针对客户物流需求而专门定制的物流服务运作方案，目的是与客户达成物流服务交易，指导物流服务运作。物流服务运作方案按照提供的物流服务内容又可分为功能性物流服务方案（如物流运输方案、仓储配送方案）和综合性的物流解决方案。

设计有效的物流解决方案，是物流企业进行服务专业营销的重要手段，也是物流交易双方进行物流治理，提升物流服务水平的一种有效工具。因此，在物流管理的实践中，搞好物流解决方案的设计工作，对于物流交易双方来说是一项非常有价值的工作。

6.2 客户物流需求调研的原则与内容

需求决定供给，物流需求是物流服务产生的源泉。对于物流服务提供者来说，准确把握客户需求，是其成功营销客户，为客户提供满意物流解决方案的先决条件，也是提供后续物流服务的基础。因此，物流企业在专业服务营销活动中，必须依据客户需求来安排自己的生产经营活动，才不至于产生服务偏差。

物流需求调研是指运用科学的方法，有目的地、系统地搜集、记录、整理目标客户的物流信息和资料，分析市场情况，了解客户及物流的现状和发展趋势，为设计物流解决方案提供客观的、正确的信息资料。要达到客户物流需求调研的目的，调研工作必须坚持一定的原则，以指导调研工作的行为。

客户物流需求调研是设计物流解决方案不可省略的基础性工作。就如同一个裁缝为别人制作服装一样，在正式为他人缝制服装之前，他必须首先掌握丈量人体形的方法及为他人缝制服装所必需的体形数据和穿衣者的各种个性化要求，如果没有这一点，他就失去了为别人做好衣服的基础条件，做出的衣服也就不可能满足别人的需求，更体现不出他精湛的手艺。同理，物流企业在为客户提供服务时，根据客户需求，设计物流解决方案也需要对客户的物流需求进行有效地“丈量”，这个“丈量”客户物流需求的过程就是一种专业化的调研过程。

6.2.1 物流需求的内涵与特点

调研客户物流需求，首先应该清楚什么是客户物流需求以及客户物流需求有哪些特点。根据经济学理论，人类因为各种需要和欲望产生了各种需求，需求就是人们在某种价格条件下愿意和能够购买某种物品或服务的愿望。因此，客户物流需求可以定义为客户因为物流活动的需要而购买某种物流服务的愿望。在这里，物流服务提供者所提供的服务就是满足客户物流需求的一种无形的产品。物流服务可以创造物流的空间价值、时间价值和财务价值。

客户物流需求一般具有以下特点：

1. 需求具有个性化特征

相比较其他需求而言，物流需求往往具有鲜明的个性化特征，几乎没有两个完全相同的物流服务项目。这主要是因为每个客户物流产生的动因、环境和目标等因素不同所致。即便是两个同行业的企业，因为处于不同的区域、不同的经营理念和采取不同的产品生产或分销方式，也会造成物流需求的不同。例如，戴尔电脑公司和联想公司因为物品分销模式的不同，其电脑物品的分销物流需求就不同，戴尔在成品分销上主要采用直销的方式，物流需求对于时间的要求就更高。

2. 同质化需求具有层次性特征

在物流服务市场中，由于多方面原因，会产生不同层次的物流需求。

一是不同的客户对于同质化物流服务的需求并不是一致的。主要的原因在于两个方面的因素：一个因素是客户对于物流服务购买的支付能力不同；另外一个因素是物流活动的时间价值的创造具有不同的类型，而这些时间类型关注点不同，分属于不同的服务需求层次上。例如，B2C 电子商务物流在配送时间上的关注点就是要求最大程度地缩短配送的时间；而 B2B 电子商务的大宗物流，如果选择 JIT 的物流服务模式或者快运服务，则会影响其经济性，降低物流时间价值的创造。

二是客户对同一种物流服务的需求也有差异。例如，同是物流运输服务需求，一些物品需要快运服务，而另一些物品则不需要。

3. 增值性需求具有专业化特征

增值服务是一个相对的概念，是指物流服务需求者在提出一种基本的物流需求时，往往还要求物流服务提供者在满足基本物流需求的同时，通过提供其他物流服务内容而使自己获取额外的价值。例如，一个服装生产商，在服装分销中，在要求物流服务提供者在搞好服装运送的同时，还要求物流服务商为服装销售提供仓储、包装、配送加工（换装标签）、物流信息、代收货款等增值服务。

增值服务往往具有极强的专业化特点，需要专业的设施、设备和人员，按照专业化的流程来完成。能够提供专业化增值物流服务的物流企业应该具有专业化的服务能力或者整合能力。

6.2.2 物流需求调研的原则

一般来讲，物流需求调研应该遵循以下几个原则：

(1)真实性原则

真实性是物流需求调研工作的生命线。如果物流需求调研工作失去真实性原则，那么整个调研工作将失去价值，同时还可能误导物流企业对物流服务项目选择的决策。真实性原则要求调研者要在整个物流需求调研过程中的每一个环节都不能有不真实情况的存在，只有如此，才能真实地反映出调查对象物流的真实情况。

(2)系统性原则

物流本身就是一个多要素系统的组合，因此对于任何物流需求的调研，都要事无巨细地进行信息采集，特别是对于那些物流需求复杂的调研项目，更是要在调研内容设计方面加以重视，以求将计划调研的信息全部收集到位。

(3)目标性原则

要紧扣物流需求这个核心进行调研内容设计和展开调研工作。例如，要设计一个企业产品分销物流的解决方案，就应该围绕客户的产品销售模式、产品售后服务承诺、降低物流总成本及提升客户服务水平等方面进行物流需求调研的内容设计。

(4)科学性原则

物流需求是客观的，只有客观的信息才真实可靠。有效的物流需求信息，需要采取有效的、科学的调研方法才能获取。同时，调研得来的各种物流信息还需要用科学的方法进行分析处理，才能发挥出效能。

6.2.3 物流需求调研的程序与内容

充分认识客户物流需求的内涵与特征是物流企业搞好客户物流需求调研的前提条件。但要搞好物流需求的调研，还需要采取正确的调研程序和方法。

1. 调研步骤

做好客户物流需求调研，需要有一个正确的调研程序，以保证调研工作的效率和效果。调研的基本程序包括以下五步：

(1)确定调研的方向和内容

依据客户物流的基本需求，确定物流需求调研的方向和内容，要注意调研内容的全面性和准确性要求，尤其是不能遗漏制订物流解决方案所需要的各种信息数据的调研内容。如果调研内容不够全面或者出现错误，可能会导致调研结果毫无用途，甚至可能起到误导的作用，使得物流解决方案出现重大偏差。

(2)制订调研工作方案

在确定了调研方向和内容以后，要本着全面性的原则确定出具体的调研工作方案，包括调研工作要达到的具体目标(尽量以某些指标来表达)，调研工作的标准；调研方式和方法；调研的时间安排和工作分工；调研内容的保密规定和注意事项等。

调研工作方案一定要让被调研的客户审核并要争得客户的认可和同意，因为有许多的调研工作都需要客户的配合甚至需要客户的亲自参与才能够完成，一些特殊内容也必须经被调研方的负责人评估才能被提供。由于一些调研内容涉及商业机密或其他机密，有时在调研工作实施前，物流企业要与客户签订必要的保密协议。

(3)实施调研工作方案

实施调研时，要注意发现调研内容是否制定得全面和准确。对于发现的问题，调研团队要及时沟通并进行修正和完善。

(4)汇总和修正调研内容

在进行调研信息汇总时，要注意对调研的内容进行分析，看一看调研的内容是否符合事先确定的调研要求，如果调研内容不够完整，应该立即进行补充调研；如果调研内容发生了错误，要及时进行修正。可以邀请客户派人来审核调研的结果，因为对于调研信息对与错的判断，客户的能力要高于物流企业的能力。

(5)分析调研结果与报告陈述

调研是手段，目的是通过调研掌握客户物流需求的实际情况，为制订有针对性的物流解决方案提供依据。许多调研来的信息内容，需要通过适当的分析处理，才能发现和确定需要解决的问题和不足，得出正确的结论。

2. 调研的主要内容

确定物流需求调研内容是物流需求调研工作的核心工作。一般来讲，物流需求调研应包含以下六大方面的内容：

(1)客户信息

客户是物流企业的服务对象，客户信息直接影响着物流企业对物流服务项目性质的判断。客户信息一般应包括(但不限于)以下这些信息：客户名称、地址、性质(如政府、企业、学校、军队等)、规模(如人数、生产总值、销售收入、资产规模)、组织架构、信誉、发展战略等。

(2)物品信息

物品是物流的服务对象。物品信息应包括每种物品的年计划或实际的销售量、需求量；物品的流向与具体到达点；物品的生产方式或采购方式；物品的价值；物品的物理、化学性质

(如体积、质量、状态、气味等)以及对存储、搬运、装卸、运输的特殊要求;物品的订单处理方式与周期;物品的销售或采购模式;销售或采购政策与淡、旺季;物品的包装状况;物品的生产周期和生命周期等。

(3)物流设施、设备信息

物流设施、设备信息包括客户物品的生产网络和生产能力;物品存储仓库和现有配送中心的地点和能力及运输方式的利用、物流信息系统等方面的信息。

(4)物流成本信息

物流成本信息包括客户现时的物流成本情况(含自营成本和外包成本);物品存货周转率;各类物品的存货周期;缺货、损耗量;物品价格下调周期等。

(5)竞争对手信息

每个物流企业都应该存在着竞争对手。竞争对手的信息应包括竞争对手的名称、地址、资产规模、合作历史、所占份额、物流服务方式、物流服务的速度和精度、物流运输工具的速度和可靠性、物流设施的地点和能力、服务价格等。掌握竞争对手的信息是要分析、发现竞争者的优、劣势,从而为有针对性地制订物流解决方案和服务报价提供参考依据。

(6)物流模式

一般来说,客户物流模式主要有自营型、外包型和混合型三种。

自营型模式是客户通过自己组建物流系统进行物流运作的一种模式。比如大型连锁企业的配送、物流运作模式基本上都是通过组建自己的配送中心,完成对内部各需求点(场、店)的统一采购、统一配送和统一结算。选择自营型模式要求客户的物流量大且稳定或物流服务需求具有较大的特殊性必须选择物流自营模式,如大型连锁公司、政府组织或军事组织的某些物流运作;否则会造成资源的浪费。

外包型模式主要是选择由具有一定资产规模(库房、站台、车辆等)及专业经验、技能的物流企业进行部分或全部物流服务运作的模式。这种模式中客户控制着信息处理和决策权,独立组织物流业务活动。物流企业则为客户提供相应的仓储、运输、加工或者配送服务,收取相对于全部物流利润的极小比率的业务服务费。

混合型模式是客户把物流业务一部分外包给专门的物流企业,而自己也进行一部分物流运作的模式。采取此种物流模式可能是因为经济利益或政治军事等因素,不能将一些物流业务外包给物流企业,也可能是因为无法找到比自己更专业的物流服务提供者。

对于物流企业来说,调研客户现有物流模式也非常重要。因为这将决定物流企业对于物流服务项目规模和发展质量的判断及要采取的策略和物流服务资源的投入等。

3. 物流需求调研的基本方法与技术

物流需求调研不仅要掌握客户物流需求的本身,而且还要了解和掌握与物流需求相关的客户信息、物品信息、物流模式、物流设施、设备信息和竞争对手方面的信息。因此,在物流需求的调研工作中,必须使用合适的方法和技术才能获得想要的信息。

(1)物流需求调研的方法

物流企业在实际的调研工作中,经常采用两种方法:一是询问调研法,如问卷调研法、网上调研法、电话调研法、面谈调研法等;另外一种是观察调研法。实际调研工作中,这些方法通常是组合使用在一个客户的物流需求调研过程之中。

①询问调研法

所谓询问的方法,就是以各种询问的方式,进行调研问题信息的搜集和了解。无论是采取面谈、网上、电话、信函等一种或几种询问方式,都要求调研者设计出调研问题和问卷由被调研人进行口头的或书面的回答。采用询问方式进行第一手资料信息的搜集,需要在询问调研前做好问卷或调研题目的设计工作。事实是,物流需求问卷设计是一项专业化的技术工作。问题、问卷的设计,直接影响到调研工作的效率和效果。

②观察调研法

观察调研法就是调研人员亲自到客户物流发生的场所(如工厂、车间、物流中心或配送中心等)去观察体验,搜集有关的物流资料的一种方法。调研人员可以采取直接观察的方式,也可以亲自体验,并对某些物流过程进行现场记录来了解物流数据。观察调研法对于物流需求某些方面的调研是非常有效的,如亲自观察货物的规格、包装、状态、理化性质;体验货物重量、作业人员的操作效率等都很有效,而且调研出来的数据客观、真实,准确性高。但对于诸如竞争对手的信息搜集则显得不是很有效。

(2)物流需求调研的技术

物流需求调研中,常见的调研技术是问卷调研技术及专业组合调研技术。

①问卷调研技术

问询调研的首要工作是进行调研问卷的设计,设计问卷需要相当多的技巧。

a. 问卷设计提出的问题要具体,避免一般性提问。

b. 具体内容设计必须简单明了,力争是一问一题,不要采取连问的形式。

c. 问卷尽量要简短。

d. 相关问题不要重复设问。

e. 避免问题设计带有暗示性和引导性。

f. 语言要通俗易懂,少用特别性的专业术语,如果非用不可,要以加注的形式予以说明。

g. 尽量用封闭式提问,如是与否、多项选择、排序、语义差异和比较等方式的提问,少用或不用开放式提问。

调研问卷要注意结构设计,在正式使用之前要进行多方的审阅,对于发现的问题要及时加以修改和完善。

②专业组合调研技术

物流需求的多面性，要求调研人员具有多方面的专业知识。而专业组合调研技术恰恰可以满足调研工作对人员专业知识多方面的要求。所谓专业组合调研方法就是在实施调研工作之前，通过组合不同专业的人员，组建专业化的项目调研小组，在一个调研主持人的指挥下进行客户物流需求及相关内容的调研。这种调研方法的优点是可以根据物流需求调研工作的需要，通过发挥营销、调度、运输、仓储、财务、人力资源等各方面专业化人员的专业能力，从各自专业的角度制订全面的物流需求调研方案并进行专业化的调研工作，可以有效地防止因为专业知识不足而带来的调研缺陷。

6.3 客户物流需求的分析

经过调研而来的大量数据资料，需要通过有效的分析处理，才能实现信息转换，得到有意义的信息和发现。客户物流需求调研工作的终极价值就体现在通过分析调研资料，理解客户的物流需求，而得出有效的结论，进而为制订物流解决方案和方案实施提供方向和依据。客户物流需求分析是设计好物流解决方案的关键因素之一。

6.3.1 物流需求分析的方法

客户物流需求的分析计划必须在调研工作进行之前确立。因为如何分析调研资料，取决于要搜集什么样的信息，而且它对物流解决方案的设计具有重大的影响。

物流需求调研结果的分析需要物流企业具有独特的分析方法和技术。常见的分析方法有以下几种：

(1)定性分析法。可用于对客户现有物流模式、物流现状和需求内容、过程的描述分析。

(2)定量分析法。可用于对客户各种物流数据进行处理分析、物流服务价格的对比分析、物流服务成本的测算等。

(3)定量、定性混合方法。可用于分析客户物流服务目标、评价客户现有物流效率等方面。

(4)层次分析法。可用于分析客户进行物流外包的动因(成本、能力、资金或多因素)、物流外包的层面(决策层、管理层和执行层)及物流外包的内容(运输、仓储、包装)等。

(5)预测分析法。可用于物流企业对物流服务项目发展前景以及项目物流量和各种经营收入进行预测，便于项目立项和商机评估。

6.3.2 物流需求分析的内容

1. 分析客户物流外包的动因与关注点

一般来说，客户将自己的物流外包给物流企业去管理运作，其动因各不相同：

有的客户关注的是成本，因此价格成为物流解决方案的焦点问题。

有的客户外包物流的动因在于提升客户服务水平，这类物流解决方案需要解决的问题是如何在现有服务成本下提升客户服务水平。

还有的客户关注点不在物流方面，而是在资金上。这类物流解决方案解决的焦点问题是如何提升物流速度和减少库存，缩短物流周期，加速货物周转，如果物流企业能为客户提供物流金融和货款代收等方面的解决方案，则可能会给客户带来更大的价值。

现实是更多的客户关注点呈现多样性、非显现性特征，因此往往需要对客户的需求进行综合性分析以后再选择客户的关注点来编制物流解决方案，才能有效。

分析客户物流外包的动因和关注点非常重要，因为它决定了物流解决方案设计的方向和目标；同时，分析客户需求的关注点和外包动因，物流方案设计者也可以判断影响客户需求的主导因素。当然，客户需求的关注点和外包动因也是客户判断一个物流解决方案设计是否符合自己需要的主要标准。

2. 分析客户物流需求的类型和特点

物流企业在分析客户物流需求时，可以根据需要对客户物流需求进行细分。如按照需求的时间维度，可以将物流需求分为现实需求和潜在需求；按照需求的内容维度可以将物流需求分为功能性需求、综合性需求和特种需求。分析客户物流需求的类型，目的是要确定客户需要的物流服务具体内容，从而为物流解决方案的设计和物流资源的配置提供依据。

按照物流需求的内容维度，对物流需求细分如下：

(1)功能性物流需求。客户的物流需求内容呈现单一性的特征，如运输需求或仓储需求。功能性需求还可以继续细分，如运输需求还可以按照运输量分为整车运输、零担运输需求。

(2)综合性物流需求。客户的物流需求呈现综合性、多样性特征，甚至要求物流企业提供集成化的物流服务。

(3)特种物流服务需求。指物流运作过程需要使用特殊技术才能完成的物流需求，如冷链物流需求、危险品物流需求等。

在分析客户物流需求类型和特点时，有以下四点需要特别注意：

一是要注意对物流需求中显性需求下的隐性需求的分析，如果客户物流需求细分不足，会导致分析结论出现偏差。如只是按照位移的维度进行客户物流运输需求的分析，这样就不可能将客户物流运输需求的其他需求分析出来，这种细分不足必然导致分析结论出现偏差，使得物流方案不能按照需求的全部进行设计。

二是可能会遇到客户不能明确地给出某些物流需求定义的情况，这需要物流企业通过对调研资料的分析后，自己来给出。

三是注意现实需求和未来需求的处理。现实与未来是相对的，对于不同物流解决方案来说，未来的需求可能就是现实的需求，这要看物流方案设计者的创新是否合理和客户是否认可。

四是注意对物流需求波动性特点的分析。大多数物流运作都会因为各种因素的影响而产生波动性，分析中要注意波动性可能会给物流服务运作带来的各种不利影响，以便制定应对策略。

通过对客户物流需求类型和特点的分析，可以确定客户物流需求的模型，从而确定物流服务的详细内容和所需配置的资源，从而为物流解决方案的设计提供内容方面的依据。

3. 处理和分析物流数据

物流需求调研要产生许多物流数据（如物流流量、物品规格、存货等方面的数据），而估算出货频率、物流时限、物流绩效指标、物流服务成本、轻重货物的判别等，都需要对相关数据进行量化处理以后，再进行分析才能得出具体结果。

物流数据是设计物流解决方案的重要依据，也是物流企业进行服务成本测算，制定服务报价策略的决定性因素。

4. 分析客户需求下服务运作的关键点

物流企业可以从以下几个方面来分析、总结客户物流服务运作的关键点：

①物流服务的空间性需求对物流企业服务网络覆盖面的要求。

②物流服务的时间性需求对物流企业的运输时限、物流组织的要求。

③物流出货频率、出货波动性对物流企业的服务运作的影响。

④物流信息服务、增值服务对项目操作的影响和操作的难度。

⑤物品理化特性对运输、仓储、包装的要求。

⑥增值服务，特别是专业化程度较高的物流服务需求是否可以满足，满足的程度如何，不能满足的部分如何解决等。

分析出物流服务运作的关键点，对于物流解决方案的制订，特别是制订物流服务实施管理方案是大有益处的，它可以使方案的设计更加具有针对性和操作性。

5. 分析、预测客户物流需求的变化趋势

客户需求并非是一成不变的。无论是基于提升客户服务水平，还是站在防范物流风险的角度，物流企业都需要加强客户物流需求管理。因为随着客户内、外部经营环境的改变，客户物流需求会有新的变化，未来的潜在需求也可能转换为现实的需求，而现实的物流需求也可能会增加，给物流企业带来商机；也可能会减少甚至消失，形成物流服务风险。客户需求变化的分析容易被人忽略。成功的物流企业应该能够在进入某一客户物流服务项目时，通过调研分析和方案设计、运作实施，敏锐地捕捉到客户需求可能会发生的变化趋势，并提前做好预案准备以应对客户物流需求的变化，以及时扩大自己提供给客户的服务量和服务内容，增加项目收入；或减少与该客户进行物流交易的频次和服务内容，以降低物流服务运作风险。

分析、预测客户物流需求变化的趋势对于物流企业判断一个物流服务项目的发展前景和应对可能出现的物流变化具有指导性作用，也在一定程度上影响着物流企业的投资战略。

6.4　物流解决方案设计的原则与方法

物流企业进行物流解决方案设计的实质是物流企业整合内、外部资源，为客户物流活动设计专项服务产品的过程，也是物流企业理解客户需求本质与客户进行商务沟通的过程。物流解决方案的设计始于客户提出物流外包和相关需求之际，大致分为以下三个阶段：

第一，调研阶段。搜集物流需求及相关信息资料；进行资料整理分析，找出客户需求的类型、特点、问题和客户关注点；理解客户物流服务需求，确定物流方案设计的基本思路。

第二，正式设计阶段。根据调研和分析成果，进行物流解决方案的设计评估和再设计工作。

第三，实施阶段。根据确定的物流解决方案，制订面向内部的物流服务项目实施方案；对物流解决方案进行验证，根据实际效果持续改进方案设计，使物流服务逐步走向精益化。

6.4.1　物流解决方案的特点

物流解决方案是物流企业与客户共同确定的关于物流运作的指导性框架文件，具有以下三个特点：

(1) 指导性

物流解决方案设计是对客户物流运作的一种计划或规划，它对客户物流运作的目标、模式、方法、流程、组织架构都做出了具体的安排，因此，它对于物流运作应具有指导性作用。

(2) 专业性

物流解决方案不同于物流企业内部一般性的工作方案，其中内容多以专业性内容和语言展示，无处不透露出物流服务专业化的气息，是一种“专案”。

(3) 多样性

物流活动具有多样性，针对不同物流活动制订的解决方案呈现不同的类型；不同的物流企业，对客户需求的理解不同及创意构思的差异，对同一个物流服务项目制订出的物流解决方案从内容到样式都不同，虽然同名为物流解决方案，可显示出的却是内容、风格多样性的方案。

6.4.2　物流解决方案设计的基本原则

(1) 系统性原则

物流解决方案涵盖了客户物流的各个层面和要素，物流系统本身具有不可分割性。因此，物流解决方案的设计应该体现系统性原则，从整体上进行物流解决方案的设计。

（2）目的性原则

设计物流解决方案的目的是为客户物流的服务运作提供办法和路径，从而确立物流运作的模式和实现物流服务目标的流程。物流解决方案的实施应能保证有效地实现客户的物流目标。

（3）可操作性原则

物流解决方案设计要以客户的物流需求为出发点，结合物流企业的资源和实际服务能力进行设计；方案要体现出客户对物流服务运作的要求，在服务运作和管理流程设计上要能够执行，具有可操作性。

（4）规范性原则

设计物流解决方案要符合方案设计的写作规范，结构要完整，内容要规范。

（5）科学性原则

设计物流解决方案要有依据，符合物流解决方案的一般规定和客户的习惯。方案中的有关数据应利用原始数据，运用科学的方法、原理、经验等通过计算得出，不能杜撰。

（6）创新性原则

物流企业可以对客户需求不确定的方面及现实物流存在的问题方面，以创新的原则来为客户设计物流解决方案。例如，设计时可以简化一些物流环节；可以对流程或存在问题的物流网络进行优化式再设计；还可以在物流解决方案设计的构思中，大胆引进先进的物流模式和物流技术，从新的角度、新的视野评估客户现有的物流体系，为客户进行创造性的设计。

（7）动态性原则

物流解决方案设计不可能一蹴而就，设计初期要不断地与客户方沟通，修改完善，即使是已经付诸实施的方案，也要依据一定周期的物流运作，对出现的问题加以修订和完善，以修正不足和误差。

6.4.3 物流解决方案设计的基本程序

物流解决方案设计的基本程序是：

①组建方案设计团队并进行设计分工。

②设计团队对调研资料进行研判。

③分析客户物流需求，确认需求。

④确立物流解决方案达到的目标和设计方向。

⑤进行方案设计的总体构思并做出书面内容计划。

⑥进行方案各个部分的设计。

⑦对方案进行可行性、经济性（成本、对客户和物流企业的收益）、风险性评估。

⑧根据评估情况进行修改完善后提交给客户。

⑨根据客户反馈的意见和建议，对方案进行再修改和完善。

物流解决方案设计的基本程序如图 6.1 所示。

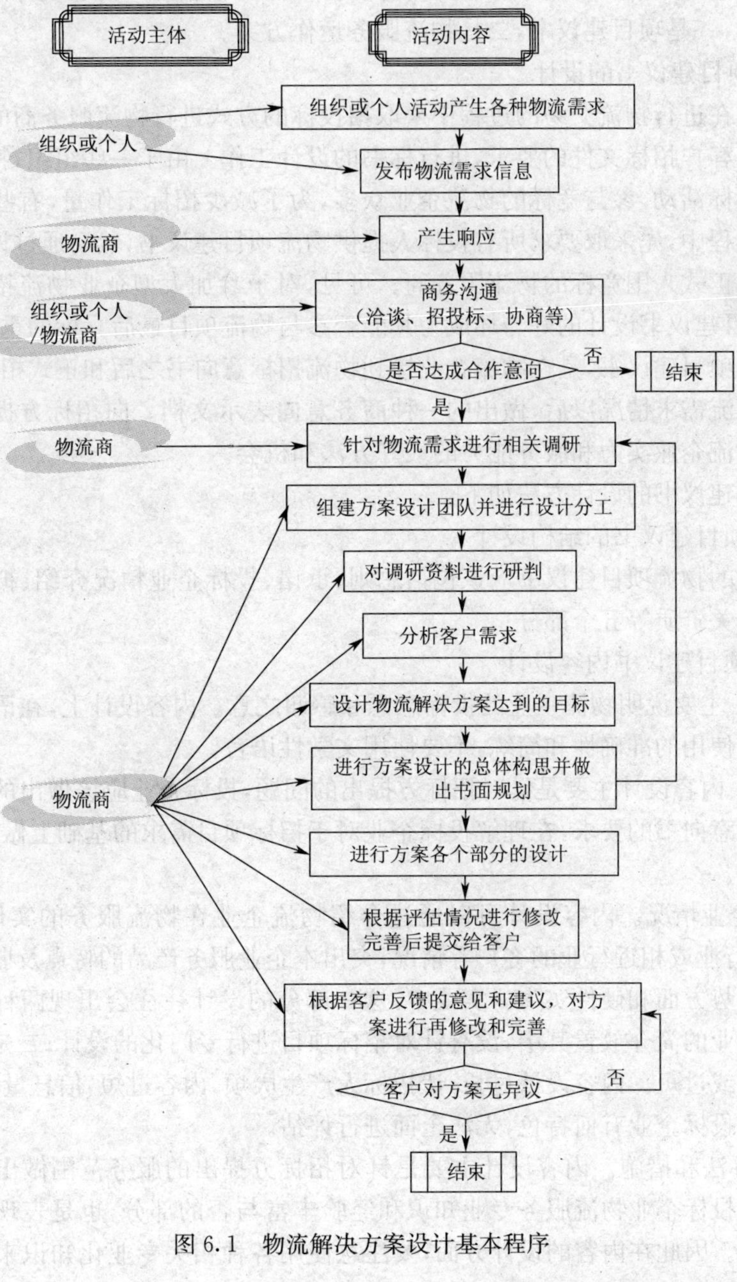

图 6.1 物流解决方案设计基本程序

6.4.4 物流解决方案设计方法

对于物流企业来说，在与客户实施物流交易中，需要根据客户需求设计两种不同类型的物流解决方案，一是项目建议书，二是物流服务运作方案。

1. 物流项目建议书的设计

许多企业在进行物流交易的过程中采取招投标的方式进行物流服务商的选择。物流企业往往会按照客户招标文件的要求，进行标书的设计工作。由于一些组织，特别是规模较大组织的物流招标活动，参与竞标的物流企业众多，为了减少招标工作量，有些组织在筛选物流服务商的过程中，先采取要求所有投标人提供物流项目建议书，然后通过评审项目建议书的方式来确定正式入围竞标的物流服务商。可见，对于参加大型企业物流招标的物流企业来说，物流项目建议书设计的好与坏成为其能否参与物流项目最后竞标的重要条件。

所谓物流项目建议书，是在物流企业接到物流招标意向书之后和正式招标书之前，在分析招标方及物流需求情况以后，做出的一种商务意向表示文档。向招标方提供项目建议书是一种展示物流企业实力和服务能力的最好方法和机会。

物流项目建议书的设计方法如下：

(1)物流项目建议书的结构设计

一份完整的物流项目建议书应该包括总则、承诺、投标企业情况介绍、拟采取的具体办法和措施及相关资质等五个部分。

(2)物流项目建议书内容设计

① 总则。主要说明物流企业的投标意愿和感谢之意。内容设计上，在语言风格方面要注意商务语言使用的准确性和简练，不要使用文学性语言。

② 承诺。内容设计主要是针对招标方提出的问题，投标企业应该做出的郑重承诺。承诺要依据招标意向书的要求，在理解投标企业对于招标项目需求的基础上做出，不可盲目承诺或胡乱承诺。

③ 投标企业情况。内容设计可以通过介绍物流企业在物流服务的实体网络、信息网络、服务相同行业或相近行业的客户等情况，突出本企业服务产品的特点及服务能力和服务经验等企业优势方面和硬件实力。实践中，这一部分的设计往往会出现两种情况。一种情况只是将本企业的简介放置其中，没有针对招标项目进行专门化的设计；二是本企业情况的介绍篇幅过长或过短。内容设计过长，让招标人产生厌烦，内容过短，信息量设计不足，导致招标人看不出投标企业有何特色，无法全面进行评估。

④ 具体办法和措施。内容设计主要是针对招标方提出的服务范围做出说明。此部分是最能体现出投标企业物流服务专业知识和经验丰富与否的部分，也是表现投标企业软件实力的“窗口”。因此在内容的设计方面，要注意使用各种相关专业化知识来对招标项目的

服务范围做出说明。同时要对相关问题提出本企业的具体办法、措施及相关建议。

⑤ 资质和证书。这部分内容设计主要确定附上哪些资质证书以及资质证书在其中的排序。

(3)物流项目建议书风格设计

物流项目建议书风格的设计可以在一定程度上体现出投标企业的文化精髓,同时也会在某种程度上对招标人产生一定的积极或消极影响。完美的结构、专业化水准的内容还需要风格设计加以包装衬托,才能构成一份完美的项目建议书。

风格设计应主要从三个方面进行:一是在文字排版方面进行美化,包括其中色彩的选择;二是尽量做到图文并茂;三是文档装订方面要考究一些。

2. 物流服务运作方案的设计

物流企业在与客户进行物流交易的过程中,无论以何种方式进行,都需要在客户的协助下,设计一份物流解决方案,一般称为物流服务运作方案,以对物流服务运作提供指导和帮助。从某种程度上讲,物流服务水平的高低直接体现在物流运作水平的高低上面。

物流服务运作方案设计的规范要求是:物流服务运作方案设计要以客户的物流需求为导向,从物流服务提供者的角度进行。

需要指出的是,不同客户的物流需求侧重点或者说关注点不同,因此在为客户“量身定做”物流服务运作方案之前,需要方案设计者理解、细化客户物流需求和需求差异性,确定每一个客户的物流需求模型,据此相应地去设计物流服务运作方案。

(1)物流服务运作方案设计的基础

① 确立客户物流需求模型

确定客户物流需求模型必须是在需求调研的基础上,充分理解客户需求以后,做出的分析和判断。常见的物流需求模型有以下几种:

a. 综合物流主导型需求

客户将自己供应链中物流的全部活动或其价值链中某一环节的物流活动(如供应、生产或分销物流活动)分包给一家物流企业来完成而产生的综合性物流服务需求。该种需求的特点是物流活动包含的内容丰富,仓储、运输、包装、加工、装卸搬运、信息等物流活动全部存在,甚至还要提供返签单、代收货款、反向物流的服务等。对于所有的物流企业来讲,为客户提供综合性物流服务是一种巨大的挑战,它要求提供物流服务的企业必须具有较强的物流资源整合能力和物流运作管理能力。

该种需求模型下,有两种情况需要物流解决方案设计者特别注意。一是客户物品分销物流运作方案中的多仓库配送设计,其中如何进行配送中心的选择,形成有效的仓储网络,以及库存如何分布是难点问题。二是采购物流中的集货型工位配送方案,更是要求对物流运作流程进行细节上的精益化设计。

b. 分货型的配送需求

一般是将客户自己生产的或采购的物品配送到需求者手中的需求。有单仓库配送型需求和多仓库配送型需求。分货型配送如图 6.2 所示。

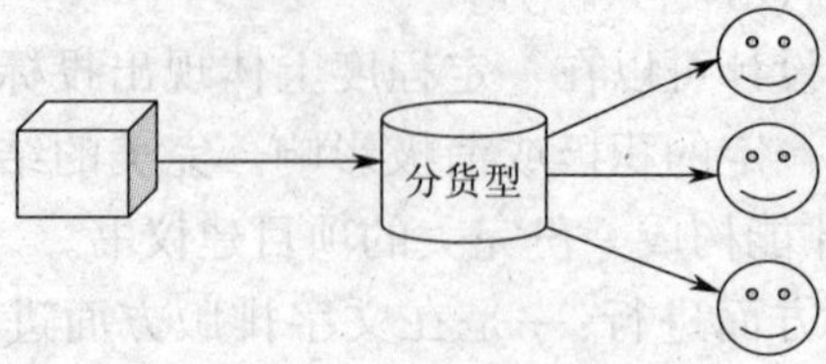

图 6.2　分货型配送

c. 集货型的配送需求

一般是要将客户采购的物品(物料、产成品)配送到生产工位或需求者手中。集货型配送基本上是单仓配送,如图 6.3 所示。

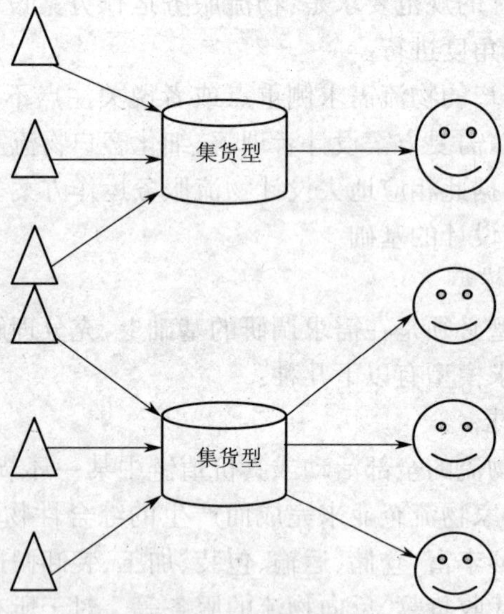

图 6.3　集货型配送

d. 单一功能性物流主导型需求

该种物流需求模型是指客户只要求物流企业提供一种功能性物流服务的需求,而其他的物流服务则由其他物流企业或自己来完成。其中的原因可能是由于成本价格、服务能力、专业化水准等因素导致客户只要求一个物流企业提供一种物流服务。常见的需求模型有以下几种:仓储作业主导型需求，物流服务需求以货物仓储作业为主;运输作业主导型需求，物流服务需求以货物运输作业为主导，多以门到门运输为常见；区域（市内）配送主导型需求，物流服务需求以区域或市内送货为主，一般为多点配送，有较强的配送时间要求，目前B2C电子商务物流服务需求就是属于区域（市内）配送主导型；流通加工作业主导型，客户要求的物流服务主要是流通加工作业，如换包装、拼装、组装、换标签、贴标签、拆解、预冷及冷冻等作业需求。

② 确定客户物流需求的特征要素

a. 物流总量

物流总量要素包括物品生产量或采购数量、客户订单量（包括旺季订单量和淡季订单量）、周转频次。根据客户每月的生产量或采购量或客户订单量，确定客户外流的物流总量，包括发运总量；根据预计的周转频次确定库存量和配送量。

b. 物流的地点和时间

考虑的要素有发运地的位置和个数；到达地的位置和个数；从发运地至到达地所要求的时间。据此确定运输线路和运输方式。

c. 各点每月物流分量

考虑的要素有各点客户的订单量（计划数或过去的实际数）、订单个数、订单的平均规模。据此确定各点的经济库存量、到达量、配送量、配送频次、运输方式、车型等。

d. 物品的品类数与理化特征

物品种类考虑的要素有物品的种类数，每种物品销售或采购的季节性，物品单件体积、毛重、外包装规格与性能，可堆码高度，化学性质（如防潮性能、防腐性能、防锈性能及保质期），物理性质（如抗震性能、抗压性能）。据此确定装卸搬运方式、运输条件、储存条件、配载条件。

e. 保险、保价有关的特征要素

考虑的要素有物品单价、价值、密度。据此确定保费率和保价。

f. 采购/销售政策的规定

考虑要素有物品销售方式（或采购方式）、供货方式、退货方式、换货方式。据此确定服务分类项目和提供的服务时间。

g. 信息要素

信息要素需要确立货物在不同物流环节中的状态信息和数量信息、单据传递信息。据此确定信息流程和单证传递流程。

(2)物流服务运作方案设计的内容

① 封面设计

方案的封面设计以美观为前提，内容设计上要考虑以下两方面：

a. 在封面突出的位置注明：方案名称、客户名称及客户的IC标志；注明编制本方案的时间和编制单位名称及LOGO;注明该物流服务运作方案的版本等级和保密等级。

b. 在封面右上角注明:“此方案仅供(客户名称)使用”等字样。

另外还可以设计声明版权归属等内容。

② 扉页设计

物流服务运作方案的扉页设计是以物流企业的名义,给客户的简短致函。致函内容包括:致谢对方,表明合作意向,正式提交标书(物流服务运作方案)。落款最好要由相关领导亲笔签名或加盖物流企业单位章。

③ 前言设计

重点要说明方案设计的基本原则、客户方简介、设计单位简介,包括总体情况、实力和核心能力、物流服务理念、物流服务网络情况(包括组织网络、仓储网络、运输网络、配送网络和信息网络);目前合作的物流客户及客户的反映评价。

④ 物流服务运作方案核心内容的设计

a. 物流服务项目概述

对客户物流服务项目的性质和范围做出高度概括和叙述,语言要简练而专业。

b. 客户需求的基本分析

对物流需求逐个加以分析和进行概括性说明,不能有遗漏,语言要简练而专业。

c. 物流运作子方案的设计

按照物流需求,逐一给出对应的方案,包括(但不限于)仓储方案、运输方案、存货方案、配送方案、包装方案、装卸搬运方案、流通加工方案、保险/保价方案、结算方案、信息传递交换方案、增值服务方案,国际物流中还应该有通关方案,相关单证流转方案。

(a)仓储方案的设计

*仓库种类

根据需求,确立仓库性质:自有还是租赁,立体仓库还是平面仓库抑或是冷藏库等。选择库种,价格一般为首要选择标准。出入库作业频繁的,可选择平房仓库;不频繁的,可选择楼房或立体仓库。

*确立仓库数量与面积

依据物流量、流向及送货时限要求等确立仓库数量和每个仓库的面积。

$$\text{仓储面积}=\frac{\text{经济库存体积量(或客户要求的库存体积量)}}{\text{堆码层数}\times\text{单件高度}\times\text{堆码系数}}$$

其中,影响堆码系数的因素有物品种类、批次要求、外包装的体积、表面积的光滑平整程度、堆码时的紧密程度等。

* 选定仓库位置

如果所需仓库面积较大,仓库位置一般要选择在价格便宜的地方。选择面积时要留有一定的扩延性，要求总的可使用面积大于实际使用面积。

＊ 存储环境要求

对于要求防潮、清洁和温度要求的货物，要注意仓储环境条件的选择与设计。

＊ 设备选择

货架、托盘的规格和数量选择；叉车型号及吨位选择；辅助搬运设备选择等。

＊ 仓库作业流程设计

货物入库、在库（保管、盘点、分拣）、出库的各种作业流程的设计。

(b)库存方案的设计

＊ 库存策略的设计

选取集中式库存还是分布式库存，设计上要遵循“经济性原则”和在一定客户服务水平基础上做出选择。需要在库存持有成本和客户服务水平之间找到平衡，以达到“满意”的客户服务水平为目标。

＊ 合理库存量的确定和管理

一是非季节性物品库存量的确定。非季节性物品的需求量随季节的波动性不大，库存量相对均衡。确定经济库存量时，可考虑年货物周转总量或某点的需求总量、运费、订单处理费用、单件商品的储存成本等因素，采用经济库存量规划法进行确定。对于货物价值密度高，单件储存成本高的货物，采用定量库存模型进行计算。对于价值密度低的货物，单件储存成本低的货物，采用定期库存模型计算。

其中，年货物周转总量根据历史数据或销售预测得来（年货运周转量＝历史数据×波动系数）；运费、订单处理费用及单件商品的储存成本的确定可由同种商品由往年的历史数据得出；在确定的线路上，运费、订单处理费和某点单件储存费可通过预算得出。

二是季节性物品库存量的确定。单品经济库存量的确定方法是，对于货物价值密度高，单件储存成本高的货物，采用定量库存模型，确定库存量；货物价值密度低，单件储存成本低的货物采用定期库存模型，确定库存量。需要考虑的因素有：旺季周期、旺季周转量或某点的需求总量；旺季时的运费、订单处理费用、旺季时单件商品的储存成本。淡季周期、淡季周转量或某点的需求总量；运费、订单处理费用；淡季时单件商品的储存成本。多品经济库存量的确定方法是，找出各种单品的经济库存量，按照各种商品周转量的最大值之和确立。

＊设计存货的管理方法

为存货设计一种或几种管理方法，并规定使用条件，如 ABC 管理法（主次因分析法）、先进先出法、后进先出法、周期法、MRP（Manufacturing Resource Planning，制造资源计划）法等。

(c)运输方案的设计

＊ 运输工具的选择。综合考虑各种运输工具的经济性、速度、安全性及便利性，根据物

流企业自有的运输网络和可以使用的他人运输网络,参考客户物品的形状、运输价格、运输批量、交货日期、交货地点等因素选择运输工具和车型。

* 运输类型的选择

选择运输类型就是确定运输由谁来完成,是自己运输还是外包运输,需要权衡价格和运输时限的要求来作出决定。

* 运输时限的选择

依据客户需求设计运输时限。客户没有设定运输时限时,可以依据运输网络情况来设计。如果运输既有网络到达某一点的运输时限过长,可以采取转换运输工具或外包给其他运输者的方式来缩短运输时限。

* 运输线路设计

单点间运输需求可以根据不同的可行线路和运输方式及车型进行成本预算和时间限定,结合客户要求的侧重点,选择合适的运输线路。同种货物的多点间发运或调拨需求可考虑各始发点的位置和运输条件、始发点的发货数量、到达点位置和接卸条件、到达点数量、各点间不同的里程价等因素,进行线路设计。

* 运输流程设计

运输流程设计分为:取货流程(如果是自己管理仓库,则为出货流程)、发运流程、中转流程、到达送货流程、返货流程、整车直送流程和"越库"作业流程等。

(d)末端配送设计

配送系统的设计主要考虑零担货物到达收货人所在地货场、车站、机场以后的配送作业问题。首先是选择配送服务商,是由自己的组织网络完成配送还是由其他配送服务商来完成,要依据配送时效、成本要素、风险要素做出选择。其次是设计末端配送的流程,特别是货物交付与相关单证签收回收的流程。

(e)包装方案设计

除了极特殊的情况,物流企业主要是为客户的物品进行运输包装方案的设计,包括包装材料的选择、包装方式的选择,如加固、捆扎、缠膜、更换包装等。

(f)装卸搬运方案设计

装卸方案设计要考虑单件货物重量和单次装卸货物的数量,以安排合适数量的装卸人员和装卸设备。而中间装卸更需要考虑装卸时间的许可度。

货物搬运设计主要是考虑搬运工具和方式的采用。

(g)流通加工方案设计

首先根据需求确定加工地点及理解加工环境要求;其次是确定加工方式,如分装、组装、贴标、换装、拆解、清洗等作业;然后要设计出各种流通加工方式下的操作流程。

(h)保险/保价方案设计

首先明确是采取保险方式还是保价。如果采取保险方式，由谁来进行投保，如果是物流企业投保，物流企业采取什么样的投保方式，集中投保还是专项投保；如果是客户与物流企业按照不同额度分别投保，额度如何划分。其次是设计出物品出险以后的保赔流程。

(i)结算方案设计

包括计算方式、对账时间、流程、结算时间、结算所要求的票据等。

(j)信息传递交换方案设计

根据需求，确定客户需要哪些信息；信息的内容及对传递的方式、时间的要求等，然后设计出各种信息传递的流程。

⑤ 运作保证体系设计

包括物流服务项目运作组织体系、拟要采取的相关物流技术、管理架构及物流服务质量控制措施。

a. 物流服务绩效指标设计

按照物流服务内容分别设计能够反映物流服务运作效果的指标和能够达到的标准，如运输类指标、仓储类指标、库存管理指标、配送类指标等。

b. 风险应急预案设计

设计发生事故时的处理流程及应对预案。

c. 客户服务方案设计

包括投诉处理反馈时间与流程、客户回访流程的设计。

⑥ 报价说明

说明项目报价的形式，物流企业服务报价一般有以下几种方式：

第一种是按物流服务环节分别报价，最常见的形式是按照质量或体积或件数进行报价，仓储服务报价按照每天或每月每平方米进行计价。

第二种是按产品售价比例进行报价，就是物流企业将服务成本分别进行测算，然后进行汇总，加上合理利润和应缴纳的税以后，再与物品的销售价格进行比较，得出服务报价。采用此种报价方式主要是因为物品品类繁多且不够归整，计重或体积测量很困难，如汽车零部件就属于这类物品。采用此种报价方式要注意保本点的测算和客户物品价格下降可能产生的影响。

第三种是总承包报价，就是按照一定时间周期内的物流数据，在各种条件不变的前提下，通过成本测算，物流交易双方达成以一定金额的物流费用以整体打包的方式进行物流服务计价，采用总承包报价要注意费用支付周期、条件及新增加的业务如何计费的问题。

各种服务报价可以用表格的形式详细列出报价项目；附加报价应以另行格式表注，如保险价、自然损失价格等；如需要，可以以备注的形式对其中事项进行解释和说明。详细报价可以以附件形式出现。

⑦ 工作进度计划

可设计责任矩阵表格，明确双方对物流服务运作和执行该方案的时间安排；明确项目中每一个环节的责任人和工作职责。

⑧ 附件

在方案的后面附上公司各种资质证明书及其他需要附上的文件（如报价表）；附上联络方式，用表格的形式罗列，明确告诉客户此项目的负责部门、负责人和双方联系人及全部联络方式。

(3)物流服务运作方案风格设计

文档按照国际流行的编排格式，图文并茂；注重整个方案的印刷，装订美观，不忽视细节；方案的不同部分要单独成页；整个方案的页码、页眉和字体要统一、规范。

6.5 物流解决方案的实施管理

经过物流交易双方认可的物流解决方案，如果要付诸物流操作的实践之中，必须要有一个方案实践化的转换过程，这个过程称为物流解决方案的实施过程。

物流解决方案的实施是指物流企业在向客户提交了物流解决方案，得到客户认可并与客户达成物流服务协议以后，对照物流解决方案制定物流服务项目、实施管理方案所做的一切努力。实施是物流解决方案由纸面构建走向物流服务实际操作的起点，也是物流服务项目运作必不可缺的一个基础性环节。由于方案实施不是一个简单的物流解决方案转换过程，特别是一些综合性物流服务项目，涉及物流运作的多个环节，其方案的实施，更是要求物流交易各方的密切配合和一系列的工作才能完成，因此，物流交易的各方都必须认识到物流解决方案实施的必要性，认真做好方案转换的各项工作才能达到物流解决方案所设计的目标。

6.5.1 物流解决方案实施管理的必要性

当物流服务项目启动，把物流解决方案构建的各种服务构思转入运作阶段时，客户各种物流服务需求的满足目标将通过物流企业的各项服务操作来实现，因此需要有一条纽带将客户需求和物流企业内部的服务操作连接起来，而物流方案的实施管理就是起到连接作用的这条“纽带”。

同时，物流服务项目运作还需要建立必要的服务传递系统，以便使物流服务运作得以有效平滑进行。一个完备的物流服务传递系统由三大要素构成：人员、资源（运输工具、设施、设备、网络）和流程。因此，在一个物流服务项目转入运作前，物流企业必须依据确立的物流解决方案，做好各种物流服务运作所需资源的准备工作；建立物流服务项目管理组织及面向内部的操作流程和规范；依据物流解决方案和客户要求，建立物流服务质量和考核标准并对参与运作的人员加以培训和指导，让参与项目运作的人员都能清楚自己在项目运作中承担的职责和工作规范、标准。

因此，绝对不可轻视物流解决方案实施管理工作。如果整个实施管理工作没有做好或实施管理工作不全面、不扎实、不牢固，其结果必然是使物流服务项目运作产生混乱，甚至会导致整个物流解决方案无效。

6.5.2 物流解决方案实施的基础性工作

物流服务项目的运作需要各种“硬件”和“软件”的支持，因此还需要做好方案实施前的各种准备工作。

1. 制订一个面向内部的项目实施方案

物流解决方案是从物流企业客户的角度提出的一种策略性、框架式的初步设计，虽然客户已经认可，双方达成了合作协议，但要在物流企业内部实施该解决方案时，还需要依据物流解决方案制订一个更为详细的实施方案。

一般来说，物流服务项目实施方案应比物流解决方案的设计更为详尽，因为在物流服务项目实施方案里，不仅需要对项目做出描述，并且还要将方案的内容具体化，提供详尽的实施措施、流程和质量标准；要设计项目管理机构及通过对各种服务运作环节的工作任务加以分解后，建立起责任矩阵；对物流服务项目运作后可能遇到的风险进行评估，并设计科学可行的风险预案等。制订详细的实施方案可以让参与项目管理的作业人员看了之后，都能清楚自己在项目运作中应该承担的职责。对于物流运作中的商品知识、特别注意事项，采取由客户方对物流企业相关人员进行培训，实践证明这也是一种提高物流服务运作水平的好办法。

物流服务项目实施方案的主要内容应包括物流服务项目综述、项目目标、项目服务需求、项目范围、项目管理组织、项目操作流程与规范、项目服务质量标准、项目任务分解及考核指标和标准、新资源采购计划、可能出现的问题与应对办法及项目沟通机制和成员联系方式等。

2. 确立一个物流企业与客户沟通协调的机制

物流交易虽然是以客户财产物为服务对象的，但是物流服务的交互作用也非常重要。物流服务运作有时必须加入客户的部分参与才能使物流服务顺畅进行并得以完成。客户参与物流服务项目运作主要体现在：协调物流服务运作之中的一些事宜，通告物流需求变化，通过他人提供的信息监控和评估物流项目服务运作的绩效等。因此，在方案实施时，设计一个物流企业与客户能够进行及时有效沟通、协调的机制是非常必要的。

沟通协调机制可以嵌入物流合作双方的决策层、管理层和执行层三个层面：决策层可以建立一种定期会晤机制；管理层间可以建立定期、不定期的沟通、协调机制，如各种形式的会议制度；而执行层间则需要建立随时的快速协调沟通机制，如现场沟通、电话沟通等，以保证现场出现的问题得以快速的反映和解决。

建立沟通协调机制，还可以借助网络和管理信息系统，发挥其快速沟通的作用，使得一些需要双方管理层来快速商定的事项能够得到及时确立，提高沟通效率。

3. 做好资源配置计划

任何一种物流服务项目都需要配置一定的资源作为运作的保证。复杂的物流服务项目对资源的需求更大、更多。物流企业在物流解决方案实施阶段，必须对项目运作需要的各种资源情况进行分析并判定企业现有资源对项目运作的支持程度。如果本企业资源不能够满足项目需要，则要对短缺资源进行采购。

物流企业在做出资源采购决策时，有以下三个问题需要关注：

一是物流组织间合作的风险控制问题。无论是选择物流服务运作的哪个层面上的合作者，选择合适的机构，又不会带来过多的风险，需要物流企业采取有效的方法来选择合作者。

二是资源采购成本问题。许多物流企业依据内部人的关系来选择业务合作者，其结果由于不透明、简单化的做法，在采购交易中，出现了机会主义和搭便车的情况，使得采购成本并不是最优。虽然价格可能合适，但由于服务能力不行或其他原因，导致服务质量不好，如出现货损、货失、配送及时率低等情况，造成客户投诉，形成许多新的成本。

三是部分区域网络服务成本问题。在许多区域，由于到货少，出货少，甚至无货可出，许多物流服务商都不会在这些地方设立机构或开辟运输线路，如果要想将货物送到收货人手里，首先是很难找到合作者，其次是即使找到了，其运作成本也是比较高的。如果物流企业自己在此进行实体网络投资，由于业务量少，必然会出现局部亏损情况，因此需要物流企业对这一类区域送货资源的采购加以仔细分析和甄别，在权衡投资成本、服务成本、服务水平的前提下做出最优的选择。

4. 建立风险应对预案和风险处置快速响应机制

物流服务项目运作中产生的风险主要来自以下几个方面：

(1)货物损坏、灭失带来的赔偿风险——对物流安全性的挑战。

(2)延时配送带来的责任风险——对物流及时性的挑战。

(3)错发错运带来的风险——对物流准确性的挑战。

(4)与分包商之间可能产生的风险——对管理能力的挑战。

(5)与社会公众之间可能产生的责任风险——对物流企业社会责任的评价，如环境污染风险、交通肇事风险、危险品泄漏风险等。

此外，自然的、社会的因素导致的不可抗力也会给物流服务运作带来风险。

物流企业要认识到项目保险和合同管理(包括保密合同和补充协议)是风险管理的重要

内容，必须给予重视。避免在不签署合同的情况下去运作物流服务项目。金额较大的物流服务项目，合同的签订应征求法律人士的意见。项目合同（包括补充协议、保密合同）应及时按照档案管理规定存档。

物流企业无论对哪种风险，都要按照识别风险、预防风险、回避风险、转移风险、降低风险等方式进行风险管理工作。物流服务项目管理团队要在项目正式运作前，对项目风险情况进行分析，提出风险管理措施和应对预案。

对于物流服务项目运作过程中出现的各种风险问题，无论责任需不需自己担负，物流企业都要实施快速反应机制，以及时向客户反映真实情况，及时启动风险应对预案进行服务补救，同时要防止次生风险的发生。

5. 建立物流服务质量标准和绩效考核评价机制

物流服务提供者可以依据客户要求和物流解决方案来与客户一起制定统一的物流服务质量标准。制定物流服务质量标准可以按照物流环节分别制定，既要从严，也要实事求是，以防止制定的物流服务质量标准根本就无法达到，从而失去制定标准的意义。

保证物流服务传递系统有效率和效果的有效措施之一是物流交易各方建立面向不同对象的物流服务绩效考核评价机制。绩效考核评价机制建立在物流服务的两个层面上：

（1）客户方从对物流服务供应商进行管理的角度，针对物流企业提供的物流服务建立服务绩效考核评价机制，特别是在有多个物流服务商提供物流服务的情况下，这种考核评价机制更有其重要的价值。针对物流服务供应商的考核体系应包括考核指标（KPI）与权重、考核周期、依据考核结果实施如何奖惩等，考核的方法往往在双方签署的物流交易合约中予以明确。该种考核评价机制往往由客户方提出并确立，物流服务提供方只能被动接受或提出不同的意见。

（2）成熟的物流服务提供方会依据客户方的考核指标，在自己服务运作各环节上建立有效的绩效考核评价体系。这种绩效考核评价体系往往与物流企业内部的管理机制相关联。在物流服务目标和考核体系建立以后，物流服务的各项工作职责需要落实到参与物流服务运作的各个具体岗位之中。同时需要给出各个岗位服务绩效考核指标，包括指标说明、考核权重、信息来源、考核标准、考核结果（分数）等。一般岗位绩效指标依据岗位职责而定，尽量明确和量化，关键指标不能过多，一般设有 3～5 项。考核时，主要依据考核信息的来源确定，包括客户反映、工作记录、各种数据、工作评价等。考核要公正，结果要公开。

考核要有正确的意图。无论是客户方针对物流企业制定的考核评价还是物流服务方建立自己的考核体系，正确的、真正的意图是要提高物流服务的质量和水平。这一点往往在物流服务的实践中被忽略，形成了考核就是为了罚款或发点奖金的情况，其结果是考核一过，错误将再次发生。长期循环下去，会导致考核评价机制难以发挥应有的作用，物流服务难以持续改进，服务水平难以提高。因此，物流合作双方都应该重视找出问题发生的根本原因，有针对性地去解决各自存在的实际问题，绝不能以罚款作为考核的目的，更不能漠视存在的问题而不加以改进。

6.6 物流解决方案的完善

物流解决方案本身就是一个需要完善的事物。物流解决方案的完善是指对已有方案进行的补充、修改、去除及新设计等，目的是使物流解决方案更加符合客户物流实际的要求，趋于完美。

6.6.1 物流解决方案需要完善的理由

物流解决方案本身就是一个需要完善的事物，其理由有以下两个方面：

从理论上说，一切事物发展的规律是：新事物从一开始总是不完善的，所以事物的成长不可能一帆风顺，在前进中曲折，在曲折中前进。物流解决方案作为一种计划，建构过程的实质是一种物流服务结果的逆推，其有两种实现方式，一是在头脑中进行构思，二是在书面上呈现。这种建构方式，即使物流解决方案的设计者再聪明、经验再丰富也难免有设计不完善的地方，更何况对于物流服务交易双方来说，设计、实施一种新的物流解决方案，本身就是新事物。

从实践来看，有三方面的情况可能导致物流解决方案所需要的环境发生改变，需要做出方案的完善。一是外部环境因素发生改变，导致双方物流合作的环境发生变化，从而使原物流解决方案规划的部分内容无法按照计划进行。外部环境因素（如政策因素、法律因素等）往往会对物流解决方案的实施环境产生影响，如为了航空运输、铁路运输安全，有关政府部门发出禁止航空、铁路运输工具运输液体物的规定，于是就造成了汽车配件中的玻璃水、医药液体、化妆品等不能选择航空及铁路进行运输的情况，这样的规定使得物流服务提供者必须对原设计方案进行调整。二是客户方的部分需求发生变化，这是物流服务实践中经常会发生的事情，如客户的收货人发生变化，导致配送需求随之发生改变。三是物流企业内部环境的变化，如物流企业运输网络的变化就要求对原设计的运输方案进行调整。需要明确一点，物流企业内部的变化有时是企业追求服务生产精益化的结果，导致物流企业对物流解决方案进行完善。

6.6.2 完善物流解决方案的方法

物流解决方案既然是一个待完善的事物，那么物流交易双方该如何进行物流解决方案的完善呢？物流服务实践是验证物流解决方案的最佳途径。我们可以作一个类比，物流理论可以表达得很深刻、很理想，但它的价值却不在于物流理论本身，而在于其能解释或指导物流的实践。同样，物流解决方案的价值也不在于其本身有多么完备，而在于其指导物流服务运作实践的效果。因此，物流服务运作的实践是检验物流解决方案对与错的"试金石"。

要做好物流解决方案的完善工作，物流交易双方可以从以下几个方面进行：

1. 设计一个试运作期

为了控制方案实施后可能产生的设计风险，合作方可以采取设置项目试运作期的方法，以检验物流解决方案的正确性和准确性。试运作期可以选择那些难度较大的服务项目，依据物流解决方案只进行少量的物流服务运作，以验证方案的效果。

如果客户方的条件不允许采取试运作期的方法进行，那么在项目运作的初期，也可以采取先易后难的方式，循序渐进地进行项目操作。

2. 做好物流服务运作的跟踪工作

物流企业项目管理者要及时掌握和跟踪每个服务项目操作的情况，及时对运作中出现的情况进行解决和汇总，加以分析、甄别，找出属于方案设计方面的问题进行研判，并进行方案调整与完善。

3. 加强客户物流需求管理

客户的物流需求是物流解决方案存在的根本，也是物流企业的商机。加强物流需求管理，要求物流服务提供者能够时刻注意客户需求的变化，注意客户需求的深度调研和潜在需求的了解，并对需求变化做出及时的有效反应。客户需求变化有时带给物流服务的可能是积极的影响，也可能是消极甚至是风险性的影响。对积极的影响，物流企业应及时进行分析，在经济性、可行性许可的情况下，及时给出解决方案，增加物流服务量或服务内容，与客户达成新的物流交易。对消极的影响，要及时提出对策，消除影响，化解风险。

客户需求管理的一个创新是引导客户物流需求。通过调研和运作实践，在对客户物流实际情况有了清晰的认识之后，物流企业可以与客户协商，运用经验和知识进行创新性的物流解决方案设计，引导客户物流需求。需要注意的是，这种需求引导要站在客户的角度，要能给客户带来更多的价值，才能实现共赢。

4. 注意环境的变化

任何组织和个人都处在一个系统的环境之中，物流企业也不例外。只有在与外部环境进行持续不断的物质、能量和信息的交换与相互影响过程中，物流企业才能获得生存和发展的现实基础和未来条件，进而生存与发展，这是实践证明的一条真理。

外部环境对物流交易双方的影响可能是局部的，也可能是致命的，因此，时刻注意宏观环境的变化对物流服务运作的影响，不仅仅是完善物流方案的问题，有时也是物流交易双方防范风险的问题。

物流交易双方内部环境的变化对物流运作的影响也同样不可忽视，如客户生产与销售模式的变化、物流企业内部网络的变化等，都可能给物流服务运作带来便利或产生阻碍。

6.6.3 物流解决方案不完善的表现形式和解决方法

1. 物流解决方案不完善的表现

不完善的物流解决方案主要表现在以下几个方面：

(1)内容方面的缺失。产生的原因是调研工作存在着缺陷或对物流服务运作中的特殊问题估计不足，缺乏相关经验或环境发生变化。出现此种情况可能会给物流交易双方带来不同程度的商业和信誉方面的损害，因此物流交易双方对此种问题要格外重视，一经发现，要立即找出问题所在，设计新的物流解决方案去应对。

(2)流程错误。流程错误表现在流程不合理、流程冗余和流程缺失。流程错误会给物流服务运作带来混乱，增加成本，降低工作效率，因此物流企业应该在物流解决方案实施的初期，通过对实际运作情况的评估和分析，对运作流程进行优化设计和新设计。

(3)物流服务成本测算不足或实际情况与原设计方案有差异，造成物流服务提供者亏损。这种情况经常发生，原因在于对实际情况的研判不足或价格竞争导致物流企业报价不能弥补其运作成本。对于此类问题，物流交易双方可以通过对实际运作情况的分析，重新估算成本来修订物流服务价格。

2. 完善物流解决方案的方法

物流解决方案的完善有以下三种方式：

(1)修补性的完善方式。经过一段时间的实践验证，发现物流解决方案本身存在着设计缺陷，需要对方案内容进行补充、去除和修改等。修补性完善方式需要对完善部分进行补充调研，然后再做出修改方案；还需要考虑去除的条件会不会对其他物流运作环节产生影响。

(2)新设计。由于物流服务环境发生变化，导致原来物流解决方案的部分内容已经与变化后的实际情况不符，不能再按照计划内容进行物流服务运作，因此必须进行方案的重新设计。新设计需要对未知的情况进行调研，然后做出分析和研判，再设计新的物流解决方案。

(3)精益化完善。原设计的物流解决方案比较适合物流需求，客观环境也没有发生较大的变化，物流企业追求服务的精益化管理理念，而对原方案设计的内容进行优化调整，使方案更趋完美，这种完善方式称为精益化完善。精益化完善本质上是一个物流服务持续改进、不断完善的过程，要求物流企业在物流服务过程中实行“PDCA”(策划、实施、检查、改进)闭环过程控制，加强对物流服务工作各环节的管理，使各环节的工作都得到强有力的执行。它与ISO9000质量管理体系的运作有异曲同工之妙，物流企业强化“精益化管理”可与ISO9000质量体系相互支持，相互支撑。

复习思考题

1. 如何进行客户物流需求的调研？
2. 简述物流解决方案设计的原则和主要方法。
3. 为什么每个物流解决方案要有业务流程和服务质量标准？
4. 物流企业怎样进行物流解决方案的实施管理？
5. 物流企业如何进行物流解决方案的完善？

7 中铁快运物流典型案例分析

7.1 上汽通用五菱汽车配件集成化物流项目解决方案

上汽通用五菱汽车配件集成化物流项目是中铁快运与上汽通用五菱汽车股份有限公司(英文缩写 SGMW,简称“上汽通用五菱”)在汽车配件领域进行合作的物流项目。项目集仓储、运输、信息、订单处理、签收单返回等服务为一体。中铁快运充分运用铁路运输资源和全国性经营与服务网络资源,为上汽通用五菱量身订制了“短周期、小批量、多频次、门到门”的配件集成化物流解决方案。自 2006 年 5 月合作以来,中铁快运与客户共同致力于提升微型汽车市场份额,提高经销商和终端用户的满意度,使双方在业务上的依赖性进一步加强,建立了固牢的共赢战略合作伙伴关系。

7.1.1 上汽通用五菱企业简介

上汽通用五菱于 2002 年 11 月 18 日正式组建挂牌,是由上海汽车(工业)集团总公司、美国通用汽车公司、柳州五菱汽车有限责任公司三方共同组建的中外合资汽车企业,三方所占股份分别为 50.1%、34%和 15.9%。

上汽通用五菱拥有柳州与青岛两大制造基地,东西联动,合理布局,形成了 90 万辆的年生产能力。其中柳州本部拥有东部和西部及发动机三大制造工厂,并形成了商用车及乘用车两大生产格局。通过引入通用汽车的 GMS(Globe Manufacturing System,全球制造系统),结合自身几十年造车经验,上汽通用五菱创造出本土特色的制造体系,创造出符合微车特点的“低成本、高价值”精益生产方式,制造水平处于国内领先地位,同时实现了从质量保证到质量预防、质量文化管理模式的跨越发展,通过国家“3C”认证,获得全国质量信誉“AAA”级企业荣誉。

公司合资后,规模不断扩大,产销量持续增长,由 2002 年销售 18 万辆发展到 2011 年目标销售 130 万辆,如此持续、高效的发展,在国内乃至国际企业中都十分罕见。

7.1.2 项目发展历程

中铁快运以运输项目作为基础和依托,积极开拓物流上游业务,逐步深入到客户配件售后物流的核心环节,掌控了配件供应链中仓储管理和运输配送两大重要环节。

1. 赢得柳州仓库运输业务，开始初步合作

2006年初，上汽通用五菱启动"15%计划"，要在全国2 000多个县中的15%建立上汽通用五菱的直销2S店网络，主要发展目标是300个年销量在400辆左右的经销商，上汽通用五菱原有的运输模式无法适应迅速扩张的发展需要。

中铁快运捕捉到上汽通用五菱急需改变物流现状的信息，立刻组建项目组与上汽通用五菱进行接洽。项目组在对上汽通用五菱物流现状进行充分调研、深入分析和比较国内外知名汽车厂商各种售后配件物流模式的优劣之后，与五菱配件物流改进项目团队就如何改造现有物流模式，积极探索一条适合上汽通用五菱整体发展战略、独具自身特色的售后配件发展之路等重要课题经过充分交流和探讨，初步达成了共识，为解决方案的制订理清了思路、构建了框架。2006年2月，中铁快运向客户全面展示了"了解行业格局、熟悉五菱现状、能够解决困难"的专业化企业形象，消除了客户对传统铁路企业的误解和疑虑，赢得了上汽通用五菱高级主管、通用汽车资深专家的认同和信任。2006年5月，中铁快运与上汽通用五菱开始了运输业务的合作。

2. 中标柳州仓储业务，合作关系进一步深化

2007年，上汽通用五菱微型车销售业务实现快速增长，销量已稳居全国微车首位。随着市场保有量的不断加大，销售网络的迅速扩张和配件销售业务的快速增长，给上汽通用五菱售后配件的物流运作和管理带来了相应的压力。同时，位于厂区内的A、B配件仓库设置方式，既不利于作业效率的改善和提升，又使五菱售后服务质量受到影响，上汽通用五菱急需通过搬迁配件仓库，重新优化仓储管理体系及作业流程来满足汽车配件销售的需求。

2008年初，上汽通用五菱将原厂内自营的配件仓储物流业务对外进行外包招标，这一活动是上汽通用五菱自2002年成立以来标的最大、挑战性最强、具有里程碑意义的外包项目，而对于近两年以运输业务为主的中铁快运也是一次重大机遇和挑战。

基于对仓储项目在整个项目中占据主导性、源头性核心地位的深刻认识，中铁快运投标团队在方案设计过程中，确立了仓储与发运作业全面整合，废止现有"缓冲库"作业模式的全新思路，提出了"提前介入、简化包装、拣包同步、快速转移"的作业组织原则，详细规划出配件包装承运新流程，在数个有竞争力的投标方案中得到了上汽通用五菱的专家一致认可，并最终竞标成功。中铁快运积极应对上汽通用五菱物流模式变化，成功接管了上汽通用五菱售后配件仓储业务，从而开启了中铁快运与上汽通用五菱在汽车配件仓储与运输物流集成业务上的合作之路。

3. 成功取得青岛北方配件中心仓库运输业务，合作范围不断扩大

2009年，上汽通用五菱前10个月整车总销量达89万辆，成为中国历史上第一家年销量破100万辆的汽车企业已毫无悬念。据上汽通用五菱售后服务部预测，2010年上汽通用

五菱汽车国内市场保有量将达 300 万辆。这一庞大的整车群体所产生的维修保养配件需求,势必给五菱的售后服务工作带来了巨大的压力和挑战,而调整售后服务布局、加快配件中心仓库的建设也成为上汽通用五菱应对挑战、化解矛盾的重要手段。因此,紧邻上汽通用五菱汽车青岛黄岛生产基地的北方配件中心仓库于 2009 年 10 月建成投入使用,形成了南北呼应、各管一方的“双扇形”售后服务体系新格局。

基于前期的合作基础和运作经验,准确把握客户需求,2010 年 10 月,中铁快运以完善的物流解决方案取得了上汽通用五菱青岛配件库的京津冀和东三省的货物运输资格。

中铁快运与上汽通用五菱的合作经历了上述三个阶段,其中中标仓储业务标志着双方合作关系的质变。下面主要介绍中标仓储业务时的客户需求及中铁快运提供的解决方案。

7.1.3 客户需求分析

1. 需求情况

上汽通用五菱采取的是“短周期、小批量、多频次”的订单模式,物流运作的总体要求是:通过采用小批量、多频次的“快递式运输”,将厂商和服务站两端静态的“仓储库存”部分转化为动态的“在途库存”,从而减少库存占用、加速资金流转;同时,将运输时限的不确定性优化为可承诺的确定性,提升配件的可得率和订单满足率,使销售损失和顾客不满减至最低,从而实现供应链的总体成本水平最优化。上汽通用五菱汽车配件物流服务需求主要体现在配送订单的处理、仓储服务、配送运输服务及对应增值服务的需求。

(1)订单管理需求

需要将上汽通用五菱客户的配件需求订单按区域进行分类处理。

(2)仓储服务需求

①提供安全、准时、准确的仓库收货,包装入库、库内存储、出货发运、退货等仓储作业服务。

②提供库存管理、报损管理等仓储管理服务。

③提供指令接收及传递、货物库存状态查询及追踪、库存报表制作等信息管理服务。

在提供仓储服务的同时,要通过充分利用先进的物流设备与设施优势,满足仓储基本操作需要,同时持续整合各配件供应商、上汽通用五菱、配件库管理方、配件运输方的作业环节,不断优化作业流程,以提高仓储作业效率,降低仓储成本。

(3)运输服务需求

①门到门运输服务需求:提供全国 300 多个城市(含县级城市)门到门运输服务,确保定点出货,安全、准时地将货物送到指定地点。50%以上城市运输时限不超过 3 d,95%以上城

市不超过 5 d,最晚不超过 8 d。

②反向运输服务需求：提供由于旧件回收、用户退货、产品质量、备货错误等原因而形成的配件货物反向运输服务。

(4)信息服务需求

及时向客户提供运输全程货物的动态信息,确保物流过程透明、可控。

(5)增值服务需求

为客户提供诸如签单返回、包装加固等增值服务。

2. 需求特点

①配件品类繁多,需要专业化的仓储服务做支撑。

②配件需求不确定性强,客户对响应速度和服务质量要求高,解决方案要克服需求的不确定性,提供高效、便利、弹性的运输及末端配送服务。

③配送批量小、频次多,配送范围分布广,要求服务提供商拥有完整的配送网络,具备高效的配送组织能力。

7.1.4 解决方案

通过分析上汽通用五菱配件物流需求及特点,中铁快运从以下几方面制订并实施集成化物流解决方案：

1. 采用仓库新布局,再造运作流程

在原有的作业流程中,因出货仓库为 A、B 两个仓库,造成所有配件至少要经过两次清点和理货,才能交由配送分包方运送到上汽通用五菱服务站。这样既降低了作业效率,也提高了差错率。中铁快运接管汽车配件仓储业务后,优化了仓储业务流程,使所有的配送分包方都减少了一次清点和理货过程,如图 7.1 所示。此外,由于上汽通用五菱出货包装纸箱型号单一、纸箱配装不当,经常出现纸箱包装填充不实、易碎物品无标识的情况,造成了一定的运输安全隐患。仓储业务外包后,出货包装的设计、包装材料的定制完全交由中铁快运完成。中铁快运作为以提供运输服务见长的物流服务商,熟悉各种运输方式的包装及作业,因此根据运输中货物安全要求,重新设计运输包装,订购质量更佳的包装材料,提高了货物运输的安全性,且基本做到一次包装即能适应各种运输方式,提高了作业效率,减少了差错率,也进一步了提升了服务质量。

根据新配件仓库的设计布局,中铁快运与上汽通用五菱共同对仓储作业流程进行了调整和优化,如图 7.2 所示。

入库时,从供应商交货入库开始,到二次包装区出来的货物单元都带有条码图号,条码中包括货物单元的所有信息,库管员扫描货物条码后,信息直接传到 ERP 系统,由该系统给出一个最优的货位。

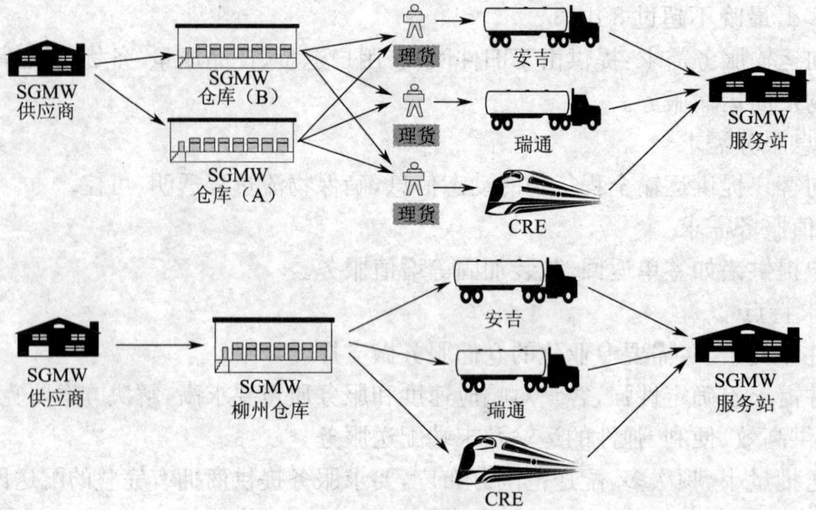

图 7.1　仓储业务接管前后流程对比

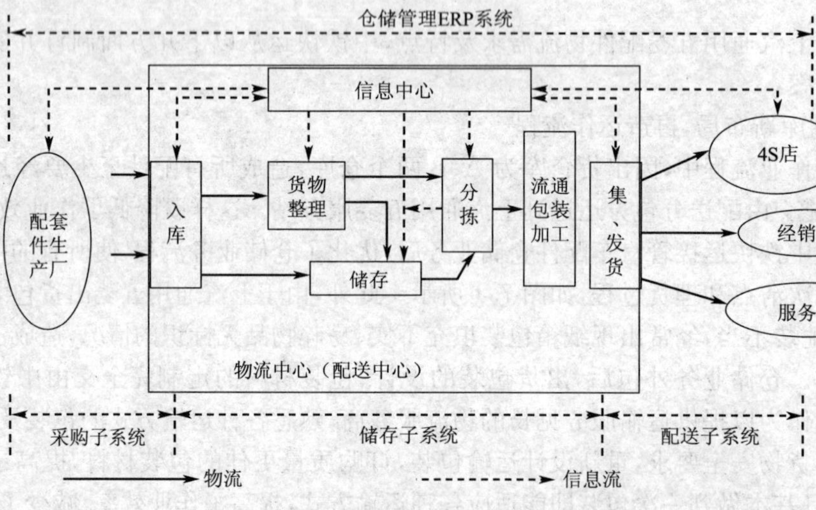

图 7.2　优化后的仓储作业流程图

出库时，库管员可以通过无线系统，从手持终端无线系统的显示器了解出库分拣任务，或通过信息采集点打印分拣任务单。拣货员根据分拣信息，来到出库货物的存放货位，用扫描器扫描获取数据，对照分拣单检查分拣任务。在配货到达出库区后，通知 ERP 系统告知出库任务完成，由信息控制点打印出库单证。通过一年多的运作，流程几经优化但总体思路没有改变，而出库发运效率也从原来每天发运一百多万元货值配件提升到最高峰时日承运

262万元货值，效率提高将近一倍，给上汽通用五菱仓储作业效率和售后服务质量的提升带来了显著的拉动作用，很好地配合了整车的销售。

2. 制订链接方案，创新运输模式

上汽通用五菱项目成功开发，很大程度上要归功于中铁快运提出的"链接式"运输组织模式和产品理念。"链接式"运输克服了传统的行包运输方式的种种弊端，具有时效性强、安全性高、信息透明及服务门到门等多重优势，为配件类大客户项目提供了最佳的全程运输解决方案。中铁快运依据公司最新编制的《行李车链接式运输方案》，结合各分公司制订的短途公路配送方案，制订出《上汽通用五菱售后配件链接式运输方案》，实现了覆盖长江以北及西南19个省（市、自治区）近500个上汽通用五菱服务站的快速门到门服务。汽配从上汽通用五菱中心仓库送至银川利盛汽车贸易有限公司的运输方案如图7.3所示。

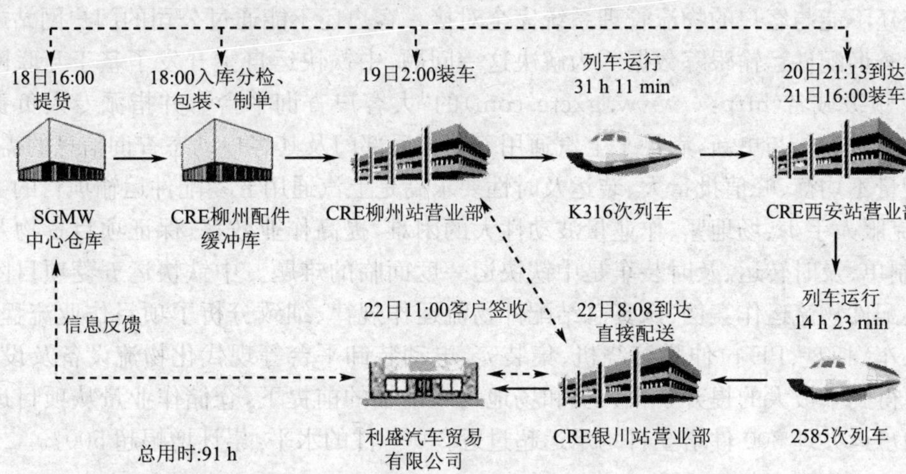

图7.3 汽配送至银川利盛汽车贸易有限公司的运输方案示例

上汽通用五菱第一次看到中铁快运演示的链接式方案时，不由啧啧称赞。为了保证方案数据真实可靠，中铁快运通过查阅《铁路客运运价里程表》、《中国交通地图集》、《中国公路交通运营里程图集》等工具书，保证了里程计算、价格测算、成本核算、运价核收的准确性。

3. 合理调配运力资源，制订完善应急预案

制订项目各环节的应急预案，是提升项目管理水平、降低项目运作风险的有效途径和手段。对此，中铁快运通过实践不断摸索，建立并逐步完善一整套项目运作应急预案体系。

(1)链接式运输应急预案，设立第二甚至第三条备用中转链接运输通道。

(2)分公司管内备用装车站启动应急预案，充分调配始发分公司自有资源以解决货物积压问题。

(3)配件特殊品类运输预案，对液体蓄电池、机油、防冻液、超重件等铁路禁运限运配件

采用公路运输。

(4)运量高峰人员及设备组织应急预案，设定出货量警戒线，当运量猛增时调用营业部或分公司人力物力三班倒作业。

(5)仓库消防安全应急预案，确保仓库内消防安全万无一失。

(6)项目作业设备设施故障应急预案，在加强设备日常保养与维护的前提下，确保各种设备设施出现故障时快速恢复生产能力。

4. 构建大客户信息平台，引入物流技术装备

中铁快运全力打造信息网络平台，保证运输作业各个环节信息实时反馈和全程透明，使公司在项目竞标时具备足够的信息支撑，以保障满足客户的信息需求。鉴于汽车配件物流的特殊性、专业性和复杂性，由于操作平台兼容性、知识产权、信息安全等原因，目前公司的信息系统还不能与客户的物流管理系统完全对接。客户还不能通过公司的门户网站或公共信息平台查询配件运输跟踪数据。为解决这一问题，中铁快运自主开发了基于互联网并拥有“.com”顶级域名(http://www.gxcre.com)的“大客户查询平台”，并指派专人负责该项目数据的实时上传与更新，满足了上汽通用五菱售后部门及其客户动态查询信息的需求。

出货量不均衡、峰值批量大、装运及时性要求高是上汽通用五菱配件运输项目的突出特点，如何克服人手少、场地紧、作业量波动性大的困难，提高作业效率，保证项目货物及时包装、及时制单、及时转运、及时装车是中铁快运一度面临的难题。中铁快运五菱项目团队在大量收集配件物流运作案例、认真总结配件物流运作规律、细致分析了项目作业流程之后，购置了叉车、托盘、PE 拉伸膜缠绕机、集装笼、电动装卸平台等现代化物流设备及设施，使作业效率得到了极大的提升。在人员和场地均未增加的前提下，仓储作业量从项目运作初期的日均承运办理 300 件增至日均承运超过近 2 000 件的水平，累计增幅超 500%。

7.1.5 取得的成效

1. 上汽通用五菱快速发展

自 2006 年来，上汽通用五菱通过采用中铁快运设计与实施汽配物流解决方案，在中远距离的售后服务配件运输上采用中铁快运“小批量、多频次、短周期、门到门”物流配送服务，其客户配件需求响应速度得到了质的提升，特别是对二、三线城市和农村市场的物流支持，使上汽通用五菱汽车终端用户的售后服务满意度和忠诚度也实现持续提升，有力地促进了上汽通用五菱汽车品牌的树立和销量的大幅增长。继 2009 年率先成为国内超越百万辆的单一车企后，2010 年上汽通用五菱年销量再次突破百万，超过既定目标 123 万辆，连续五年稳居微车行业销量前列。

目前，上汽通用五菱全国销售、服务网点已超过 1 600 个，这些网点的分布均与各省、区的经济和汽车市场发展相适应，并积极向三、四线城市和农村延伸。其中，65%的网点分布

于县乡市场,县级市场的网络覆盖率已达到49%以上,现有硬件条件可满足145万/年的销售需求,400万保有量的服务需求。

2. 中铁快运知名度不断提高

中铁快运通过运作上汽通用五菱项目,提高了其在汽车配件产业的知名度,并树立了良好口碑,赢得了汽车、机械等大型配件类企业客户的尊重与认可。

同时,上汽通用五菱项目也为中铁快运带来了可观的经济收益。自2006年项目运作以来,截至2011年4月,累计实现经营收入6 272.2万元,实现了中铁快运与上汽通用五菱公司的“双赢”。

7.2 5100矿泉水供应链项目解决方案

5100矿泉水供应链项目(简称5100项目)是在铁道部贯彻党中央、国务院关于支援西藏地区经济社会发展,变“输血”型援藏方式为“造血”型援藏方式大背景下,与西藏5100水资源控股有限公司(简称5100公司)合作,集商流、物流、信息流、资金流为一体的供应链解决方案项目。

7.2.1 项目需求

1. 需求情况

5100项目是由中铁快运进行协调的供应链项目,项目需求来自整条供应链,是一个由商流、物流、信息流、资金流构成的有机整体。

(1)商务需求

在商流方面,中铁快运需要负责铁路及相关单位矿泉水的分销和相关商务协调工作。

(2)物流需求

中铁快运需要为5100公司提供矿泉水物料从各地原材料厂至当雄水厂的物料运输服务和5100矿泉水从当雄水厂到全国各地的全程物流服务。

①采购物流服务需求

5100矿泉水物料共有11个大类、23个小类,供应商分布在全国华北、华东、华南、西南地区的14个城市,具有品类多样、供应经常变动、采购地点分散、采购量不均衡的特点。中铁快运需根据5100公司的采购计划和订单生产计划,进行采购管理,制定合理的物料运输方案,尽量缩减物料的供货前置期,合理控制物料库存数量,实现物料的分散采购和集中运输。

②分销物流服务需求

5100矿泉水可分为两大类四个品种:向铁路分销的铁路销售水和动车组用水;向社会

分销的社会销售水和水卡客户用水。

铁路销售水由中铁快运集中采购,并分销至铁路企业及相关企业。

动车组用水由中铁快运集中采购,并根据铁道部确定的动车组送水计划,准时送至指定动车组列车或候车室。

社会销售水由 5100 公司直接销售给各类商业企业、事业单位和社会团体,中铁快运根据 5100 公司的配送要求,最迟要在 36 h 内配送至全国 300 多个城市的客户手中。

水卡客户是 5100 公司的特别用户。水卡客户向 5100 公司的 400 免费声讯平台告知订购信息,中铁快运要根据水卡客户订购信息,在 24 h 内配送至水卡客户指定地点。

③信息需求

5100 项目信息来源于多个方面,要实现项目高效运作,必须保证信息的准确性、及时性及完整性。5100 项目的信息需求主要有以下两个方面:进行项目管理需要的信息(如各类报表、数据、分析报告等),项目运作需要的信息(如客户下达的各种指令、各类产品及物料的库存信息、运输配送信息等)。

④资金流需求

在 5100 项目中,中铁快运承担铁路销售水、动车组用水采购费用和销售收入的资金结算,同时,定期与 5100 公司进行物料运费结算和社会销售水、水卡客户水配送费用的结算。在项目财务结算过程中,必须确保单证准确、完整,加强台账与应收账款管理,缩减资金垫付,提高资金周转率。

2. 需求特点

(1)供应链协调难度大

5100 项目供应链涉及铁道部、5100 公司及其供应商、中铁快运及其众多的分销商,链中成员较多,需要一个强有力的协调者,确保供应链的高度协同和高效运作。

(2)矿泉水品种多,销售特点各异

铁路销售水季节性特点突出,夏季需求集中,一次性订购量大,接到订购需求后,需实现快速交付;动车组用水消耗与动车组旅客人数相关,必须确保及时供应,杜绝缺货;社会销售水及水卡客户用水需求订单不确定性强,销售范围不断扩展,潜在客户所需产品品类及数量较难预测。

(3)物流运距长、环节多

5100 矿泉水生产地处于海拔 5100 余米的青藏高原,而销售市场则分布在沿海经济发达地区和内陆地区。高度复杂的运输地理环境,产销地的极度分离及独特的水源地来料加工方式,形成了 5100 矿泉水物流服务运输距离长、运输风险大的特点;整个项目又涉及运输、仓储、包装、配送、装卸搬运、回收等多个环节,形成了 5100 矿泉水物流环节多的特点。

(4)物流流量大、配送范围广

5100 项目中，动车组日均送水量已达到 36 万瓶，铁路销售水月均需求量约为 500 万瓶，社会销售用水月均销售量约为 80 万瓶。将如此大量的矿泉水从青藏高原运往全国各地 300 多个城市，要求物流服务商在具备大批量货物运输能力的同时，拥有丰富及完整的配送网络。

(5)末端配送的时效性强，柔性要求高

一方面，动车组列车具有的运行速度快、折返时间短、旅客人数受运输淡旺季影响较大等特点，对动车组送水的及时性和准确性提出了很高的要求。另一方面，5100 矿泉水属于快速消费品，产品生产规模性、季节性的特点决定了 5100 项目的解决方案必须克服物流的不均衡性，快速反应客户需求，为客户提供高效、便利、弹性的末端配送服务。

7.2.2 解决方案

通过分析 5100 项目需求及特点，中铁快运着重从以下几方面制订并实施 5100 项目供应链全面解决方案：

——结合 5100 项目供应链的特点进行供应链选型设计，使得所设计的供应链结构类型符合实际需要，从根本上确保方案满足项目需求。

——结合中铁快运自身的网络资源，设计并建立满足项目要求的供应链网络，包括仓储网络及运输网络。

——基于项目管理技术，打造中铁快运内部顺畅的项目组织结构，保障项目管理及运作的执行。

——建立高效、准确、完整的信息管理体系及信息系统，通过技术与管理的有机结合实现供应链的信息共享与协同。

——加强供应链方案执行的 KPI 绩效管理，保证并持续提高项目运作质量。

1. 进行流程再造，设计和选择合理的供应链类型

中铁快运应用供应链流程再造理论，针对项目供应链需求，帮助 5100 公司对各种流程进行再设计，实现流程再造。在四类用水中，动车组用水与旅客人数相关，需求比较容易预测，杜绝缺货，供给拉动需求，设计并采用推动型供应链模式；而铁路系统销售水、社会销售水及水卡客户用水的需求相对较难预测，允许缺货但缺货时间要保证在合理范围内，需求拉动供给，设计并采用拉动型供应链模式。

2. 进行资源和能力整合，提供集成化物流方案

(1)构建能够进行快速反应的仓储网络

针对 5100 矿泉水产销区域跨度大、销售范围广、快速反应要求高的特点，中铁快运充分利用网络仓库技术，整合资源和能力，设计并建立了三级仓储网络。

那曲物流中心营业部，满足出厂货物和入厂物料集中存储的需要。

区域中央水库，满足批量货物存储及区域调拨的需要。中铁快运采用层次分析法，从项目目标中分解出影响目标达成的各个影响因素(包括成员位置、产品需求量、物流资源、人力资源等因素)，并按因素之间的相互关系将因素层次化，组成一个层次结构模型，通过专家打分方式，最终选定中央水库的位置，并确定中央水库的辐射区域。

配送水站，满足终端客户准时制配送的需要。

5100 项目仓储布局及运作流程如图 7.4 所示。

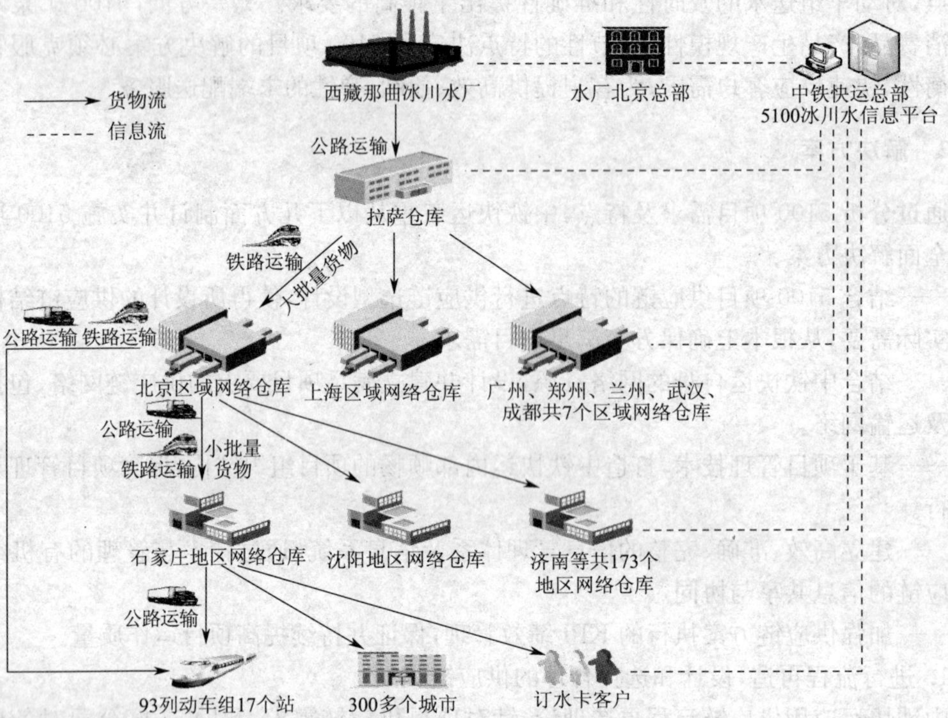

图 7.4　5100 项目仓储布局及运作流程示意图

(2)提供综合运输方案

针对物料采购地点分散、供应的准确性和准时性要求较高的特点，采取了区域集结、铁路行包快捷货物通道与青藏线货运相结合的运输模式，实现了物料的分散采购和集中运输。

针对 5100 矿泉水分销物流流量大、流距长、配送范围广、柔性高的特点，充分发挥铁路运输大批量、长距离、全天候、快捷准时的优势，设计了“铁路为主、公路为辅的多式联运”的运输方案:利用青藏铁路及铁路行包快捷货运通道,提供矿泉水从那曲物流中心至区域中央水库的干线运输服务;利用旅客列车行李车、公路干支线满足批量较小、时限要求较高的调拨及配送服务。

(3)进行信息技术集成,建立项目综合信息管理体系

中铁快运在原有信息系统基础上,通过建立一个集成化物流信息管理体系,实现了供应链各成员对信息的共享及有效沟通,提升了供应链运作效率。

利用中铁快运既有运输业务系统、对外信息服务与交换系统,实现对项目运输全过程的监控与运输信息的及时传递,满足客户对运输信息查询的需求。

自主研发了 5100 项目信息管理平台,实现对各类订单的全面管理,并及时反应各节点货物的库存信息。

充分利用互联网技术,实现各类物流信息的及时传递与高度共享,并发挥中铁快运电视电话会议系统的作用,为项目相关人员搭建无障碍面对面沟通渠道。

3. 创新管理机制,构建项目型组织体系

中铁快运运用项目管理理念,构建了项目型组织体系,克服了传统直线型职能管理的不足,为 5100 项目管理提供了强有力的组织保障,如图 7.5 所示。

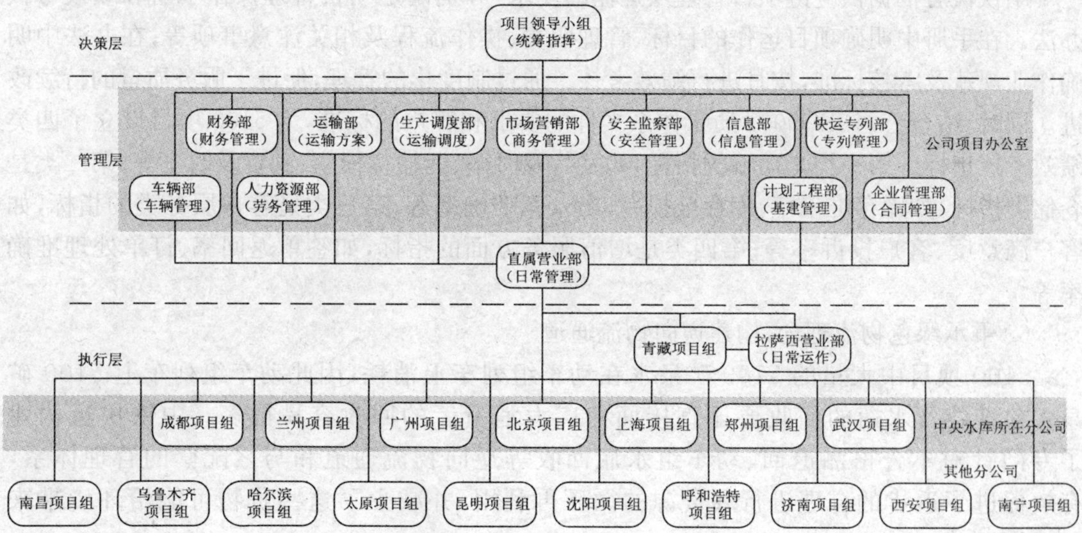

图 7.5　5100 项目管理组织架构图

(1)决策层:项目的统筹指挥

在中铁快运总公司层面,成立了公司领导挂帅的决策层,在统筹指挥整个项目的同时,

与各方保持充分沟通，针对新变化及时调整项目发展方向。

(2)管理层:项目的管理与指导

中铁快运相关业务部门及5100公司商务代表组成项目的管理层，由中铁快运直属项目营业部开展日常工作，负责项目的具体指导及管理。

(3)执行层:项目的具体操作

在中铁快运各分公司组成5100项目执行小组，负责项目的具体操作。

4. 实践联合库存管理，降低供应链库存成本和风险

为"快速响应客户需求，合理控制库存成本"，中铁快运为5100项目设计了"货存第三方的联合库存管理"模式:将物料和矿泉水均存放于中铁快运的仓储网络内，由中铁快运对库存管理职能进行必要整合，集中管理整个供应链系统的库存，避免供应链上持有库存的企业将库存成本负担转嫁给供应链中的其他企业，损害供应链的整体利益。中铁快运负责管理物料库存和成品库存，并负责与供应链上物料供应商和5100公司进行沟通，直接掌握库存状态和产品销售信息，确定供应链上库存策略，使供应链上的其他企业专注于自身的核心业务，降低供应链整体运作成本，提高供应链的竞争力。

5. 进行绩效考核，持续改进服务质量

中铁快运根据供应链项目管理及运作的要求，分别制定项目管理操作手册和绩效考核办法。在手册中明确项目运作的目标、管理职责、操作流程及相关注意事项等;在办法中明确作业规范及考核标准，按月进行绩效考核。通过制度化的管理，促进了服务质量的持续改进。同时，结合公司ISO9001质量体系文件的要求和客户的标准，为5100项目设立了四类绩效考核指标。第一类是运输类指标，如发货及时率、运输货损率、到货及时率等;第二类是仓储类指标，如库存准确率、库存破损率、出入库准确率等;第三类是客户服务类的指标，如客户满意度、客户投诉率等;第四类是增值服务方面的指标，如签单返回率、订单处理准确率等。

6. 秉承绿色物流理念，构建逆向物流通道

5100项目中大量的5100矿泉水在动车组列车上消耗，因此动车组列车上5100矿泉水包装物及水瓶的回收要比直接面向广大消费者的回收容易得多。中铁快运构建了专门针对不合格品退回、动车组水瓶回收等逆向物流通道和与之配套的管理体系，有效促进了返货的合理进行和资源的循环再利用，并减少了这些货物可能给环境带来的污染。

7.2.3 项目取得的成效

5100项目物流解决方案的设计与实施，有力支持了5100项目的开展，带来了良好的社会效益和经济效果。

1. 促进了西藏当雄地区经济社会发展

在5100项目的支持下，5100公司已成为西藏当雄地区最大企业。自2007年8月至2010年12月，5100公司共向当地政府纳税超过1.2亿元，解决就业300余人，促进了西藏当雄地区经济社会发展。

2. 实现了铁路服务品质的提升

铁道部通过向动车组乘客免费提供5100矿泉水，提升了铁路客运服务品质。自2007年8月至2010年12月，铁路共为动车组旅客赠送5100矿泉水逾2亿人次，2010年日均送水达到23万人次，实现了“推进中国铁路物流建设，惠顾西藏各族群众和全体旅客”的目标。

3. 增加了青藏铁路运量

通过实施5100项目，充分挖掘了青藏铁路的运输潜能。自2007年8月至2010年12月，矿泉水出藏逾5 000车，组织物料进藏逾1 000车，青藏线铁路增加运量约24万t。

4. 增加收入，提升了中铁快运品牌形象

自2007年8月至2010年12月，累计实现经营收入2.0亿元。中铁快运借助5100项目，积累了为大客户提供全程物流服务的经验，提高了自身物流运作水平，也提升了快运品牌的知名度与社会影响力。

5. 为5100公司创造了价值

5100项目供应链解决方案的设计与实施，满足了5100公司分销网络快速扩张的需求，提高了5100公司客户服务水平。此外，5100公司的物流周期由原来的30 d缩短到10 d左右，大大降低了5100公司的库存水平及资金占用量，提高了资金使用效率。

复习思考题

1. 货物名称：笔记本电脑。每件货物运输重量(含包装)10 kg，外包装尺寸45 cm×35 cm×20 cm，每件声明价格7 500元；铁路P60型60 t棚车长×宽×高(15 460 mm×2 840 mm×2 740 mm)，有效容积120 m^3；20 ft集装箱长×宽×高(5 857 mm×2 330 mm×2 350 mm)，有效容积32 m^3；汽车货箱长×宽×高(5 880 mm×2 340 mm×2 390 mm)，有效容积33 m^3。发送地北京，到达地广州。

(1)收集数据，分别计算每件货物各种运输方式的费用和运到期限，将结果填写在下表中。请注明各种运输方式运费和运到期限计算数据的来源或依据。

(2)根据你的需求选择一种你比较适合的运输方式，并简单说明理由。

此件货物各种运输方式的每件运费和运到期限				
运输方式		运费(元/件)	运到期限(d)	备注
铁路运输	铁路普通包裹			
	铁路快运包裹			
	铁路 20 ft 集装箱			
	铁路整车货运			
公路运输	公路整车货运			
	公路零担货运			
航空运输	航空普货			
	航空快运			
邮政	包裹			
	特快专递			
其他快递企业	顺丰速运			
	宅急送快件			
	申通快递			

注:公路和航空运输要在备注栏中注明选择的运输企业名称。

2. 北京某个药品生产企业,采用直销方式,收货人收到药品后两个工作日内将款通过银行汇给该药品生产企业,药品销售全国所有的地级市(国家民政部公布的2010年行政区划中的地级市);每件药品运输重量10 kg,外包装尺寸50 cm×30 cm×20 cm,每件药品声明价格8 000元;直辖市、省会城市平均每天发货80件(拉萨、乌鲁木齐、西宁、银川、兰州、呼和浩特平均每天40件),其他城市平均每天发货25件(西藏自治区、新疆维吾尔自治区、宁夏回族自治区、甘肃、青海、内蒙古自治区、云南地级市平均每天10件);直辖市、省会城市和距北京1 800 km以内的城市承运次日起3 d内送交收货人,距北京超过1 800 km的城市,运输距离每增加500 km增加1 d,不足500 km也按1 d计算;每月10日前物流企业将上月的收货人签收单和发票交该药品生产企业,该药品生产企业审核需10个工作日,审核通过后5个工作日通过银行向物流企业付款。该药品生产企业在直辖市、省会城市分别设有5名销售药品仓储管理人员,平均每人年工资4万元,分别租用1 000 m^2的库房,平均月租金2万元。

根据上述条件,制订满足该药品生产企业需求的物流解决方案,物流企业承担此项物流业务的成本,对药品生产企业的物流报价方案以及物流报价的商务会谈方案。

8 物流企业的管理

8.1 物流业的发展沿革与特征

关于物流行业及物流企业发展沿革与特征的资料、报道很多,从现有资料中却很难找出任何现成的、被广泛认可的关于物流行业的发展沿革与特征的结论性参考依据。但是,通过对行业代表性企业的发展路径和不同发展阶段典型产品与服务特征的分析,从具体业务发展的侧面仍可以初步分析得出物流业的发展路径、特征和趋势。

8.1.1 服务产品变化

20年前,人们在讨论和学习运输服务产品的时候,大多数情况下都是一致将“位移”称之为产品,或者将交通运输业的产品称之为“位移”。但是,这个关于产品的概念在最近10年,特别是近5年来,已经明显不够完整。单一的“位移”已经不再是一个完整的产品,它成为快递和物流服务中的一个基础环节。在“位移”对应的运输服务之外,物流服务链条早已经延伸到了仓储、配送、包装、加工、信息等增值服务。部分物流企业甚至更进一步将服务链条延伸到采购、供应、分销、逆向物流、金融物流等产业链上游。同时,电子商务这一新兴业态的“井喷式”发展,在给电子商务物流带来几何级数增长的同时,进一步催生了电子商务与物流企业的跨界发展,使物流服务产品进一步细分和成熟,增值服务更加完善。

8.1.2 发展沿革与主要特征

通过对行业发展特征与服务产品发展变化的分析,基本可以认定,国际、国内的物流行业发展都大体上经历了卖运输、卖产品、卖价值三个发展阶段。

1. 第一阶段:卖运输

这一阶段的服务产品是“位移”,计量单位基本为t·km、人·km。这个阶段的典型市场特征是运输资源短缺、不足或分配不均衡,谁掌握了运输资源,或者谁把运输服务做得更好,就可以抓住市场机遇。例如,宝供物流1993年在工商管理部门进行工商注册的时候,还无法注册“物流”公司,在工商局的企业名称词典里还没有“物流”一词,只能注册“托运站”、“运输公司”等。可见,当时人们观念中的运输服务产品就是“位移”。

由于意识到卖“运输”不是完整产品而抓住市场机会创办的企业,在今天大多数取得了不错的发展业绩,在早期甚至取得突飞猛进的发展。例如,中铁快运开展试办铁路门到门服务是在 1993 年,如今已经发展成为国内快运物流行业龙头企业;宅急送在 1993 年成立的时候,从为客户送鲜花、搬家起步,如今已经发展成为国内民营物流代表性企业;国内民营快递龙头企业顺丰速运,也是在 1993 年开始尝试做内地与香港快件业务挣到第一桶金,由于其产品领先、管理规范、服务质量好,成为民营快递中第一家营业额跨越百亿大关的企业,并仍保持较高的增长速度;宝供物流在 1993 年从为宝洁全程代办铁路运输并提供一条龙运输服务开始,发展成为一家国内很有影响的专业物流企业。上述代表性企业在发展初期,除了提供运输服务以外,还给运输增加了附加值,如包装、接取与配送、代办仓储与运输等。直到 1997 年前后,信息化技术逐步得到推广应用,服务产品才逐步发展成型。

2. 第二阶段:卖产品

什么是卖产品?卖产品就是以运输为载体,提供给客户的不仅仅是一个运输的产品——“位移”了,它可能是一个门到门服务,可能是一个准时运送服务,也可能是一个产品运输和配送的服务,可能甚至是一个包含了仓储、包装、配送、质量检验和服务及时效要求的整体解决方案。例如,在此阶段媒体报道比较多的宝供物流服务宝洁的案例,宝供物流提供的服务包括代客运输、仓储、包装、配送及分包方管理等内容,宝洁根据客户需求对仓储管理及仓储环境要求较高,如对仓储环境防虫、防蛀、防尘、温度、湿度等都有特殊的要求。

“卖产品”在国内的主要发展时间段为 1995～2005 年。在这两端的时间段与其他阶段有交叉,如在 2002～2005 年就与早期进入中国的跨国物流企业推进市场发展产品有了交叉。UPS 公司在 2002 年改变了全球广告语,提出了“全球商务同步”的新广告语。但由英文直译过来的“全球商务同步”很难表达它英文原有的丰富内涵。2003 年,又发生了一件值得国际快递与物流公司记住的事情,UPS 把自己的 LOGO 进行了调整,在基本颜色、形状保持不变前提下,把 LOGO 中盾牌上方那个用丝带捆扎的小包裹取掉了,使 LOGO 更加简洁、直观,这也意味着从这一天起,UPS 公司向市场销售的产品绝不仅仅是包裹快递了,而是完整的、系列化的物流服务产品。就是说,在国内物流企业的服务产品还在逐步发展成型的过程中,UPS 公司已经把这个产品完全转化成为更加完整、更具竞争力的服务,把市场竞争逐步推进入到卖价值阶段。

3. 第三阶段:卖价值

在 2005 年以后,整个快递及物流行业迅速进入到卖价值的阶段。在卖产品阶段,最明显的特征就是各企业十分重视产品及增值服务的开发,更加注重市场细分,物流行业的产品及增值服务定义十分清晰,向客户卖的就是产品加增值服务。

卖价值的阶段还将延续相当长一段时间,其内涵是延伸了产品和服务的价值链,物流企业提供的服务融入了客户的价值链,优化或者强化了客户产品价值链。这个阶段主要特征是:在卖产品基础上,以标准化服务产品及增值服务为依托,针对客户需求特点提出了定制化的产品和定制化的服务，同时对传统业务进行了突破性的创新。这一阶段发生的一些服务案例大大突破了传统的产品边界。

2010 年，UPS 将广告语从“全球商务同步”再次修改为“我们爱物流”。看似摸不着头脑的改变，却再一次更好地诠释了其跨界服务卖价值的内涵。UPS 中国区总裁黎松江在 2011 年 2 月的财富杂志中这样解释“我们爱物流”的内涵：成本和价格竞争时代已经过去，将 UPS 的物流系统与中小企业的产品和服务优势结合起来，这才是“我们爱物流”的真正内涵，其中包含了创新、灵活性和服务客户的承诺。“我们爱物流”传达了我们的努力方向——不断理解和提高中小企业的竞争能力。UPS 致力于通过整合资金流、物流、信息流服务客户。UPS 拥有自己的金融公司，与深圳发展银行、上海浦东发展银行合作，为中小企业资金安全提供帮助。UPS 为美国买家提供担保，中国卖家通过 UPS 发货后先从银行得到贷款，买家收货后 UPS 向买家收款，UPS 向买家、卖家收取服务费。

8.1.3 案例分析

1. 沈阳北方交通重工集团有限公司案例

沈阳北方交通重工集团有限公司是一家集研发、设计、制造、运输、销售、售后服务于一体的综合性装备制造企业，原来由生产商负责全部的传统物流服务。企业自己每年要采购大量不同规格的钢铁等原材料几十万吨，同时，各种机床、设备等产成品有几十万吨要销往全国各地。其物流包括从原料采购、储存、供应到产成品的仓储、运输、配送等内容。为提高自身竞争优势和盈利水平，该企业对全部物流环节分两步进行了改进。

第一步，通过招标把采购、配送、包装、仓储、报关、保险、车辆维护等业务外包给社会上不同的专业合作伙伴，使每年总成本降低近千万元。

第二步，取消自身的运输车队，将采购部由 20 多人减至 3 人，将原材料采购、供应、仓储及产品运输、配送等全部外包给伊藤忠物流公司，伊藤忠物流公司通过提供“移库销售模式”，为其提供贴身物流服务。

双方建立合作关系后，伊藤忠物流公司定期、定量地按客户要求，把产品运至相应港口、码头，如果北方交通重工的国内用户要提货，可以直接从港口提货，缩短了交货期，降低了仓储成本。而北方交通重工将生产所需的钢材等原材料采购计划提交给伊藤忠物流公司，伊藤忠物流公司按计划时间安排运至就近的港口进行仓储和发货，缩短了北方交通重工的采购时间成本。以上合作措施使得北方交通重工的采购成本、运输成本和仓储成本大幅下降，并且还获得了伊藤忠物流公司 30～45 d 的付款周期，对于缓解采购资金压力、增加资源流动量起到重要作用。经过一年的合作，企业生产能力、研发能力获得提升，完成订单速度提高，节约原材料采购成本 5 300 多万元，节约运输费用成本 280 万元，减少人员开支 217 万元，减少车辆维护费用 30 万元，节约生产用流动资金 580 万元。生产周期平均缩短 23%，存货、流动资金、产成品等周转率也有不同程度加快，企业库存成本下降 23%，对缓解企业资金紧张起到重要作用。

伊藤忠物流公司这样的物流服务创新，延伸了服务产品价值链，使物流服务渗透到客户的整个生产与销售链条中，实现了产品价值链的增值，使得原来所有的物流服务商都被激烈的竞争淘汰出局。这家日本物流企业把这个客户所有上游的原材料采购、供应、仓储也纳入了物流服务环节，这个环节的周转金大概需要 5 000 万元至 1 亿元人民币。当物流商把及时采购、供应也纳入物流服务环节中时，给制造企业客户提供的价值就不仅仅是产品了，而且还额外增加了金融服务。因为客户采购的都是规格化、定制化的原材料，即使是全球采购，也必须先付款，供应商才会发货，但伊藤忠物流公司是代北方交通重工采购，代垫付 5 000 万元至 1 亿元的周转金。当北方交通重工用到这个材料时，才算是它要使用的，而且是用了一个月后才结账。因此，其他物流商提供的服务不论有多好，都要被这样的竞争对手淘汰出局。这样的例子还有很多，实际上，卖价值阶段的物流服务竞争不仅仅是物流产品和物流服务的质量，物流企业的竞争力已经突破了这个概念，在提高物流产品和服务质量的同时，还要比拼的是物流企业怎样帮助物流需求者创造发展中的价值，解决其发展中的棘手问题，怎样建立战略合作与发展共赢的关系，这是物流企业未来发展需要解答的难题。

2. 东芝公司美国维修中心案例

在美国肯塔基州路易斯威尔一个 50 万 ft^2 的仓库中，几个穿着蓝色衣服的工人在一间干净的房间里把弄着几台东芝电脑，房间外面，摆放着数不清的蓝色、红色和黑色的塑料箱，箱子里依然是东芝电脑。

这不是东芝公司的维修中心，而是 UPS 公司在路易斯威尔技术与物流中心的一个仓库。几年前，由于一些客户抱怨东芝电脑的修理过程耗时太长，东芝把其在美国的售后维修业务交给了 UPS。如果你是美国人，买了一台享有质量保证的东芝笔记本电脑，现在它出了点毛病，打电话给东芝后，UPS 就会来取电脑，修好后再送还到你手中。也许你并不知道，你的电脑，是在 UPS 的仓库中修好的。

你的电脑会在电话通知保修后的第二天清早从 UPS 位于路易斯威尔的世界港运到 UPS 路易斯威尔技术与物流中心，然后根据你与东芝公司之前签署的维修时限不同被放进不同颜色的箱子，如果放进红箱子，第三天你就可以收到电脑，如果是蓝箱子，修理人员就可以用 2～4 d 的时间慢慢测试、修理。

在仓库一侧一间面积 1 万 m^2 的大房间里，有 40 名技工负责修理出问题的电脑，维修人员全是 UPS 雇用的员工，但经过了严格的培训和东芝的认证，房间也有严格的温度和湿度控制。UPS 把东芝在北美维修 100%的业务全都包了下来，同时还拿下了为东芝在北美的小城市零售点配送零部件，以及将消费者的新产品退货拿回来检验重新贴标签再送回卖场或者网上买卖的业务。

在这个仓库中，黑色的箱子里装的就是消费者刚买的新产品退货，它们会被放上仓库一角的检测架上进行自动测试诊断，如果没有问题，就会被重新去污、打包，印上新证书然后装箱，送到大卖场或者东芝网上以较低的价格重新出售；如果有问题，则被送进有温控的维修中心进行维修。

"东芝可以集中精力开发新电脑，而我们则帮他们解决维修、零部件配送等售后服务。"UPS首席运营官大卫·艾博尼说，UPS要做的，就是要渗透到企业客户采购、物流与配送、库存管理、国际贸易管理、信息技术、运输服务、铁路货运、航空货运、公路货运、海上货运、售后服务、客户服务这一系列供应链的每一个环节。

3. UPS公司发展历程分析

上述关于物流业发展沿革与特征的分析，选取UPS这个最具代表性的国际物流企业来分析，也可以得出同样的结论。世界上的物流企业，UPS是第一个平安度过百年的代表性企业。UPS这样一个世界最大的快递与物流企业，其业务包括快递、陆路运输、综合物流(供应链管理)及金融服务。它的发展也基本经历了卖运输、卖产品、卖价值三个阶段，只不过在美国这样一个社会经济发展更早、更加成熟的市场环境中，经历的年代更早一些。

UPS发展的卖运输阶段，大约在1980年以前，例如，在20世纪50～60年代，UPS曾经的一句广告语是"最便宜的运输服务"。

在1980～2002年这一阶段是UPS卖产品的阶段，例如，在2001年，UPS向全球推出的新广告语为"全球商务同步"。卖产品阶段期间，UPS快速地扩充网络覆盖范围，把产品进行标准化、系列化设计，同时进行增值服务的设计和完善，再加上信息化应用的发展和物流资源的并购，使得UPS的全球服务网络快速覆盖到200多个国家和地区。对UPS来说更具有里程碑意义的一次并购是收购了美国的一家银行，把银行变成了自己的金融服务部门，使得UPS比其他的物流公司又有了新的、更强大的服务能力和竞争力。如同上面所述的日本伊藤忠物流公司一样，有了这些服务，那些规模较大的物流需求者，尽管目前可能接受的是中国物流企业提供的服务，一旦类似UPS的金融服务业务进入中国，中国现在的物流企业就失去了很大程度的竞争力，如果不改进服务内容和方式，不能为客户创造更多价值，可能就失去了自己的市场地位，成为大型国际物流企业的资源整合对象，只能做一些低端的单一业务。

大约2002年以后，像UPS公司这样的国际物流企业纷纷进入了卖价值阶段。UPS公司是2008年北京奥运会的唯一物流合作伙伴，这一年在很多机场高速公路和城市高速公路的边上都竖立起巨大的UPS公司广告牌，广告语"全球商务同步"已做了中国化的诠释，叫做"一个世界、一家物流公司、全部解决"。UPS的"全球商务同步"就是这样一个意境，这是卖价值阶段的典型表达，高于卖产品的形态。在卖产品的阶段，低端物流企业还有竞争机会，但进入了卖价值阶段，这些低端的物流企业可能连竞争的机会都没有，只能被市场竞争淘汰，从事高端物流企业价值链的一个环节或部分环节的业务。

8.2 物流企业的主要特征

随着中国重新加入WTO，外资企业纷纷进入中国市场，中国企业面临着越来越复杂多变的市场环境，在市场竞争的巨大压力下，企业利润空间越来越小，开始将目光转向"第三利润源泉"——物流，希望通过高效的物流管理来提高整个供应链运行效率。然而国内生产企业在学习和借鉴国外物流管理经验的同时，必须针对我国国情，并结合企业自身的经营特点来决定适合本企业发展的物流运作模式。

进入21世纪以来，我国物流业总体规模快速增长，服务水平显著提高，发展的环境和条件不断改善，国家"十二五"规划纲要明确提出"大力发展现代物流业"，中央和地方政府相继建立了推进现代物流业发展的综合协调机制，出台了支持现代物流业发展的规划和政策，这些均为物流业进一步加快发展奠定了坚实基础。物流企业应根据自身特征，充分准备，抓住目前难得的历史发展机遇，巩固并提高自身竞争力。

目前物流企业主要可以分为自营型物流企业、第三方物流企业和第四方物流企业，下面分别介绍其主要特征。

8.2.1 自营物流企业

自营物流企业指生产或销售企业内部设立专门的物流部门，利用企业自备的仓库、车队等物流设施及其他各项资源，统一运作、管理企业所有相关的物流活动。

在当今竞争日趋激化和社会分工日益细化的大背景下，物流外包具有明显的优越性，而在我国，却依然有多数企业选择自营物流，主要因为自营物流具有以下优点，弥补了第三方物流的缺点：

1. 掌握控制权

对于企业内部的采购、制造和销售环节，原材料和产成品的性能、规格，供应商及销售商的经营能力，企业自身掌握最详尽的资料。企业自营物流，可以运用自身掌握的资料有效协调物流活动的各个环节，能以较快的速度解决物流活动过程中出现的问题，获得供应商、销售商及最终顾客的一手信息，以便随时调整自己的经营战略。

2. 盘活资产

据有关资料，目前生产企业中73%的企业拥有汽车车队和仓库，33%的企业拥有机械化装卸设备，3%的企业拥有铁路专用线。企业选择自营物流，可以在改造企业经营管理结构和机制的基础上盘活原有物流资源，带动资金流转，为企业创造利润空间。

3. 降低交易风险

选择第三方物流，由于信息的不对称性，企业无法完全掌握物流服务商完整、真实的资料。而企业通过内部行政权力控制原材料的采购和产成品的销售，不必为运输、仓储、配送和售后服务的问题进行谈判，避免多次交易花费及交易结果的不确定性，降低交易风险。

4. 提高品牌价值

企业自建物流系统，就能够自主控制营销活动，一方面可以亲自为顾客服务到家，使顾客近距离了解企业、熟悉产品；另一方面，企业可以掌握最新的顾客信息和市场信息，并根据顾客需求和市场发展动向做出调整。

自营物流虽然有以上优点，但增加了企业投资负担，削弱了企业抵御市场风险的能力；同时，由于专业化程度较低和资源有限，自营物流会减低企业运作效率，无法强化企业竞争力。国际上，物流外包已成为一种趋势。

8.2.2 第三方物流企业

1. 第三方物流企业概念及特点

第三方物流的概念源自于管理学中的外包(out-sourcing)，意指企业动态地配置自身和其他企业的功能和服务，利用外部的资源为企业内部的生产经营服务；将外包引入物流管理领域，就产生了第三方物流的概念。所谓第三方物流是指生产经营企业为集中精力搞好主业，把原来属于自己处理的物流活动，以合同方式委托给专业物流服务企业，同时通过信息系统与物流企业保持密切联系，以达到对物流全程管理的控制的一种物流运作与管理方式。因此第三方物流又叫合同制物流。为公司提供全部或部分物流服务的外部供应商即为第三方物流企业。

第三方物流企业既不属于第一方，也不属于第二方，而是通过与第一方或第二方的合作来提供其专业化的物流服务，它不拥有商品，不参与商品的买卖，而是为客户提供以合同为约束、以结盟为基础的、系列化、个性化、信息化的物流代理服务。最常见的第三方物流企业提供的服务包括设计物流系统、报表管理、货物集运、选择承运人、海关代理、信息管理、仓储、咨询、运费支付与运费谈判等。

2. 第三方物流企业运作模式

从资源整合、服务内容、服务范围三个方面来界定第三方物流企业的运作模式。

(1)资源整合

从整合资源的方式看，第三方物流企业主要有两种：一种是不拥有固定资产，依靠组织协调外部资源进行运作的“非资产型”第三方物流企业；另一种是投资购买各种装备并建立自己物流网点的“资产型”第三方物流企业。采用哪种方式没有绝对的标准，主要取决于企业的背景、投入能力、战略规划及宏观环境。

“非资产型”物流企业仅拥有少数必要的设备设施，基本上不进行大规模的固定资产投资，它们主要通过整合社会资源提供物流服务。由于不需要大量的资金投入，运行风险较小。这种方式在国外比较多，很多国外的第三方物流企业没有任何固定资产仍能提供较高水平的物流服务，这是因为他们底层的物流市场已经很成熟，社会资源容易获取而且选择余地较大。中国现阶段并没有一个成熟的底层物流市场，第三方物流企业拥有部分资产可以强化自身的服务能力。

“资产型”物流企业采取的方式是自行投资建设网点和购买装备，除此之外，还可以通过兼并重组或者建立战略联盟的方式获得或利用资源。虽然需要较大的投入，但拥有自己的网络与装备有利于更好地控制物流服务过程，其柔性化能力和整体服务质量也有保证，雄厚的资产还能展示一个公司的实力，有利于同客户建立信任关系，对品牌推广和市场拓展有重要意义。

(2)服务内容

在服务内容上，第三方物流企业可以提供四个层次的物流服务：集成度较低的功能型物流服务、增值型物流服务、集成度较高的综合集成服务和系统咨询设计服务。

集成度最低的是功能型物流服务，这类企业提供诸如货代、运输、仓储与配送中的某一项或几项服务。他们的竞争力在于充分有效利用自有资源的基础上提高功能物流服务的经营效率，达到比自营物流更高效、更低成本的运作，传统的运输、仓储企业实际上就是提供这种服务的。增值型物流服务是在保证能够提供高水平的功能型物流服务的基础上，附加一些增值服务，替客户分担更多的非核心业务。增值服务没有固定的组成要素，不同的行业所需的增值服务也不尽相同。

提供综合集成服务的物流企业能够把供应链上的一段(如分销物流)或者整个供应链的物流活动高度集成、有效衔接，进行运作、管理和优化，他们为客户提供一种长期的、专业的、高效的物流服务。提供系统咨询与设计的物流企业不仅具备运营和管理整个供应链的能力，而且能够利用专业、科学的物流知识为客户量身进行物流体系的规划、设计、整合和改进，全面提升运作效率与效益，提高客户服务水平和快速反应能力，更好支持和服务于客户的可持续发展战略。

(3)服务范围

服务范围主要是指第三方物流企业所服务的行业范围。有些企业服务范围相对较窄、较集中，仅为单一或者少数行业提供服务，另外一些企业服务范围很广，可以为多个行业提供服务。在成熟的物流市场上，第三方物流企业为了建立自己的竞争优势，一般将主营业务定位在特定的一个或几个行业，因为不同的行业其物流运作模式是不同的，专注于特定行业可以形成行业优势，增强自身的竞争能力。

8.2.3 第四方物流企业

1. 第四方物流企业的概念及特点

第四方物流的概念是1996年由安达信咨询公司(2001年更名为埃森哲公司)提出来的。第四方物流企业是指一个供应链的集成商,它调集和组织管理自己的及具有互补性的服务提供商的资源、能力和技术,提供一整套供应链解决方案。与第三方物流企业注重实际操作相比,第四方物流企业更关注整个供应链的物流活动,具有以下特点:

(1)提供一整套完善的供应链解决方案

第四方物流企业有能力提供一整套完善的供应链解决方案,是集成管理咨询和第三方物流服务的集成商。第四方物流和第三方物流不同,不是简单地为企业客户的物流活动提供管理服务,而是通过对企业客户所处供应链的系统或行业物流的整个系统进行详细分析后提出具有指导意义的解决方案。第四方物流服务供应商本身并不能单独地完成这个方案,而是要通过物流公司、技术公司等多类公司的协助才能将方案得以实施。

第三方物流服务供应商能够为企业客户提供相对于企业的全局最优,却不能提供相对于行业或供应链的全局最优,因此第四方物流服务供应商就需要先对现有资源和物流运作流程进行整合和再造,从而达到解决方案所预期的目标。第四方物流服务供应商的管理过程一般设计四个层次,即再造、变革、实施和执行。

(2)通过对整个供应链产生影响增加价值

第四方物流是通过对供应链产生影响的能力来增加价值,在向客户提供持续优化方案的同时,满足客户特殊需求。第四方物流服务供应商可以通过物流运作的流程再造,使整个物流系统的流程更合理、效率更高,从而将产生的利益在供应链的各个环节之间进行平衡,使每个环节的企业客户都可以受益。如果第四方物流服务供应商只是提出一个解决方案,但是没有能力来控制这些物流运作环节,那么第四方物流服务供应商所能创造价值的潜力也无法被挖掘出来。因此,第四方物流服务供应商对整个供应链所具有的影响能力直接决定了其经营的好坏,也就是说第四方物流除了具有强有力的人才、资金和技术以外,还应该具有与一系列服务供应商建立合作关系的能力。

2. 第四方物流企业的运作模式

第四方物流结合自身特点可以有三种运作模式进行选择,虽然它们之间略有差别,但是都突出了第四方物流的特点:

(1)协同运作模式

该运作模式下,第四方物流只与第三方物流有内部合作关系,即第四方物流服务供应商不直接与企业客户接触,而是通过第三方物流服务供应商将其提出的供应链解决方案、再造的物流运作流程等实施。这就意味着,第四方物流与第三方物流共同开发市场,在开发的过程中第四方物流向第三方物流提供技术支持、供应链管理决策、市场准入能力及项目管理能力等,它们之间的合作关系可以采用合同方式绑定或采用战略联盟方式形成。

(2)方案集成商模式

该运作模式下,第四方物流作为企业客户与第三方物流的纽带,将企业客户与第三方物流连接起来,这样企业客户就不需要与众多第三方物流服务供应商进行接触,而是直接通过第四方物流服务供应商来实现复杂的物流运作的管理。在这种模式下,第四方物流作为方案集成商除了提出供应链管理的可行性解决方案外,还要对第三方物流资源进行整合,统一规划为企业客户服务。

(3)行业创新者模式

行业创新者模式与方案集成商模式有相似之处:都是作为第三方物流和客户沟通的桥梁,将物流运作的两个端点连接起来。两者的不同之处在于:行业创新者模式的客户是同一行业的多个企业,而方案集成商模式只针对一个企业客户进行物流管理。这种模式下,第四方物流提供行业整体物流的解决方案,这样可以使第四方物流运作的规模更大限度地得到扩大,使整个行业在物流运作上获得收益。

第四方物流无论采取哪一种模式,都突破了单纯发展第三方物流的局限性,能真正的低成本运作,实现最大范围的资源整合。因为第三方物流缺乏跨越整个供应链运作及真正整合供应链流程所需的战略专业技术,第四方物流则可以不受约束地将每一个领域的最佳物流提供商组合起来,为客户提供最佳物流服务,进而形成最优物流方案或供应链管理方案。而第三方物流要么独自,要么通过与自己有密切关系的转包商来为客户提供服务,它不太可能提供技术、仓储与运输服务的最佳结合。

8.3 物流企业的管理模式及盈利模式

8.3.1 管理模式

物流企业的管理模式一般分为总分制、母子公司制或两者相互结合模式。

1. 总分制管理模式

世界大型物流公司多采取总公司与分公司体制,采取总部集权式物流运作,实行业务垂直管理,实际上就是一体化经营管理模式(只有一个指挥中心,其他都是操作点)。即使在一些国家或地区由于政策限制采取了合资、合作服务模式,跨国物流企业在管理上也比较强势,一旦发现合适机会多会选择单飞。例如,早期进入国内的四大快递企业,除 DHL 外,全部选择了脱离国内合作伙伴进行单飞。

因为有效控制是现代物流服务的保证,现代物流需要一个统一的指挥中心、多个操作中心的运作模式。从业务的内容看，每项并不复杂，但协调整个过程的服务必须建立一个高效而有权威的组织系统，控制物流实施和运作，并及时有效处理衔接中出现的各种问题和突发事件。也就是需要有一个能力很强、指挥很灵的调控中心来对整个物流业务进行控制和协调。一方面，要求总部对分部有高度的控制力，分部在作业上做到专业化、流程上做到标准化。另一方面，总部必须具有强大的指挥、设计能力，对市场准确把握和控制风险的能力。

2. 母子公司制管理模式

部分物流公司采用母子公司的管理模式，这种模式能够发挥子公司的能动性，但易造成分公司对总公司的决策执行力不强。母子公司的管理模式的主要优缺点如下：

(1)母子公司制管理模式的优点

首先，母子公司的存在，可以有效地提高母公司与子公司的经济运行效率，能够使双方获得比原公司更高的机会成本的收益。

其次，母子公司的有效结合，是母公司与子公司资本的结合，可以为母子公司组织结构的稳定提供一定的基础。

最后，由于企业的存在都具有一定的风险性，为了有效地降低风险，企业之间按投资的比例来承担相应的风险进行兼并和重组，母子公司正是以这一种分散风险的组织机制而存在。

(2)母子公司制管理模式的缺点

母子公司组成了一个新的组织形体后，在相互的运行过程中，存在着大量的信息处理问题，特别是源于母子公司之间信息不对称的问题普遍存在，对母子公司之间信息传输的有效性识别与控制就显得非常重要。

首先，由于母公司与子公司存在的目的就是达到收益最大化，有些子公司为了得到母公司的投资支持，提供给母公司一些虚假信息或者隐瞒一些重要的资料，从而使母公司在对子公司的投资审查上产生错觉或者认为该投资不能得到母公司所预期的结果，从而放弃或减少对子公司的投资。由于这种不良信息的传输，使得母子公司之间的投资收益不断降低，从而逐渐失去了母公司对子公司之间的支持。因此，母子公司之间必须建立起一种良好的相互信任关系。

其次，由于信息传输对于母子公司之间整体的经济效益有非常重大的影响，所以有必要建立一种科学的信号传输机制，并提高母子公司之间相互信任，减少不良信息的传输，提高企业集团整体的经济效益。

8.3.2　赢利模式

分析世界主要物流企业可以发现，非资产型物流企业盈利能力强于资产型物流企业，而且最具有竞争力的核心业务是物流管理，也称供应链管理。其中物流设计、控制、组织、协调能力是基础。具有代表性的竞争手段有:高度重视物流解决方案设计,在服务操作上严格执行统一的服务标准,坚持严格的质量管理,以信息技术和信息网络贯穿物流整个服务过程等。

世界主要物流企业中,以空运、快递、陆运等业务为主要背景的居多,而且规模大、盈利能力强,表明时间敏感性强的运输服务在物流行业的成长空间大。尽管非资产型物流企业盈利快,但在世界主要物流企业中仍以资产型物流企业居多,特别是既拥有大量的物流设施、网络,又具有强大的全程物流设计能力的混合型企业发展空间最大。各物流企业为了拓展业务、增加盈利,主要采取以下手段:

1. 提供多种服务

世界主要物流企业都能提供运输方面的多项服务,并且通过联合或兼并进入与物流相关的一些行业或者新领域,借以巩固或者占领新的市场,从而达到增加利润、赢得客户的目的。

UPS在保住现有重要客户的基础上,继续通过和客户的合作扩大业务范围,重点开发有巨大潜力的市场。如拓展零配件物流服务领域,涉及从电脑组装到汽车制造等全球经济中几乎所有的行业。该公司与丰田、本田、克莱斯勒等公司建立了联系,与福特汽车公司组成策略同盟,提供供应链策划、运输网络管理、零件服务物流,并为汽车制造商及供应商提供技术解决方案等服务。

2. 优化资源配置

现代物流是一个服务范围更广泛的行业,包括电子商务和一系列相关的服务,客户服务中心、网站,以及原料采购、订单履行、运输管理等操作。世界主要物流企业都拥有"一流三网",即订单信息流,全球供应链资源网络,全球用户资源网络,计算机信息网络。通过优化资源配置,获得集约资源效应并形成新的、更强大的竞争优势,是世界主要物流企业广泛采用的手段之一。

3. 提供个性化服务

为巩固在全球物流服务市场的优势和领先地位,与战略客户形成稳固的合作关系,世界主要物流企业在开发出世界领先的标准化、系列化服务产品的同时,超出传统服务与竞争范畴,纷纷为其客户提供个性化服务,将自身服务融合到客户价值链中,增加客户"黏性"和转换成本。

8.4 物流企业管理的基本方式

8.4.1 物流网络发展方式

(1)通过收购快速拓展物流网络

这种物流网络拓展方式首先为各知名跨国物流企业所普遍采用,具有一石二鸟的效果。

一方面快速占有资源、进入新的市场区域或业务领域，另一方面实现打击竞争对手、减少竞争者的目的。近年来，随着国内物流市场的逐步成熟和市场需求的快速释放，跨国物流企业及国内物流企业均成功在国内实施了收购，如联邦快递收购大田联邦、TNT收购华宇，等等。

(2)通过授权代理方式快速拓展物流网络

部分跨国物流企业及国内民营快递企业采取这种方式快速拓展物流网络。其优点是可以实现物流网络的低成本快速扩张、快速占领市场，缺点是整体控制能力较差，服务质量、服务水平难以快速提升并保持较高水平。在企业物流网络发展比较健全、经营规模比较大以后，实现对授权网络的控制和收购难度更大，成本更高。

(3)通过自营(直营)方式稳妥拓展物流网络

多数知名跨国物流企业及部分国内物流企业采用这种方式拓展物流网络，如UPS、FedEx、顺丰速运等。

8.4.2 分支机构设立与管理模式

1. 设立分公司、营业部的非法人分支机构模式

这种方式为多数跨国物流企业和部分国内物流企业采用。其优点是管理上可控性强，便于统一进行资源配置，缺点是分支机构作为非独立经营主体，责、权、利难以有效统一。

2. 设立独立法人机构模式

这种方式多是受行政管理制约而采纳设立的，优点是经营责任主体明确，缺点是管理成本偏高，不利于统一资源调配。

3. 混合设置模式

企业根据行政管理及自身经营实际，在不同地区采取不同设置方式。

8.4.3 物流网络拓展及企业管理模式——中铁快运案例

1. 合作发展

与各地铁路局、铁路分局及多经企业合作，利用双方优势开展包裹门到门业务，在北京、上海、深圳、青岛采取设立独立法人分支机构的直营模式，实现了门到门业务快速、低成本扩张。

2. 合资发展

与各地合作方设立合资企业，股权比例由各合作方协商确定，清晰了股权投资关系和利益关系。

3. 控股发展阶段

与各地合作伙伴协商，调整股权投资比例，实现对各地经营机构控股。

4. 股份制改造

将分散在各地的投资股权集中到总部，进行股份制改造，实现总、分制管理。

5. 资源整合发展

将经营网络资源与专业运输资源进行整合，实现资源整合、优势互补。

复习思考题

1. 简述物流业的发展沿革与主要特征。
2. 什么是第三方物流企业？第三方物流企业有何特点？
3. 第三方物流企业的运作模式有何特点？
4. 物流企业的发展方式有哪几种？分别有什么特点？

参考文献

[1] 中国物流与采购联合会 ."十一五"期间我国交通运输成就卓著. 中国物流与采购联合会网站.
[2] 陈京亮. 明确运输与物流服务的特征建立具有核心竞争力的服务优势[J]. 中国铁路:2009(7).
[3] 国家发展改革委经济运行调节局,国家统计局贸易外经司和中国物流与采购联合会. 2010 年全国重点企业物流统计调查报告.
[4] 何世伟. 综合运输体系下快捷货运网络运能配置与优化技术[M],北京:科学出版社,2010.
[5] 武云霞,何世伟. 综合运输体系下快捷货运服务网络结构影响因素分析[J]. 物流科技:2009(8).
[6] 董晓岩,刘军,王莹. 货物运输服务网络设计问题的研究现状与展望[J]. 北京交通大学学报:2008(3).
[7] 李先国,曹献存. 客户服务实物[M]. 北京:清华大学出版社,2006.
[8] 李雅芬,郑磊. 物流客户服务业务管理模板[M]. 北京:中国经济出版社,2005.
[9] 彭海燕. 第三方物流企业客户服务研究[D]. 北京:北京交通大学,2007.
[10] 宋莺歌. 中外运集装箱运输有限公司客户服务评价研究[D]. 大连:大连海事大学,2006.
[11] 丁叮. 基于客户服务的呼叫中心应用研究[D]. 北京:北京邮电大学,2010.
[12] 王炎明. 论邮政窗口速递业务发展策略[J]. 计算机应用与软件:2009(6):21.
[13] 夏春玲. 现代物流企业客户关系管理探析[J]. 佳木斯大学社会科学学报:2006,24(3):43-44.
[14] 胡成. 浅析企业物流客户服务管理的作用[J]. 商品储运与养护:2007,29(4):68-69.
[15] 姜慧文. 第三方物流企业客户服务改善研究[D]. 天津:天津大学,2007.
[16] 魏林. 合理设定客户服务水平增强物流企业竞争能力[J]. 现代商贸工业:2010(2):3-4.
[17] 周仁钺,龚嫱. 客服管理工具箱[M]. 北京:机械工业出版社,2008.
[18] 姚俊峰. 客户关系管理的探讨[J]. 经济师:2010(7):240-241.
[19] 续秀梅. 物流客户服务[M]. 北京:中国物资出版社,2010.
[20] 赵溪. 呼叫中心运营与管理[M]. 北京:清华大学出版社,2010.
[21] 王俭廷,唐川. 第三方物流运营实务[M]. 北京:中国物资出版社,2009.
[22] 尤建新,陈强,鲍悦华. 顾客满意管理[M]. 北京: 北京师范大学出版社,2008.
[23] 朱秀文. 第三方物流企业顾客满意分析及实证研究[D]. 天津:天津大学,2005.
[24] 刘新燕. 顾客满意度指数模型研究[M]. 北京:中国财政经济出版社,2005.
[25] 范佳静,曹敏. 第三方物流满意度影响因素测评研究[J]. 商场现代化:2007(5):118-119.
[26] 饶征,孙波. 以 KPI 为核心的绩效管理[M]. 北京:中国人民大学出版社,2003.
[27] 孙宗虎,李艳. 岗位绩效目标与考核实务手册[M]. 北京:人民邮电出版社,2009.
[28] 周爱国,陈曦. 物流客户投诉与危机处理[M]. 北京:中国物资出版社,2008.
[29] 郭庆华. 投诉处理体系建立与实施指南[M]. 北京:中国铁道出版社,2008.

[30] 阳峰，谢俊伟. 一个呼叫中心实时监控系统的设计与实现[J]. 计算机应用与软件：2009(4)：157-158.

[31] 赵溪. 呼叫中心运营与管理[M]. 北京：清华大学出版社，2010.

[32] 孟凡博，刘进江，鲜继清. 客服中心知识库的设计与实现[J]. 广东通信技术：2006(7)：53-65.

[33] 李霞，樊治平，冯博，等. 知识型客户服务机构的知识库构建研究[J]. 科学学与科学技术管理：2007(8)：92-96.

[34] 莫少昆. 联邦快递，递送使命—服务标杆权威个案[M]. 北京：对外经济贸易大学出版社，2007.

[35] Ferng，Vincent. 全球最大物流公司配送专家 UPS[M]. 上海：上海财经大学出版社，2007.

[36] Price，Bill. The Best Service is No Service：How to Liberate Your Customers from Customer Service, Keep Them Happy，and Control Costs[M]. Tucson，USA：Lawyers & Judges Publishing Company，2005. Wiley：Jossey-Bass，2008.

[37] 周贺来. 客户关系管理实用教程[M]. 北京：机械工业出版社，2009.

[38] 齐佳音，万岩，尹涛. 客户关系管理[M]. 北京：北京邮电大学出版社，2009.

[39] 于波，郑春萍，刘光炬. 物流信息化是现代物流服务体系的核心问题[J]. 物流技术：2008，08：33-36.

[40] 蔡淑琴，夏火松. 物流信息与信息系统[M]. 北京：电子工业出版社，2005.

[41] 杜向阳. 基于电子商务的物流信息化研究[J]. 经济观察：2007，2：98.

[42] 于鹏. 关于加快物流信息化系统建设的研究[D]. 西安：山西大学经济与工商管理学院，2005.

[43] 琚春华，蒋长兵，彭扬. 现代物流信息系统[M]. 北京：科学出版社，2005.

[44] 郑明. 论物流信息系统的设计[J]. 机电技术：2005，12：22 29.

[45] 蔡淑琴，夏火松. 物流信息与信息系统[M]. 北京：电子工业出版社，2005.

[46] 牛东来. 现代物流信息系统[M]. 北京：清华大学出版社，2004.

[47] 夏训嘉，廖馨，单圣涤. 对我国物流信息化发展规划的几点思考[J]. 湖南工业大学学报：2008，11：12.

[48] 方美琪，刘鲁川. 电子商务设计师教程[M]. 北京：清华大学出版社，2009.